市場メカニズムと
DCF法で決める

原発選択の是非

国家の庇護なき原発の
市場競争力を問う

LOGICA
ロギカ書房

《はじめに》

　「ひょうたんから駒」という諺があります。本書もその類です。どういうことか？　本書は偶然の産物だからです。原発が主題ではなかったものが、紆余曲折を経て、原発が主題として浮き上がってきたという次第です。
　すなわち、そもそも本書は、福島第一原発事故の2年前に、中堅・中小企業の経営者向けの経営知識普及講座シリーズにおいて、採算性比較判定手法であるディスカウントキャッシュフロー法（DCF法）アプローチと原価計算アプローチの理解を目指して、その学習教材と位置付けて、書き始めたものであったからです。そして、ほぼ2年かけて書き上げ、残るは、ケーススタディ部分のみという段階となったときに、原発事故が起こったのが、紆余曲折の始まりでした。
　原発事故が、電力供給のエネルギー源別ごとの採算性判定を、ケーススタディにすることを促したのでした。このとき、著者の胸の内にあったのは、そのケースであれば、読み手の興味を惹くであろうとの算段でした。
　紆余曲折を促した2番目は、原発事故後に、著者の知人・友人から次の3つの話を耳に入れたことでした。この3つの話を聴くことによって、著者は原発そのものを深く考えざるを得なくなりました。

　一つ目は、筆者が仕事上で付き合っていたある会社社長から、事故後数週間してから、直接聴いたことです。この話を耳にして、福島第一原発の過酷事故は、他人事ではないと感じたことは、言うまでもありません。

　　福島第一原発が津波に襲われた直後に、同社へある資材の緊急搬送の依頼があった。それに応じて、同社の従業員が、その資材を満載したトラックを運転して、なんとか同原発に辿りつき、同原発構内において、同原発の所轄の課員の指示に従い、しかるべき場所に搬入すべく誘導されている最中に、最初の水素爆発に遭遇するという被害にあった。爆風でトラック

のフロントガラスにひびが入り、その従業員は、トラックを捨て置き、降車してほうほうの体で逃げ帰った。

　2つ目は、筆者が顧問をしていた福島県の会社（上の会社とは別）の経営陣の1人から、事故の約2か月後に直接聴いたことです。これを聴いて、周辺地域の人達の中には、原発危険情報のインフォーマルな収集ネットワークをもっている人達もいるが、原発の危機管理に携わる行政の上層部の当事者は、フォーマルな情報収集ネットワークとは別のインフォーマルな情報収集ネットワークをもっていないことを痛切に感じると同時に、科学者であっても、行政に関与する科学者の中には、真理の探究者とは、ほど遠い存在の人がいると感じた次第です。

　福島第一原発が津波に襲われた直後から最初の水素爆発が起こる前での間に、原子力安全委員会委員長の斑目春樹氏が、管直人首相の原発の状況質問に対して安全であると答えていた時に、周辺地域の一部の人達の間で、原発の危機状況を踏まえた避難を促す情報が、発信・受信されていた。

　3つ目は、原発過酷事故数か月後に、私の親友から明言された次のことです。その親友は、当時某国立大学工学部教授で、高度の安全性を要求される医療電子機器の研究に従事し、スウェーデン・米国・日本の医師の資格を持ち、核放射線医学・安全工学・材質工学に精通する人物です。その彼が、福島原発事故を契機に、原発の安全性につき、猛然と研究し始めました。原発の設計図を分析し、原子力工学の教授と議論をして得た結論が、次の明言でした。

　原発は安全性を確保できていない欠陥製品である。

　上の経緯から、本書を読むに当たって、次のことに留意して頂ければ幸いです。

　この原稿の書き始めは、原発につき、何らの先入観を持っていなかった。すなわち、原発推進あるいは反対の見解対立とは全く関係ないものであっ

た。入口は、純粋に原発の採算性がどうであるかというものであった。

　いずれにしても、序章の「9　この論考の意図」で触れているように、本書は、電力供給のエネルギー源選択について、その選択について関心を持つ人々が、その思索あるいは議論をより深めるための叩き台を示したに過ぎません。すなわち、知識・経験が異なる専門家の間のみならずエネルギー源選択について関心を持つ全ての人々の間で、表面的・形式的なレベルでなく、原理の考察を伴う深い議論が、百家争鳴的に湧き起ることを期待して書いたものです。

　また、本書は、DCF法アプローチと原価計算アプローチの学習のためのケーススタディとして書き始めたものであるので、それらを実践的に学習するための教材としても、役に立つはずです。

　　平成29年11月5日

　　　　　　　　　　　　　　　　　　　　　　　　　　　茂腹　敏明

この論考は、次のことに疑問を持っている人のために書きました。
読めば必ず疑問が解消します。

1　自由競争市場を前提にするとして、経済合理性に基づく電源設備選択判定に使う思考の枠組みには、各電源設備の発電コスト比較の他に、どのようなものがあるのか？

2　経済合理性だけで、電源設備選択を決めてよいのか？

次のことを知らない人がこの論考を読めば、視野が必ず広がります。

3　経済合理性判定をなすにしても、原価計算思考に基づく電源設備別KWH発電コスト比較より、DCF法を適用して電源設備別に採算性と事業存続の可否を判定する方が、全体最適解を求めることができるので、優れている。

4　ドイツ政府による原発廃止が、哲学者・宗教者等が構成する倫理委員会の答申に基づいてなされた。

5　スウェーデン政府の電源設備選択にかかわる国家政策
「老朽化した原子炉の建て替えは認める。しかし、**政府は経済的に一切支援しない。電源設備選択は、経済合理性に基づく市場の判断に任せる。**」

6　日本国の原発は、アイゼンハワー政権時の米国政府が日本国の世論を操作する道具、それも日本国世論における核兵器に対する強い抵抗感を除去する道具として、米国主導で導入された。

目次

はじめに

序 ···1

1　電力のエネルギー源の選択にかかわるスウェーデンの国家政策　2
2　疑問1　なぜエネルギー源選択が、社会全体の大きな関心事となるのか？　4
3　疑問2　「採算性比較」の現状と将来　5
4　疑問3　原価計算アプローチ及びDCF法アプローチを適用するときの諸問題　5
5　疑問4　支出の範囲をどこまで広げるか？　6
6　疑問5　技術進歩・技術革新予想も踏まえた「採算性判定」をどのようにするか？　7
7　疑問6　全体最適解はどのようにして求めたらよいのか？　7
8　疑問7　核分裂生成物の脅威の内容と程度及びその脅威に日常的に曝されている原発の作業現場はどのようなものか？　8
9　この論考の意図　10
10　この論考を読むときの注意点　11

一　採算性測定の基礎知識から全体構造を見渡せる概念道具を探す ···13

1　性能比較とコストパフォーマンス比較（採算性比較）との対比　14
2　採算性測定指標の拡大事例　15
3　「2」の事例を「電力のエネルギー源別発電事業の採算性比較」に適用すると　16

4 　全体構造を見渡すにはどうするか？　17
5 　全体構造を踏まえた上のコストパフォーマンスを測定するにはDCF
　　法が優れている　18
　　（1）　DCF法の出自と特色　18
　　（2）　リスクを入れ込むことが容易　19

二　DCF法を理解する前に原価計算アプローチの諸問題を知る　…21

1 　採算性判定に使う「思考の枠組み」の2つの流れ　22
2 　原価計算の注意点で特に大事なこと　22
3 　稼働水準のタイプを理解する　23
4 　想定稼働水準設定を間違わない　24
5 　想定する設備償却年数に税法の法定耐用年数は使わない　26

三　DCF法適用の概要 …29

1 　DCF法の体系　30
　　（1）　DCF法を図と式で理解する　30
　　（2）　DCF法の式が理解できなくても構わない　32
　　（3）　DCF法の体系とタイプ　33
2 　選択理由　34
　　（1）　タイプの選択　34
　　（2）　〈直接法〉を使用し、税負担は無視する　35
3 　収支予測図表と事業現在価値額計算表　36
　　（1）　収支予測図表作成　37
　　（2）　事業現在価値額計算表　37
4 　収支予測図をイメージする　38
　　（1）　収支予測図の役立ち　38
　　（2）　収入支出の構造パターンがわかる　40

(3)　支出全体に占める構成要素の割合を見る　41
　　　(4)　火力、水力、原子力の各発電会社の収支予測のイメージ図　41
　　　　　　火力発電会社の収支予測図表イメージ
　　　　　　水力発電会社の収支予測図表イメージ
　　　　　　原子力発電会社の収支予測図表イメージ

四　DCF方式適用事例 ……………………………………………… 45

1　想定事項　46
2　注意事項　47
3　収支予測表・事業現在価値額計算表一体表例　51
4　問題点　58
　　　(1)　要求収益率対応か保険プレミアム控除対応か？
　　　　　〈DCF法を使用するのは適切か？（その1）〉　58
　　　(2)　10万年に亘る負担支出額をどう見るか？
　　　　　〈DCF法を使用するのは適切か？（その2）〉　59
　　　(3)　原子力発電事業は自由経済体制に馴染まない事業である　60
　　　(4)　収入支出の各科目の金額をどう決めるか　61
　　　(5)　「収支予測表」を作成することは、全体を概観するに不可欠　61
5　実は、一体表から電力のエネルギー源別の電力単価が算出できる　61

五　経営事実等とそこから読み取れること ……………………… 63

《経　営　事　実　等》
　　　(1)　採算に合わないために既存原発閉鎖　64
　　　(2)　原発新設計画撤回　65
　　　(3)　原発への政府支援　65
　　　(4)　エンロンが原発保持を理由に投資リスクが極めて高いとして四国電
　　　　　力買収断念　66

- (5) 原発供給企業GEのジェフリー・イメルトCEOの発言　66
- (6) エネルギー白書記載の電力のエネルギー源別KWH当たりコスト　66
- (7) 大島堅一教授著作『原発のコスト』　67
- (8) 金子　勝教授著作『原発は火力より高い』　67
- (9) ブルームバーグ・ニュー・エナジー・ファイナンス配信による各発電コスト　68

《筆者の私見》

1. 読むにあたって、銘記すべきこと　70
2. 有価証券報告書から実際に生じている電力コストを計算する　70
   - (1) 北海道電力株式会社　72
   - (2) 四国電力株式会社　73
   - (3) 北陸電力株式会社　74
3. 有価証券報告書上のデータを、経営意思決定用の原価計算アプローチに使うときに生じる弊害を踏まえた上で、コスト計算結果から読み取れること　75
4. コスト構造分析　77
   - (1) 北海道電力株式会社　77
   - (2) 四国電力株式会社　80
   - (3) 北陸電力株式会社　83
5. 予備知識1・・コスト構造分析に必要な知識　85
   - (1) 費目別分類　86
   - (2) 支出時点と費用化の時点との相違による分類　86
   - (3) 収支予測図表との対応　87
6. 予備知識2・・原子力発電コスト構成要素の特異性　88
   - (1) 引当金繰入額が多い　88
   - (2) 引当金繰入れが陥りやすい罠　88
   - (3) 引当金繰入れについては金額的に十分でない　89
7. コスト構造分析結果から読み取れること　90
   - (1) 汽力発電費に占める燃料費・廃棄費割合から読み取れること　90

(2) 原子力発電費における現象面の顕著なことから読み取れること　91
  (3) 設備費割合　92
8 筆者の私見結論　93
  (1) コスト比較について　93
  (2) コスト比較まとめ　94
  (3) エネルギー白書が掲げる電力コストへの疑問　97
  (4) 理論よりも事実を尊重する　99
  (5) ジェフリー・イメルト CEO の発言は強烈　99
  (6) 日本の電力会社の赤字原因　100
    1) 思考の枠組み　101
    2) 燃料費・廃棄費の割合　102
    3) 他の要因　102
    4) 現状の赤字原因は二重投資状況による　103
  (7) 日本の電力会社の今後及び原子力発電事業の位置付け　104

六 超長期視点で電力のエネルギー源別の採算性比較をなす　109

1 DCF 法・原価計算の矮小化した使い方の是正と限界及び別アプローチの必要性　110
  (1) DCF 法・原価計算の両アプローチが陥り易い実務態度　110
  (2) 現実適合性を高めるための態度　111
  (3) 短期的な経済合理性の領域に属さない課題を扱う　112
2 必要予備知識　〈技術進歩の進捗度合いを測定する指標に何を使うか？〉　113
  (1) 性能指標と会計指標　113
  (2) 投下資本単位当たり発電効率　114
  (3) 技術進歩の方向性の決まり方　115
  (4) 技術進歩の方向性の良否は指標だけでなく最終的には DCF 法でなすべき　116

3 コストが発生する局面及びコストを左右する要因 117
4 コストに影響を与える留意点 119
5 留意点態様を電力のエネルギー源別に探る 120
6 太陽電池・風力発電が普及しない理由及び操作性の視点からの発電エネルギーの選択 122
7 他の自然エネルギーを利用した発電の課題 124
　(1) 水力 124
　(2) 地熱利用、海洋潮流 124
8 電力の同一エネルギー源の中における課題 125
　(1) 適正規模 125
　(2) 集中化 or 分散化 126
9 技術進歩の方向性及び技術的解決の可能性 127
　(1) 電力のエネルギー源別の〈技術進歩の方向性で求められるもの〉 127
　(2) 投下資源単位当たり発電効率の良化の事例：石炭ガス化燃料電地複合発電 128
　(3) 改善レベルの技術進歩 128
10 原子力発電の「安全性の確保」が特別である理由 129
　(1) 原子力発電所の安全設備 129
　(2) 保安技術の中核思想 130
　(3) 「安全性の確保」を中心に技術体系が構築されている理由 131
　(4) 現在の原子力発電の原理の本質 132
　(5) 原発の脆弱性 133
　(6) 原子力発電の「安全性の確保」を難しくする背景 143
　(7) 改善レベルの技術進歩を注ぐ方向 145
11 求められる技術革新 146
　(1) 水素社会が来るというけれど 146
　(2) 光エネルギーと水というどこでも手に入る2つの原料だけでの発電 148
　(3) 研究の方向性と研究進展概況 149
　(4) 人工光合成を産業化するための必要条件 150

(5)　人工光合成が普及したときの社会に与える衝撃度は革命的　152

七　ドイツにおける電力のエネルギー源選択決定思考 ……………155

1　経済合理性判断思考がなじまない課題へのアプローチの仕方を示した好事例論考　156
2　答申書の枠組み　157
　　(1)　倫理委員会のメンバー構成　157
　　(2)　問題意識と課題　158
　　(3)　課題に対する視点・態度　158
3　なぜ電力のエネルギー源選択が責任倫理的な決断であるのか？　159
4　リスクの受けとめ方の変化　162
5　答申書は原子力事故損害に関して２つの相対立するリスク見解を示す　163
　　　　Ａ　相対的な比較衡量可能なリスク
　　　　Ｂ　絶対的で比較衡量できないリスク
6　ＡとＢのリスクの双方の立場からの共通の判断　165
7　答申書の記載文の見解要約と疑問点　166
　　(1)　限定部分の答申書見解要約　166
　　(2)　確率と倫理観との関係　167
　　(3)　倫理を尊重する立場からの比喩を使った意見　170

八　過酷事故の発生確率が小さいことをもって原発を是としてよいのか？
　　→　リスク社会において発生確率を社会的文脈の中でどう読むか？ ……………………………………………………173

1　確率論は没価値的な概念道具。その使用是非はそのときの社会的文脈によって決まる　174

2 過酷事故対策・原発の是非判断に確率論を使うことを社会的文脈の中で読み取る前に必要な知識　175
3 原発安全評価に確率論が使用されることになった経緯　176
　(1) 原発安全評価の依拠理論の2つの流れ　176
　(2) 原発に「確率論的安全評価」を導入したのは、ラスムッセン報告が嚆矢　177
　(3) ラスムッセン報告の当初の目的と本質　177
　(4) 原発に限らず決定論的判断から確率的判断への移行という時代思想背景があった　178
　(5) 依拠理論が、「決定論的安全評価」から「確率論的安全評価」に移行した直接理由　180
4 原発の安全性評価に確率論を使用するときの考え方は現行いかなるものであるのか？　181
　(1) ラスムッセン報告書の手順概要　181
　(2) ラスムッセン報告書への肯定見解と否定見解　182
　　1）肯定的な評価見解の代表例　182
　　2）否定的な評価見解の代表例　184
　(3) ラスムッセン報告書における確率の使用の仕方　188
　(4) その 後 の確率論的安全評価の考え方　189
　(5) 確率論的安全評価の考え方は、現場で使われているのか？　過酷事故回避に実際役に立っているのか？　189
5 原発過酷事故対策に確率論を使用することへの素人が抱く素朴な疑問　190
　(1) 算出される「確率」の信頼度への疑問　191
　(2) 算出される「確率」そのものの信頼度より社会的な文脈における 信用度 への疑問　192
6 原発に限らず、リスクと確率論を扱う科学技術政策論にはいかなるものがあるのか？　193
　(1) アンディ・スターリング氏による知識の不定性の4類型　193

(2) 不定性の4類型における発生確率は、ベイズ推定の主観確率を含むのか？　197
7　不確実性状態では、原発過酷事故の発生確率が小さいことを理由に原発を是とする見解は、非適合　198

九　低線量内部被曝がもたらす環境・生命・健康への危害の真実を知り、それを巡っての《良心的な科学者 × ICRP》という対立構図を知る………………………………………………201

1　低線量内部被曝がもたらすその危害の真実を解説した著作物　202
2　低線量内部被曝がもたらす危害の疫学的立証例　205
3　原発を含む核施設が周辺の住民にもたらした危害の疫学的立証例　205
　　1）乳がん死亡リスクと核施設との統計学的な相関関係　205
　　2）インディアンポイント原発と体重の極めて少ない出生児との統計学的な相関関係　206
　　3）ビーチボトム原発が、運転開始してから乳幼児死亡比率が急激に上昇　206
　　4）マイルストーン原発とがん死亡率の58％以上の上昇との統計学的な相関関係　206
4　原発事故による放射線降下物がもたらした危害の疫学的立証3例　206
　　1）スリーマイル原発事故後、新生児死亡数、事故前より600％増加　206
　　2）サバンナリバー核兵器工場の事故によって過剰死亡は、2,400倍に　207
　　3）1986年4月28日のチェルノヴイリ事故の放射能が5月初めに米国に到達した際の米国の過剰死は、4万人　207
5　核実験に起因する放射線降下物がもたらした危害の疫学的立証3例　207
　　1）放射線降下物の影響で、1968年までの間に、米国だけで40万人の新生児死亡　208

2）5歳から9歳までの日本の子供のがんによる死亡率が600%までに鋭く上昇　208
　　　3）試験の成績の平均値の低下とミルク中のヨウ素131との相関　208
6　統計学的な相関関係を手がかりにした因果関係の究明　209
　　(1)　ペトカウ効果の役割　209
　　(2)　ペトカウ効果を補強するその後の研究成果（ホルミシス現象等の位置付け）　210
7　原子力産業が被ばくの真実を隠蔽・歪曲してきた理由とその手口　211
8　被ばくの真実の歪曲に抗した良心的な科学者の烈伝　212
9　議論形成の場の中心に、国際放射線防護委員会（ICRP）という団体が存在　215
10　ICRPが勧告する被ばく線量基準をどう解釈するか？　216
　　(1)　医師によるICRP（国際放射線防護委員会）・IAEA（国際原子力機関）・UNSCEAR（国連科学委員会）の組織実態の解説と勧告内容の解説　216
　　(2)　ICRP勧告での焦点　221

十　労働災害・労働疾病の深刻度と発生頻度から電力のエネルギー源を選ぶ　223

1　視点の多様性の確保の必要性　224
2　放射線業務従事者が被る業務上疾病の知識の必要性　225
3　放射線業務従事者とその死亡者遺族による係争事件　225
4　法規制　227
5　原発過酷事故を火山噴火に譬えれば、原発の業務上疾病は前兆である微動地震　232
6　労働災害・労働疾病の深刻度と頻度から電力のエネルギー源を選択する　233
　　(1)　常識的な発想。しかしその深刻度と頻度につき公式統計が必要　233

（2）労働性疾病の発症度合を常に軽視あるいは過小評価するモウメントが働く　234
7　ニュークリア・ノマド　235
　　（1）冷徹な事実　235
　　（2）労働環境の良否を確かめるために必要なデータ　236
　　（3）ニュークリア・ノマドを想定する意義　236
　　（4）以下、傍証推論　238
8　日本国の原発における現場作業の労働環境についての周知の異論のない事実　238
　　（1）雇用力　238
　　（2）組織構成・専門知識・熟練度及び下請会社・非正規雇用の活用度　239
　　（3）他のエネルギー源との比較　239
　　（4）線量計管理　240
9　推論されること　240
10　事実であるか否かにつき認識が対立する証言　241
11　実効線量が許容量を超えることが、黙認あるいは放置されているのか？　242
　　（1）実効線量が許容量を超えることを黙認・放置しているとの主張　242
　　（2）テロ対策のために本来なされるべき作業者の身元管理が法的に強制されていない　243
　　（3）反論　放射線管理手帳／再反論　ノマドの命名所以　243
　　（4）現行法規制の盲点　244
12　下請多重構造下での最底辺での放射線業務従事者は使い捨ての消耗品　244
13　下請多重構造が原発の安全確保に与える悪影響　245
　　（1）安全衛生教育　245
　　（2）法が定めている原子力発電所における最低限の労働安全教育　245
　　（3）原発で安全訓練教育がおろそかなると、どのようなことが起こるか　246
　　（4）原子力発電所における作業命令に伴う安全訓練教育　246

(5)　安全訓練教育は、短期間の就労者相手を想定していない　247
　14　原発を熟知している現場監督（故平井憲雄さん）の実態告白から真実を知る　248
　15　再びニュークリア・ノマドについて　251

十一　エネルギー自給・外交・軍事・国家財政から見た原発……253

　1　エネルギー自給から見た原発　254
　2　外交から見た原発　→　日本国の原発の出自　256
　3　軍事から見た原発　257
　4　国家財政から見た原発　260

十二　被爆と被曝の比較から原発事故の本質を見極め、確率論が隠れ蓑になっていることを知る…………261

　1　原発過酷事故における被害の本質は、どのようなものか？　262
　　　(1)　原発過酷事故がもたらす被害の実態を核兵器使用がもたらす惨状から推し量る　262
　　　(2)　核兵器使用が非人道的とされるのはなぜか？　262
　　　(3)　核兵器使用がもたらす深刻な惨状（戦闘員と非戦闘員の無差別等）　263
　　　(4)　もう1つの核兵器使用の非人道性の訴え　264
　　　(5)　第五福竜丸事件　265
　　　(6)　放射線が確率的に後遺症をもたらすのは、被爆と被曝とで同一　265
　2　確率論が隠れ蓑になっている　266
　3　リスクが現存しても、研究上はその存在の統計的有意性を検出できない事態がある　268

十三　原発の対立構造を、市場メカニズムを使って解決する………271

1　市場メカニズムを使う場合の暗黙の社会合意的な前提　272
2　原発の是非を市場の判断に任せたスウェーデン　274
3　スウェーデンの政策を日本が導入できるか？　275
4　特に技術進歩と技術革新を促進する競争環境制度設計が求められる　276
5　公平な競争環境条件整備の障害となる難問　277
　（1）　原子力発電に限って特異な2点の事情　277
　（2）　モラルハザード　278
　（3）　過酷事故被害賠償保険料額の計算ができない　279
　（4）　採算計算にバックエンドコストと過酷事故保険料額を入れないことがもたらすこと　280
　（5）　公平な競争環境条件整備の障害の除去というレベルに留まらない　281
6　原発過酷事故の発生確率（＝リスク）をどう扱うか　281
　（1）　発生確率発想　281
　（2）　確率論が原発過酷事故の責任逃れの言い訳に使われている？　282
　（3）　相対的な比較衡量可能なリスク見解に立つ　282
　（4）　絶対的で比較衡量できないリスク見解に立つ　283
7　最初に発電設備が真っ2つに崩壊するという最悪な過酷事故を想定　283
8　市場メカニズムを使って過酷事故被害賠償リスクを予め金額としてつかみ、その額を採算性判定に入れ込む　285
　（1）　この手法の要点　285
　（2）　手順　286
　　1）　契約締結　286
　　2）　個別証券化及び手数料を払っての引き受け取引　288
　　3）　市場の創設と売買　289
　　4）　最重要なこと　289
　（3）　「iii」の証券を扱う市場のメカニズムの態様　289

        (4) 証券価格の成立と値動き　290
        (5) 「(4)」の比率を指標として、引受けの対価を一応算定　291
        (6) 市場の厚み＝参加する投資家は多様　292
        (7) 採算性への入れ込み方　292
        (8) 原発危険情報の公開が義務となり、原発の危険性判断が客観的になされる　293
    9 社会制度設計の最低限の制約条件である「個々人の自由意思の尊重」を原発が侵す
        →原発はロシアンルーレットを強要する　294
    10 「個々人の自由意思の尊重」侵害を防ぐ策　295
    11 ニュークリア・ノマドの存在を許すことは人間としての存在尊厳侵害を認めること　297

十四　結論 …………………………………………………………299

《付属論稿》過酷事故対応損害保険料を考慮した原発の採算性調査 ……303

1 ２つの記事　304
2 『東京新聞』2012年７月４日の記事への疑問と推測される前提条件　304
    (1) 疑問点　304
    (2) 推測される前提条件　305
3 民間損害賠償責任保険は、発生確率をどう見込んでいるのか？　305
    (1) 発生確率が保険金融商売をするための要　305
    (2) 民間損害賠償責任保険が見込んでいる発生確率　306
    (3) 〈前提２〉を踏まえて、世界と日本における過酷事故の発生間隔年数を検討する　307
    (4) 過酷事故の実際発生件数から、「世界では５年に１回」との結論を検証する　307

4 過酷事故対応費用を損害保険料に入れ込んだときの電力のエネルギー源別コスト比較　309
　　(1)　無視され排除されている賠償額　309
　　(2)　保険金額の位置付け　310
　　(3)　原発1基当たりの支払わなければならない年間保険料は100億円　310
5 年間保険料を加算した、水力、汽力、内燃力、原発のコスト比較　311

あとがき　317

序

1 電力のエネルギー源の選択にかかわるスウェーデンの国家政策

(1) 2009年2月に発表された政策

　電力のエネルギー源の選択にかかわる政策は国家によって異なりますが、スウェーデンの国家政策は興味深いものがあります。それは、2009年2月に発表された次のような政策です。

　　老朽化した原子炉の建て替えは認める。しかし、**政府は経済的に一切支援しない。**一方で自然エネルギーには経済的支援を拡大する。

　なお同国エネルギー庁のコーベル長官は、この政策の公表に伴い、「**コストの面から考えると原子炉の新設は難しく、これからは自然エネルギーの時代になる。**」とコメントしています。その政策意図は次のようなものであると、解説されています。

　　自然エネルギーに下駄を履かせながら原子力と 競合 させた上で、それでも電力会社が原子炉の建設に魅力を感じるならば古い原子炉を更新してよい。
　　電力のエネルギー源選択は、**経済合理性に基づく市場の判断に任せる**ことで、原発の是非を 非 政治問題化することを狙ったもの。
　　（注１）以上、防衛研究所・農業庁・スウェーデン農業大学・食品庁・放射線安全庁の共同プロジェクト『スウェーデンは放射能汚染からどう社会を守っているのか』高見幸子・佐藤吉宗（共訳）合同出版刊　2011年170頁から抜粋。なお、この政策採用は、**福島原発事故の２年前**であることに、留意が必要です。

　スウェーデン政府が採用した上の電力のエネルギー源選択に関わる国家政策から、スウェーデン政府が「幼稚産業は保護する。それ以外は保護しない。」という政策原則を採用していることが、読み取れます。この政策原則は、ス

ウェーデン政府が米国以上に自由経済体制における企業の競争促進政策を信奉している（注2）ことの当然の帰結と思われます。電力のエネルギー源選択においても、**例外を認めない**ということでもあります。

> （注2）例えば、経営の傾いたGMに米国政府が金融による救済措置を取ったのに対して、経営の傾いたボルボにスウェーデン政府が支援したのは、従前からあった自動車技術開発予算、高速自動車建設予算の前倒し執行及び失業者への職業安定所への特別予算追加のみでした。それ以外の支援は一切拒否しました（翁 百合・西沢和彦・山田 久・湯元健治（共著）『北欧モデル 何が政策イノベーションを生み出すのか』日本経済新聞出版社刊 2012年 109頁）。スウェーデン経済におけるボルボが、日本における日産自動車に相当する存在であることを鑑みると、上の政策原則が多様な場面で貫徹されていることが、読み取れます。

(2) 福島原発事故の後における保険コストの上昇（原発事故を原因とする損害賠償の法的制度整備を前提とした損害保険機能の働き）

注目すべきは、福島原発事故前に、上のコメントをなしたコーベル長官が、事故後に「**保険コストの上昇から原発の経済的魅力は、さらに小さくなった。**」と述べている（同書171頁）点です。

　この発言を理解するためには、自由経済体制における損害賠償の法的制度整備を前提とした損害保険機能についての知識が不可欠です。すなわち、自由経済体制における企業は将来のリスクあるいは不確実性に対処しなければ生き残れません。例えば、企業は、自らの不手際で起こした何らかの事故に起因して損害賠償を受けたときにその賠償金を支払うことに備えて、保険会社が提供する損害保険契約に加入し、保険料を支払います。これは、自由経済体制において、日常的に行われていることです。

　ところで、原発の過酷事故に限れば、この賠償金支払いの法的義務を負うのは、過酷事故を起こす原発という欠陥製品を製造した原発メーカーです。これが本来の姿です。本来の責任者は、原発を運営する電力会社ではありません。そして、原発メーカーは、原発の過酷事故の際に支払わなければならない賠償金支払いに備えて、保険会社が提供する損害保険契約に加入し、保険料を支払うことが求められます。責任企業は、その保険契約に入っていると、万が一にも過酷事故が起こった際に、保険会社から賠償金額に見合った保険金額を受け

取り、次に、その金を被害者に支払うこととなります。その結果、被害者が泣き寝入りすることがなくなります。

　したがって、原発メーカーが、原発の過酷事故の際に支払わなければならない賠償金額に見合う保険金を受け取ることができる損害保険契約に加入し、保険料を支払うことをしないのであれば、自由経済体制下における本来の企業のとるべき**企業倫理に反する**ことになります。

　このとき、原発メーカーが原発の事故発生に起因して負わなければならない損害賠償金額が天文学的な数字になるのであれば、それに見合う保険会社に求める保険金額も天文学的な数字になります。当然保険会社は、自らが再保険に加入するにしても、原発メーカーに求める保険料の額を高くしなければ、経営が成り立ちません。ということで、保険料は高騰することになり、結局、**原発産業自体が、人類と生態系の安寧を脅かすものであるとして、市場競争の中で淘汰される**ことになります。

　具体的に淘汰された他の事例としは、超大型タンカーの建造取止めが有名です。超大型タンカーが原油流出事故を起こしたときの被害額が、あまりに巨額になることから、保険会社が引受けをなさなくなったことによるものです。

　このように、自由経済体制を、選択肢が幾つかある社会制度の中で、これが自国に物質的にも精神的にも豊かさをもたらすものであると国民が判断して自主的に選んだものであると見た場合、その自由経済体制における損害賠償の法的制度整備を前提とした損害保険機能とは、その選択した自由経済体制が、人類と生態系の安寧を脅かすことがない仕組みとして存在するための、逆に言えば、自由経済体制が、人類と生態系の安寧の維持に貢献する存在としてあり続けるために、極めて大切な不可欠な機能の1つであるという認識が必要です。

2　疑問1　なぜエネルギー源選択が、社会全体の大きな関心事となるのか？

　近時、単なる電力料金単価の高低だけでなく、電力供給をなすにあたってエ

ネルギー源として何を用いるのが良いのかという「電力のエネルギー源選択」が、電力会社においてのみならず、社会全体の大きな関心事となっています。

これは落ち着いて考えると、おかしな話です。電力には種類があるわけではないので、どのエネルギー源を用いようが差別化できません。そのような場合、一般的には自由経済体制であれば、関心がもたれるのはその価格と供給の確実性のみに限られます。電力のエネルギー源に何を使うかについて、社会全体の大きな関心事となることは滅多にないからです。

「なぜ電力のエネルギー源選択が、社会全体の大きな関心事となるのか？」の疑問が湧きます。

3　疑問2　「採算性比較」の現状と将来

一方、仮にスウェーデン政府が採用した「電力のエネルギー源選択は、経済合理性に基づく市場の判断に任せる。」政策を、日本においても採用するのであれば、電力会社にとっては、「原発の採算性」を含む「電力のエネルギー源別の採算性比較判定」がより一層大きな経営課題となります。採算性の劣るエネルギー源を選択すれば、将来電力会社は競争淘汰され倒産することとなるからです。となると、この「採算性比較判定」は電力会社にとっては将来の生死を分ける課題、すなわち死活課題となります。

したがって、客観的に見て、この「採算性比較判定」が現状いかなるものであって、その上で将来どのようになるかの疑問が湧きます。また現行の日本の電力会社のみならず海外の電力供給企業あるいは日本で新規参入を狙っている新電力企業が、「採算性比較判定」をどう捉えているのかの疑問も湧きます。もっとも、その課題への調査結果は、電力会社にとっては、競争相手の企業には知られたくない大事な企業秘密事項であるので、情報収集は困難かもしれません。

4　疑問3　原価計算アプローチ及びDCF法アプローチを適用するときの諸問題

「採算性比較判定」は企業経営においてしばしば問われる代表的な判断課題であって、この課題の解を求めるには、実務では原価計算アプローチ及びディスカウントキャッシュフロー法（DCF法）アプローチの2つが確立したアプローチであると認知され、頻繁に適用されています。そうすると、「採算性比較判定」の対象が「電力のエネルギー源」であっても、この2つのアプローチを適用するのは当然のこととして、この2つのアプローチをどのようにして適用したらよいのかの疑問が湧きます。また、この2つのアプローチを適用するときの前提条件あるいは限界はどのようなものであるかの疑問が湧きます。

5　疑問4　支出の範囲をどこまで広げるか？

「電力のエネルギー源別の採算性比較判定」を現行使用されている科学技術に限定してなすにしても、その対象となる支出は幅広いものがあります。電力会社が負担する発電所の建設・運営・廃炉にかかわる支出、送電・変電設備の建設・維持に関わる支出、原発における使用済み燃料の再生・保管にかかわる支出だけではないからです。電力会社が負担しない支出である、いわゆる社会的負担とも称される広汎な支出が発生します。とすると、採算性比較判定を単に電力会社に限定してなすのではなく、視野を広げて日本国全体における採算性比較判定をなすには、それら広汎な支出をも視野に入れなければなりません。

　したがって、上の2つのアプローチを適用するにしても、この支出の範囲をどこまで広げて「採算性比較判定」を行うべきかの疑問が湧きます。

6　疑問5　技術進歩・技術革新予想をも踏まえた「採算性判定」をどのようにするか？

　企業経営における「採算性判定」は、技術進歩あるいは技術革新によってダイナミックに変動します。**この変動こそが自由競争経済の核心です**。そこで、現行使用されている科学技術に限定することなく、技術進歩あるいは技術革新予想をも踏まえた「採算性比較判定」を行うことが不可欠となります。しかしながら、そのような「採算性比較判定」は、具体的にはどのようにしたら得られるのかの疑問が湧きます。

7　疑問6　全体最適解はどのようにして求めたらよいのか？

　電力供給は基幹的な経済活動であるので「採算性判定」が求められるのは当然としても、「採算性判定」という課題設定をすると、経済合理性視点に限定した判断に陥ります。すなわち、眺める目が視野狭窄となる結果、**木を見て森を見ず**状態に陥り、その結果、いわゆる部分最適解を求めてしまう危険性があります。これは検討対象から経済合理性判断思考がなじまない要素を排除することとなり、「採算性判定」を含むもそれを超えた日本国全体における本来求めるべきいわゆる全体最適解を見逃すことになるからです。

　一方、課題の設定を「採算性判定」とせずに、**「電力のエネルギー源選択」**とすると、経済合理性視点が馴染まない視点をも取り入れることができます。

　しかし、そうだとしても、具体的にどのようにしたら経済合理性判断思考がなじまない要素を取り入れることができるかの疑問が湧きます。すなわち、いわゆる全体最適解はどのようにして求めたらよいのかの疑問が湧きます。

8　疑問7　核分裂生成物の脅威の内容と程度及びその脅威に日常的に曝されている原発の作業現場は、どのようなものか？

　上の「2　疑問1　なぜエネルギー源選択が、社会全体の大きな関心事となるのか？」と「7　疑問6　全体最適解はどのようにして求めたらよいのか？」の2つの疑問は、少し熟慮すれば、特に原発についてのみ**潜在的に**桁違いの危険性を有しているという問題意識から発していることに行き当たります。

　とはいえ、この桁違いの危険性についての内容と程度については、識者に見解の相違があります。例えば、**低線量内部被曝**の脅威については、被曝の脅威研究に携わる者の中でも、全く異なる見解の相違があります。その典型例は、1972年に発見された「**ペトカウ効果**」(注3)についての見解相違です。それは、低線量内部被曝の機序（作用メカニズム）を証明したものです。この発見につき、被曝の統計的疫学研究で名高いアーネスト・スターングラス博士とジェイ・マーチン・グールド博士の両博士から、ノーベル賞に値すると激賞され、その後においても、他の研究者の研究深化が相次いでいるにもかかわらず、未だに否定する論者あるいは**団体**が存在します。

　しかし、「ペトカウ効果」を否定するにしても、また原発推進の人々であっても、他の電力エネルギー源に比較してのものである限りでは、原発が桁違いの危険性を**潜在的に**有していることは、認めざるを得ないと思われます。そのことが、人類の文明の歴史の中で、原子力エネルギーが、従来のエネルギーと根本的に本質が違うのではないかという問題意識をもたらすのですが、その危険性をもたらすものが何であるかを見るに、それが**核分裂生成物**であるということは、識者に意見の相違はありません。ということであれば、次の疑問を抱かざるを得ません。

　ⅰ　核分裂生成物がもたらす危険性（＝脅威）の内容と程度を把握した統計学的疫学研究は、あるのか？　あるとすれば、どのようなものか？
　ⅱ　核分裂生成物の脅威に日常的に曝されている原発の作業現場は、どのよ

うなものか？
　この２つの疑問について回答は、経済合理性視点とは異なる視点からの、原発の脅威の実態の解明であるので、上の「２　疑問１」と「７　疑問６」の２つの疑問の回答の一部となります。

（注３）ペトカウ効果
　　　『あけび書房「人間と環境への低レベル放射能の脅威」ラルフ・グロイブ／アーネスト・スターングラス著　肥田舜太郎／竹野内真理訳』の129頁から143頁にかけて、次のように記述されています。なお太字記載は筆者によるものです。

１）新たな次元の放射線リスク
　　　1972年マニトバにあるカナダ原子力公社のホワイトシェル研究所で、科学者アブラハム・ペトカウは、全くの偶然からノーベル賞に値するとも言える発見をした。生きている細胞の細胞膜に似たリン脂質の人口膜に水中で放射線を当てたところ、放射線照射を長時間続けると、X線フィルムに対するような瞬間的な短時間照射のときよりもはるかに低い放射線量の吸収で、細胞膜が破れることを発見した。
〈筆者注〉　細胞膜が完全に破壊されると細胞自体が壊死する。
……
　　　細胞膜を破壊するにはX線の大装置から毎分260ミリシーベルトで、全量35シーベルトの高線量照射が必要だった。しかし、水に溶かした放射線食卓塩（塩化ナトリウム22）から毎分0.01ミリシーベルトという低線量を長時間照射すると、全量でわずか７ミリシーベルトの長時間照射で細胞膜は破壊された。
　　　このように低レベルの長期にわたる照射の場合、細胞膜を破壊するのに5,000倍（3,500／0.7＝5,000）も小さい線量しか必要でない。このことはまさに信じられない発見だった。
　　　実験を何回繰り返しても、ペトカウは同じ結論に到達した。照射時間を延ばせば延ばすほど、細胞膜の破壊に**必要な総線量は低くなった**。このことは、**少量で慢性的な放射線照射は、高線量の短時間照射よりもその影響がより大きい**ことを示している。この革新的な新しい発見は、**細胞核の中での遺伝的影響とは全く相反する**ものだった。細胞核における研究の中では、全線量を短時間に受けた場合と、長時間をかけて受けた場合とでは、その影響にはほとんど違いはなかった。もしあるとしても、一般的には、長期にわたる被曝の場合では影響は少なくなっていた。言い換えれば、シーベルト当たりの影響は、非常に低い線量から非常に高い線量まで、線量の範囲すべてにおいて、一定であると信じられてきた。
　　　細胞核の中では遺伝子情報を運ぶDNAが、放射線の衝突により直接損傷を受けることが長い間知られてきた。細胞膜の場合は、ペトカウが発見したように、

全く違った間接的に損傷を与える仕組みが作用するのである。
２）なぜ、低線量の方が高線量よりもリスクが大きいのか
　　　　酸素が溶け込んだ細胞液の中で、放射線は酸素分子に衝突して毒性の強い不安定な酸素を作る作用をする。活性酸素・フリーラジカルと呼ばれるこの酸素は細胞膜に引き寄せられ、細胞膜を次々に酸化する**連鎖反応**を起こし、細胞膜を弱らせ破壊さえする。このように、細胞膜は細胞核と違って、受ける被害は放射線の結果ではなく、**放射線の作り出す活性酸素・フリーラジカルによって間接的に起こされる**。

　　　以下、次の項目での説明が続きます（なお太字は筆者加筆です）。
　　３）細胞核への損傷は考慮、細胞膜への損傷は無視
　　４）一方的調査
　　５）ペトカウ効果は生物組織で立証されたか
　　６）ペトカウ効果は人間でも立証された
　　７）ペトカウ効果の全体的影響
　　８）細胞膜の損傷と健康
　　９）死の灰がエイズ流行の引き金に
　　10）放射線防護局（ICRP・UNSCEAR）のペトカウ効果に対する見解
　　11）ペトカウ効果から引き出せる結論

9　この論考の意図

　この論考の意図は、上の７つの疑問に答えることにあります。答え方の特色及び重点は次のようなものです。
- A　電力供給をなすにあたって、そのエネルギー源には知られている限りであっても、多様なものがありますが、この論考が扱う課題は、その**電力のエネルギー源選択**についてのものです。課題の設定を「選択」とし「採算性判定」としていないのは、視野狭窄を避けることにあります。
- B　本論考は、電力のエネルギー源選択についての結論を提示したものではありません。そうではなく、エネルギー源選択について関心を持つ人々が、その思索あるいは議論をより深めるための叩き台を示したに過ぎません。すなわち、知識・経験が異なる専門家の間のみならずエネルギー源選択について関心を持つ全ての人々の間で、表面的・形式的なレベルでなく、原

理の考察を伴う深い議論が、百家争鳴的に湧き起ることを期待して書いたものです。

そのため、電力のエネルギー源選択判定に有用な「思考の枠組み」を解説提供することに重点を置きました。この「思考の枠組み」とは、原価計算アプローチあるいはDCF法アプローチのような、採算性判定に役に立つ専門的な概念道具だけではありません。それも含むが、この電力のエネルギー源選択という課題の解を得ることを狙うときに、その視座を経済合理性に限定することなく、経済合理性を超越する視座をも取り入れた思考プロセスあるいは思考手順をも含みます。

10　この論考を読むときの注意点

この論考を読むにあたって、注意していただきたいのは、次の(1)と(2)です。また、常に問題意識として、持っていただきたいのは、(3)です。

(1) 上の「9」の「B」のことから、読み手は、結論的な部分を読み取る態度を採用するのではなく、ここで解説した「思考の枠組み」を咀嚼した上で、自ら情報を収集して、この「思考の枠組み」を使って「電力供給のエネルギー源選択」について自ら判断することに役に立てる態度で読む。

(2) 筆者において知識・経験・情報の3つの不足のため、この論考がまだ全体最適解に達していないことは確かであるので、読み手は、その不足分を自ら補填する態度で読む。

(3) 特に原発については、次のような巨視的な視点からの問題意識を抱いて、その是非を考える。

　i　人類文明の未来への歴史展開の中で、人類が産み出す科学技術の進展が、人類・生命体・環境の安寧に貢献するためには、人類は科学技術をどう制御すべきか？

　ii　新たな科学技術を、日常生活の場である社会において導入する場合の、その社会の構成員1人ひとりが持つべきモラルはどうあるべきか？

iii 特定の科学技術の導入是非をめぐって、日常生活の場である社会が、あるいはその構成員が、権力を持つ国家と意見を異にした場合、その特定の科学技術にかかわる専門家が、社会とその構成員に対して持つべきモラルと役割は、どうあるべきか？

採算性測定の基礎知識から
全体構造を見渡せる
概念道具を探す

以下「一」から「四」の章までは、次のような立場に置かれていて、採算性測定の技法を学ばなければならないと想定して読むと、理解が深まります。

金額１兆円を超える資金を持っていて、自らその金を直接投資して、発電企業を起こして儲けようとしている。

1　性能比較とコストパフォーマンス比較（採算性比較）との対比

　近時「電力のエネルギー源別コスト比較」が、大きな社会関心事となっています。ところで、このことにつき、一般新聞・経済専門新聞・経済誌・経営専門誌の扱いがどうであるかを見ると、原価計算思考アプローチによる見解がしばしば記されています。その見解のほとんどについて、筆者は原価計算の専門家（注１）として強い違和感を持ちます。例えば、電力のエネルギー源別コスト比較につき当初確定的な数値が記されていました。しかし、同一の電力のエネルギー源であっても、型式によって電力コストは大きく異なります。また以下の「二」章で説明するように、想定稼働水準のタイプ設定の明示もありません。これらの記事のほとんどにつき、信用度は極めて低いというよりもデータの収集に恣意性が働いていると感じます。

　そもそも記事としてそれら見解を引用した記者・編集者に原価計算についての基本的な知識が欠如していると感じた事例もありました。例えば、性能比較とコストパフォーマンス比較（以下「**採算性比較**」と称することもあります）は重なる部分もありますが、異なる部分もあります。すなわち、 性能 指標は、一般に次の式から算出されます。

　　　一定期間の出力量（単位：KWH）／一定期間の投下燃料物量（単位：kg・L等）

　原発はこの性能指標が極めて優れています。火力の場合であっても大型化によりこの指標が良化します。そしてそれぞれに価格を掛けると、採算性比較を

部分的に示す次のような 会計 指標となります。この数式は分子も分母も貨幣単位であることに注目してください。

一定期間の産出 KWH × 売価 ／一定期間の投下燃料物量 × 燃料 単価
＝稼得収入／燃費

原発はこの指標も優れています。火力の場合であっても大型化によりこの会計指標が良化します。

(注1) 筆者は、長年にわたって、経営プロジェクト全体の採算性判定実務に従事すると同時に、企業経営の生産現場における採算性判定に役に立つ管理会計の概念システム設計実務にも従事してきました。またリードタイム短縮を旨とし全体均衡解を求める生産管理理論を生産現場に適用するときに生じる実務諸問題の解決にも従事してきました。

2 採算性測定指標の拡大事例

上の「1」の採算性比較は**部分的**であると説明しましたが、それがなぜ部分的であるかをトラック車両の運搬採算性測定の事例でもって以下示します。トラック車両の運搬採算性測定にあたっては、最初に次の3つを明確に区分しなければなりません。

A 性能 指標（譬えれば、車のエンジン馬力）

B 部分的な採算性 会計 指標（譬えれば、車が1km走るのに費やす燃費。ただし、モデル走行想定に基づいたもの。一般に会計指標と称する理由は、分母あるいは分子のいずれか、または両者が貨幣単位であるとき）

C 全体構造を踏まえた上の採算性 会計 指標（車について譬えれば、次の＊指標のようなものであって、理想的な条件を想定せず、実際に起こり得る障害をも考慮した条件下のもの）

＊指標

$$\frac{(車の取得支出＋廃車までの使用燃料支出＋廃車までの維持支出＋廃車処分支出)}{\Sigma \; 廃車に到るまでの運行距離 (km) \times 積載トン (t) 数}$$

Cの＊指標における分子の意味は、車の取得から廃車に到るまでの全支出額を含むということです。一方分母の意味は、その車が一生涯になす作業1つひとつにおいて運べる積載トン（t）に距離（km）を乗じて得た数字（＝作業量）を累積した結果です。全体で見ると、Cの＊指標は、全支出額を、車を使って請け負った作業量で割ったものであるので、車の採算性を示します。この＊指標が低ければ、車の採算性が良いというになります。

　Bの燃費指標が良好であっても、Cの＊指標における分子に占める4つの要素のうち「廃車までの使用燃料支出」の額**以外**の要素である「車の取得支出＋廃車までの維持支出＋廃車処分支出」の額の割合が大きくなると、Cの＊指標が良好とは限りません。このことから、Cに比べてBは、部分的な会計指標であることがわかります。

　すなわち、トラック運搬車両につき幾つかの種類があるとき、その中で採算性の一番良い車種を選ぶ課題の解を得んとするときに、Cの＊指標がその解を得るために有効な一般式となります。これは一応全ての条件下で有効です。

　一方、Bの燃費指標は、分子に占める4つの要素のうち、「廃車までの使用燃料支出」の額が占める割合につてに限定して、着目したものです。特定式とでも称すべきものです。

　一般式が**常に**全体最適解を得ることに役に立つのに対して、この特定式は、特定条件下の**外**では、**ときには**全体最適解と異なる部分最適解を得ることがあります。

3　「2」の事例を「電力のエネルギー源別発電事業の採算性比較」に適用すると

　2を受けて本来「電力のエネルギー源別発電事業の採算性比較」を追求するのであれば、C指標の考え方を採用すべきであることは明らかです。**決してB指標の考え方であってはなりません**。理由は、B指標が全体の採算性を示すものではなく、部分的な採算性を示すに留まるからです。いわゆる部分最適解思

考に陥る悪因となるからです。

 （注２）Ｃの＊指標を、「電力のエネルギー源別発電事業の採算性比較」に適用すると次のようになります。

  （発電所・送電線の建設取得支出＋稼働完了に到るまでの燃料支出＋稼働完了後廃所までの維持支出＋廃所処分支出＋廃棄物の処分と保管にかかわる支出）／開始から廃所に到るまでの産出電力量（KWH）

  分子全体の中に占める「稼働完了に到るまでの燃料支出」について見ると、火力は割合が大きいが、原発は割合が小さい。そのことからどのようなことが読み取れるかは、「五」《筆者の私見》における「４」から「８」までをお読みください。

4　全体構造を見渡すにはどうするか？

　電力を産出するエネルギー源には原子力、石炭火力、ガス火力、石油火力、水力、地熱、風力、海洋潮流、太陽光等々多様なものがあります。その中にあって、全体構造を踏まえた上の本来の「電力のエネルギー源別コストパフォーマンス」を測定するのであれば、「**当初設備投資から始まって、その後の事業維持・拡大・廃炉に伴う支出とその設備稼働によって稼得する収入を対比した全体構造（ただし、原発の場合は、廃炉作業支出と10万年も続く放射性廃棄物保管支出をも含む）**」を見渡せる、すなわち、全体最適解像を得られるものでなければなりません。この全体構造を眺望するためには、電力のエネルギー源別に発電事業会社を設立したと想定して、各発電会社が電力を**産出して消費地に送電する**にあたって、どの事業会社が経済合理性に優れているかを判定する思考方法を採用するのが現実に適しています。その思考方法を採用することによって、初めて全体最適解像が立ち現れます。

5 全体構造を踏まえた上のコストパフォーマンスを測定するにはDCF法が優れている

「2」から「4」までの考察を受けて「1」で示した一般新聞・経済専門新聞・経済誌・経営専門誌の扱いに戻ると、記事によっては「2」におけるBとCの区別がなされていないのではないかと感じるものもあります。

またCであっても、原価計算思考アプローチによる限り、「4」が求める全体構造を可視化できないために、本来の採算性比較が見えにくくなります。また、原価計算思考は実績値を求めるのには適しているのですが、予測値を求めるとき、幾つかあるその予測前提（例：想定稼働水準）を可視化しにくい面があります。

そこで、原価計算アプローチの他に**全体構造を可視化できた上で採算性の測定に役に立つ**概念道具を探すと、ディスカウントキャッシュフロー法（DCF法）アプローチが以下の(1)と(2)のことから、最も適切であることがわかります。

なお、このDCF法については、後述の「三　DCF法適用の概要」の章で概要を説明し、「四　DCF方式適用事例」で具体例を示しますので、そこで基本的なことの理解及び原理と理論体系を習得してください。

(1) DCF法の出自と特色

採算性判定アプローチとして確立した手法であるDCF法は、何らかの事業あるいはプロジェクトを起こすにあたって、その事業のコストパフォーマンスの将来を測定する道具として開発されたものです。このコストパフォーマンスは、当初設備投資から始まって、その後の事業維持・拡大・廃止に到る支出とその設備の稼働によって得られる収入を対比した全体構造を踏まえた上で、示されます。この点が、期間損益計算を前提として一期間のみを扱う原価計算とは大きく異なります。

一方、当初設備投資にこだわった視座から見ると、DCF法は、ある額の設備投資をなすときに、その拠出資金を回収して儲け（プラス余剰）あるいは損

(マイナス余剰)がいかほどになるかを計算するために開発された道具であると言えます。要はDCF法の出自は、設備投資をなしたらよいか否かを決める「採算性判定」の分野であったということです。

(2) リスクを入れ込むことが容易

　また、DCF法は、全体構造を可視化できると同時に、もともとその事業のコストパフォーマンスの**将来**を測定する道具として開発されたものですので、完全なものではありませんが、リスク（注3）を入れ込むことが容易です。その点が、原価計算思考アプローチに比べ、実務上優れています。

　　(注3) リスクには多様なものがあります。その中で事故リスクに限定して、原価計算思考アプローチに当該リスクを入れ込むとすると、事故保険料を算定してその保険料を原価計算に入れ込む形を採用することとなります。この事故保険料算定は、保険数理専門家の守備範囲の課題であり、ブラックボックス化し易い分野に属します。

　　　一方、事故保険料を計算するためには、保険数理的処理をなすことができるほど事故データ数が多くあることが前提となります。交通事故にかかわる保険料算定が典型です。そこで、発電事業にかかわる事故データ収集入手の実務上の難易度を見るに、軽度な事故については、電力のエネルギー源が何であれ入手できます。また、重大事故であっても、原子力以外は可能です。しかし、原子力発電にかかわる重大事故については、件数が少ない（**幸いなことである！**）ので、保険数理的処理をなすことができるほどのデータ収集はできません。したがって、原価計算思考アプローチ（**それもリスクを考慮したもの**）を原子力発電事業に適用することはできないこととなります。

　　　「電力のエネルギー源別コスト比較」がしばしば一般新聞・経済専門新聞・経済誌・経営専門誌に記載されていますが、本来であれば原子力発電についてのみ、次の2つの注記が不可欠です。
　　　　i　重大事故（原子力にあっては過酷事故）にかかわる保険料は加えていない。
　　　　ii　重大事故（原子力にあっては過酷事故）にかかわる保険料算定は不可能。
　　　ただし、本格的な保険数理計算に代えて、過去3件の過酷事故を踏まえて、極めて簡易なプロセスを辿って、過酷事故損害保険料を算定できます。これについては、《付属論考》を参照のこと。

DCF法を理解する前に原価計算アプローチの諸問題を知る

1 採算性判定に使う「思考の枠組み」の2つの流れ

「採算性判定」をなすときに採用する「思考の枠組み（広い意味での投資尺度）」には、**管理会計**（収益費用ベース発想が出発点。代表例が原価計算）と**ファイナンス論**あるいは**資産価格理論**（キャッシュベース発想が出発点。代表例がDCF法）の2つの流れがあります。実務上、「プロジェクト優劣判断 → DCF法を使用」、「製品別採算調査と業績評価 → 管理会計を使用」との見解が流布していますが、製品別採算調査にDCF法を使用するのが有用なこともあります。

DCF法の理解は、原価計算と対比すると、より一層深まるので、最初に原価計算の注意点を次の「2」から「5」まで説明し、その後「三」以降にてDCF法を適用した事例の説明に入ります。

2 原価計算の注意点で特に大事なこと

事前に原価予測をなすとき、すなわち原価を見積る（この作業を一般に「見積原価計算」と略称します）とき、すなわち、思考の枠組みに前者の管理会計に属する原価計算理論を使用する場合には、注意しなければいけない点が幾つかあります。その中で特に大事なことは、次のiとiiの2つの問題意識に要約されます。

　i　稼働（注1）水準をどう設定するか？
　ii　減価償却費の計算要素である設備償却年数をどう見積るか？

このiとiiがなぜ大事であるかは、この両者の見積りの相違により、**製品1個当たり**（電力会社であれば産出する1KWH）の原価構成中の固定費が大きく動くからです。この固定費とは、営業活動量の変化に左右されない費用のことですが、期間中に発生する費用だけでなく、当初支出された固定資産にかかわる減価償却費も含みます。そして「製品1個当たりの固定費＝固定費／産出製品数（電力会社であれば産出するKWH量）」であるので、分母の産出製品数（電

力会社であれば算出するKWH量)が多くなれば、製品1個当たりの固定費は低くなり、分母の産出製品数(電力会社であれば算出するKWH量)が少なくなれば、製品1個当たりの固定費は高くなります。

> (注1) **稼働率＝操業度＝利用率＝事業活動の量率**である。なお管理会計では事業活動量の変化に応じて原価がどのように反応するかをコストビヘイビアーという専門用語を使って表現します。製品1個当たりではなく**全体で見たときに**、事業活動量の変化に応じてほぼ比例して動く原価を変動費と称し、事業活動量の変化に応じて動かない固定的な原価を固定費と称します。
>
> なお事業活動量を測定するときに何に着目するか、すなわち単位として何を使うかは、当該企業が携わる事業特質によって使い分けることが肝要です。1つとは限りません。例えば、発電会社の場合、次の2つが考えられます。
>
> A　物理的な単位である、出力であるKWH
> B　稼働時間数

以下、ⅰとⅱを詳しく説明します。

3　稼働水準のタイプを理解する

事前に原価予測をなすとき、すなわち原価を見積るときは、上の(注1)で説明した事業活動の量の水準を想定する必要があります。この想定を稼働水準設定と称します。この設定には幾つかの想定タイプがあります。完全理想・実際的理想・正常・実績平均・予想平均・予想最悪等です。見積り時は必ずこの稼働水準設定のタイプのどれを採用したのかを理由とともに明示し、計算課程をも含めた根拠を示す必要があります。一般的に管理会計ではこのタイプにつき次のように解説しています。

完全理想稼働水準
　　最高の能率でまったく操業が中断されることがない理想的な状態によって達成される水準。理論上計算できる最大な水準。

実際的理想稼働水準
　　理想稼働水準から、機械の故障時間、修繕時間、段取り時間、工具の休

み等不可避な作業休止時間を差し引いた水準。なおこの不可避な作業休止時間は予想される最低限度のものであると仮定します。

特に大事な点は、需要が無限にあると仮定して、製造することだけに専念できることを想定している点です。この点が、次の正常稼働水準と異なります。

正常稼働水準

実際的理想稼働水準を踏まえた上で、さらに販売上予想される季節的及び景気変動の影響を考慮した長期的に平均した水準。生産と販売の長期的バランスを考慮した水準。

実績平均稼働水準

過去のデータから算出される実績水準。

予想平均稼働水準 ・ 予想最悪稼働水準

正常稼働水準あるいは実績平均水準に、販売想定に基づく修正を施した水準。

4　想定稼働水準設定を間違わない

年間であれ月次であれ、上の（注1）の後半で説明したように、稼働水準は産出KWH単位を使うか、あるいは稼働日数or時間単位を使うかで設定できるところ、この産出KWH単位あるいは稼働日数or時間単位を使って測定する事業量は、上のタイプ（完全理想・実際的理想・正常・実績平均・予想平均・予想最悪等）区別のどれを採用するかによって大きく異なります。

一方、電力コストを計算するときには、その計算目的に**応じて**、この想定稼働水準設定のタイプを使い分けなければなりません。この「計算目的に応じて」という点が大事です。すなわち、「電力のエネルギー源別発電事業の採算性比較」が目的であれば、単なる性能検査ではありません。しかも、過去の実績でもありません。過去の実績は、政策的な意図が介在した可能性があるので、採用してはなりません。

結局、〈政策的な意図を極力排し〉、〈競争条件を平等〉にした上での〈現実的に実行可能〉な条件下での「C　全体構造を踏まえた上のコストパフォーマンス」(「一」「2」)がいかなるものであるかを知ろうとしているので、現実に使用する際の種々の状況（故障頻度、修理頻度）も想定するも、販売上予想される季節的及び景気変動の影響を**無視**する見方をしなければなりません。したがって、実際的理想稼働水準を採用**しなければなりません**。

　一方、現実に使用する際の種々の状況（故障頻度、修理頻度）も想定した上で、さらに販売上予想される季節的及び景気変動の影響を**考慮**する見方をしなければならないときは、想定稼働水準には正常タイプを採用**しなければなりません**。間違っても実績平均タイプを採用してはなりません。

　このように、見積原価計算の目的と想定稼働水準設定の相性である適合関係を間違わないことが肝要です。

　以上の主張のうち、過去の実績を採用してはならないとする具体的な理由は次のようなものです。例えば、ガス火力発電は調整電源として使用されることが多いので、実績平均稼働水準である産出KWHは極めて低い。そもそも政策的な意図が介在しています。このとき、

　1KWH原価に占める固定費の額＝固定費額／産出KWH

であるので、産出KWHが少なくなればなるほど、1KWH原価に占める固定費額は高く計算されます。一方、福島原発事故までは原発はベース電源として使われていました。これも政策的な意図が介在しています。その政策下での稼働水準である実績平均稼働水準タイプを使うと、産出KWHは極めて大きいものがあります。当然1KWH原価に占める固定費額は低く計算されます。

　したがって、ガス火力発電コストと原発コストと比較するとき、その目的が「C　全体構造を踏まえた上のコストパフォーマンス」比較であれば、**両者ともに想定稼働水準に実際的理想稼働水準あるいは正常操業度タイプを使用しなければ**、〈政策的な意図を極力排し〉、〈競争条件を平等〉にした上での〈現実的に実行可能〉な条件下での比較が示されないことになり、選択判断に経済合理性が伴わないこととなります。間違っても実績平均タイプを採用してはなり

ません。

5　想定する設備償却年数に税法の法定耐用年数は使わない

　一般に装置産業において**管理会計目的で**原価計算をなす場合、設備にかかわる減価償却費が原価構成要素の大事な部分を占めることになります。その減価償却費を計算するには、設備償却年数を想定しなければなりません。その想定する設備償却年数には、物理的な耐久性を反映した上で、技術進歩による陳腐化をも考慮したものを使い、税法の法定耐用年数を使ってはなりません。これが管理会計における耐用年数指針となります。営利企業が制度会計上の決算書を作成するときに使う耐用年数とは異なります。

　すなわち、管理会計は経営上の意思決定に有用な道具として開発されたものです。一方、営利企業の決算書は制度会計基準に基づいて作成されるところ、その営利企業の決算書の使われ方を具体的に見ると、
　ⅰ　法人所得税額の基礎となる損益算出のため
　ⅱ　金融機関から資金調達する際のその金融機関による信用供与調査向けの情報提供のため
の２つが特に大きな使われ方であることから、決算書はすべての企業に使用される企業会計原則という共通なルールに従わなければなりません。したがって、営利企業が決算書作成する場合は、耐用年数につき独自のものを使うことは許されず、他社との比較可能性を考慮して、便宜的に税法の法定耐用年数を使うことが会計慣行となっています。

　それと異なり経営上の意思決定をなすのであれば、その慣行に従うことなく、詳細な調査を踏まえて、上の指針に従って、独自に設備償却年数を見積らなければなりません。

　そうはいっても、技術進歩による陳腐化をも考慮した設備償却年数想定は実務上難しいものがあります。だからといって、税法の法定耐用年数を使うと、

採算性判断を誤ることになります。特に、当初投資額が巨額な場合あるいは当初投資額がその後の事業維持費支出に比較して割合が高い場合は、想定した耐用年数が現実を反映していないと、経済合理性優劣判断を間違うことになるので、注意しなければなりません。

DCF法適用の概要

この章の「1」から「3」までは、DCF法についての極めて実務専門的な事柄を要約して短い紙数で説明をしています。したがって、原価計算の知識のみしか知らない人には、読みこなすのに困難を感じるかもしれません。そうだとしても、わからないなりに、途中で投げ出すことなく、丁寧に読み進めることをお勧めします。そのとき、要は事業の採算性を判定するにあたっての事業リスクの入れ込み方に幾つかの選択肢があって、その選択肢の間の相違を解説した部分が重要であると銘記して、読み進めてください。次章「四」以降を理解するための前提にもなりますので。

　なお、ここに書いてあることをより理論的に知りたいのであれば、サイモン・ベニンガ著『ファイナンシャル・モデリング』（大野　薫監訳　ロギカ書房）をお読みください。

1　DCF法の体系

(1)　DCF法を図と式で理解する

　初心者がDCF法を理解するのは、難しいものがあります。しかし、DCF法の発想自体は奇抜なものではありません。いわゆる**収益還元**によって事業価値を算出する発想、すなわち、フロー金額から事業価値額を算出する発想に立つ常識的かつ簡単なものだからです。

　要はある事業を手掛けようとするとき、その事業を行うことから得られる「自由に処分できるお金＝フリーキャッシュフロー（**FCF**）」（注1）の額を予測し、その予測額から当初投資額を差し引いて手に入る儲けの額でもって、その事業の採算性を判定しようとするものです。

　もっとも、得られるFCFが現在時点から遠く先になればなるほど価値が低下するとの考え方に立って、その考えを計算に反映するため、「1＋**資金利回り概念としての要求収益率**」を使って複利計算で、各期のFCF額を割り引くという技術を取り入れている点に特色があります。図で示すと次のようになります。

三　DCF法適用の概要　31

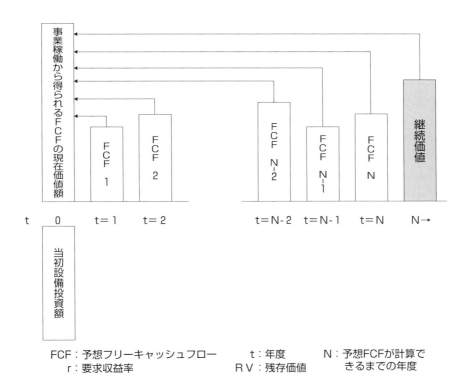

FCF：予想フリーキャッシュフロー　　t：年度　　N：予想FCFが計算で
　r：要求収益率　　　　　　　　　　RV：残存価値　　　きるまでの年度

と設定すると、上の図は次式のように表現できます。

$$\text{事業稼働から得られるFCFの現在価値額} = \sum_{t=1}^{N} \frac{FCF(t)}{(1+r)^t} + \frac{RV}{(1+r)^N}$$

（第1項：年々のFCFの現在価値額／第2項：N時点での継続価値額）

　注意すべきは「r」です。一般的には、割引率と称されていますが、ここでは「要求収益率」との用語を当てています。その理由は、切り捨て指標となる

最低限の資本利回り率の意味を付与しているからです。割引率と称すると、本来の意味が誤解されことを懸念したことにあります。

なお事業がN年で完了するときは、継続価値額はないこととなります。

(注1) FCFは、おおざっぱに表現すれば、現在価値額を算定しようとする対象となる事業が産む「自由に処分できるお金」とイメージして構いません。具体的には会計数字から次のような形で加減算して算出されます。この加減算手順は、会計における損益ベースをキャッシュベースに調整するものであると理解してください。

税引後利益＋非現金支出費用：減価償却費、引当金（退職給付債務含む）繰入額、各種評価損
　－増加運転資金
　－設備投資額
　＋（支払利息－受取利息）
　－（支払利息－受取利息）×法人税実効率

または、

支払利息控除後・税引前利益×（1－実効税率）＋非現金支出費用：減価償却費、引当金（退職給付債務含む）繰入額、各種評価損
　－増加運転資金
　－設備投資額
　＋（支払利息－受取利息）
　－（支払利息－受取利息）×法人税実効率

なお、事業現在価値を算出するとき、使用されるキャッシュフロー（CF）概念には、このFCF（フリーキャッシュフロー）の他に合算CF（債権者CF＋株主CF）＝FCF＋（支払利息－受取利息）×法人税実効率があります。なぜ、FCFとは別に合算CF概念を設定するかの理由等は極めて専門的な分野に属することであるので、省略します。

(2) DCF法の式が理解できなくても構わない

上の式は、数式に馴染みがない人には、理解し難く見えます。しかし、この式を具体化したものが次章「四　DCF法式適用事例」の「3」に掲げた「収支予測表・事業現在価値額計算表一体**表例**」であるので、この式が理解できなくても、この表例を作成するときの手順と意図を理解できれば、上の式を理解したことと同じことになります。したがって、上のDCF法の式が理解できなくても構わず先を読んでください。

(3) DCF法の体系とタイプ

　DCF法は、いくつかのタイプがあります。そこでDCF法を適用するときは、必ずその中のどのタイプを選ぶかの課題を迫られます。したがって、DCF法を適用する際には、その課題に触れて、なぜあるタイプを選ぶのかの理由を開示することが要請されます。以下の「2」以降は、その選択の理由開示の要請に応えたものです。

　もっとも、その選択の理由を理解するためには、DCF法において幾つかのタイプが発生する理由あるいは考え方を知っていることが前提となります。そこで以下、簡単にその幾つかのタイプの概要を説明します。

　(1)で述べたように、DCF法はその事業を行うことから得られる「自由に処分できるお金＝フリーキャッシュフロー（FCF）」の額を予測してその事業の現在価値を算定するものですが、実は**リスク**（注2）**をどう入れ込むかの考え方**の相違によって、次の4タイプに区分できます。

　　i　リスクを要求収益率中にプレミアムとして考慮する方式
　　ii　リスク中立確率使用方式
　　iii　状態価格使用方式
　　iv　リスクを保険プレミアムとして捉えて将来の期待キャッシュフローを減額する。

　要求収益率（注：以下すべて、**預金利子率と同じ資本利回り概念**）を「リスクフリーレイト＋リスクプレミアム」として構成し、要求収益率にリスクを反映させる方式がiです。ii、iii、ivにおいては、要求収益率はリスクフリーレイトのみから構成されることとなります。ivは、予測キャッシュフロー額自体を修正するもので、具体的には、「リスク考慮FCF＝FCF－保険プレミアム」を算出する手法です。

　さらに上のiは、次のAとBの2つに区分できます。

　　A　純粋現在価値方式＝NPV方式

　事業から得られるFCFを「資本による資金調達にかかわる要求収益率」と「負債による資金調達にかかわる要求収益率」の2つの要求収益率を株主価値

と債権者価値とで加重平均した加重平均資金調達期待利回り（WACC）で割り引いて事業現在価値額を算出する方式。

　　B　修正現在価値方式＝APV方式

「事業ベース部分の現在価値額」とは別に「支払利息の節税効果の現在価値額」を分離して把握する。「事業ベース部分の現在価値額」算定には「**負債のない企業の要求収益率**」を使用する。

　　（注2）DCF法の理論基盤は、資産価格理論です。資産価格理論は、第一に、リスクを伴うキャッシュフローの評価を行う学問であり、第二に、期待収益率を対象にする学問です。また、資産価格理論の中心的な命題は、資産価格を求めるときにこのリスクと不確実性をどう反映するかに尽きます。このリスクと不確実性の定義付けについて、資産価格理論は、次のように区分することがあります。

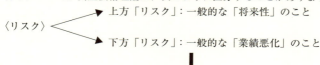

　　（注3）上のNPV方式とAPV方式の区別及びWACCと負債のない企業の要求収益率の相違等は、極めて専門的な事項であるので、その詳細を省略します。

2　選択理由

(1)　タイプの選択

「1」の「(3)　DCF法の体系とタイプ」で掲げた4タイプのいずれを選択するかを見るに、4タイプの中で、「ⅰ　リスクを要求収益率中にプレミアムとして考慮する方式」を採用します。

その理由は、「電力のエネルギー源別発電事業の採算性比較」分析に「ⅱ　リスク中立確率使用方式」あるいは「ⅲ　状態価格使用方式」を採用したとき、そのために必要かつ有効なデータを収集することが、実務上困難であるからです。具体的には、このⅱとⅲを採用したとき、産出KWHの変動リスク測定の

計算要素の１つである標準偏差（ボラティリティ）あるいは事故が起こったときの損害賠償負担予測に必要な額と発生確率等を、筆者の現在の力量では入手できないからです。

次に「１」の「(3) DCF 法の体系とタイプ」にて、A 要求収益率に「WACC」を使用するか、B「負債のない企業の要求収益率」の選択があることを示しましたが、このことにつき検討するに、「負債のない企業の要求収益率」とします。理由は次のようなものです。

 ⅰ 目的が非上場企業価値算定であれば、当該企業の資金調達構造（自己資本調達か他人資本調達かの区分と割合）あるいは買収者の資金調達構造（同左）を反映することが必要であるが、この論考は「電力のエネルギー源別発電事業の採算性比較」が目的であるので、資金調達構造の相違は考慮不必要。いわゆる貸借対照表の貸方の情報を考慮する必要はない。

 ⅱ 全て自己資本調達と想定すると、要求収益率へのリスク反映が容易である。

ところで、DCF 法中の APV 方式を使用する場合、「事業ベース部分の現在価値把握」と「支払利息部分の節税効果部分の現在価値把握」の２つの計算をしなければならいことは、「１」の「(3) DCF 法の体系とタイプ」で説明した通りです。しかし、上のように全て自己資本調達と想定すると、支払利息は生じません。したがって、支払利息節税価値を別途抜き出す必要はありませんので、NPV 方式と APV 方式のいずれを選択するかの課題は起こりません。

上記のことから、「電力のエネルギー源別発電事業の採算性比較」に DCF 法を適用するときの枠組みには、「事業ベース部分の現在価値額」把握のみを行えば足ります。

(2) 〈直接法〉を使用し、税負担は無視する

問題は、将来フリーキャッシュフロー（FCF）列の金額をいかに算出するかです。これには間接法と直接法があります。概要は次のようなものです。

〈間接法〉

  最初に、設立したと想定した発電事業企業体にかかわる将来の税引後損

益を予想し、次に、その予想税引後損益からFCFを算出する（注4）。後半の税引後損益からFCFを算出する技術は、要は損益を収支に転換する技術。税引後損益に特定の項目を加減算調整する構成をとる。その調整項目の中で最大の項目は増加運転資金、減価償却費及び引当金繰入額。
①増加運転資金：事業拡大のときは減額項目となり、事業縮小のときは加算項目となる。
②減価償却費：常に加算項目
③引当金繰入額：常に加算項目

〈直接法〉
　損益を出発点とせずに、直接最初から収支を認識する。

　ところで、一般にFCFの構成要素には法人税等の税流出が含まれます。しかし本稿においては、税流出は一切考慮しません。理由は、「電力のエネルギー源別発電事業の採算性比較」の**採算性比較**部分に重点を置くのが趣旨であるところ、税負担は国家の政策的意図の影響を受けるため排除するのが論理的であるからです。すなわち、税流出は一切考慮しない方が、無税の国家下における発電事業を想定することとなり、純粋に採算性比較ができるからです。そうすると、一旦予想損益を計算して法人税負担額を計算する必要はありません。
　であれば、〈直接法〉と〈間接法〉の選択について考えるに、わざわざ一旦予想損益を計算する必要はありません。よって、〈直接法〉を採用します。

（注4）上の将来の税引後損益の予想の仕方及びFCFを算出の2つも、極めて専門的な事項であるので、その詳細を、省略します。

3　収支予測図表と事業現在価値額計算表

　上の「2」のタイプ選択を行ったことを受けて、次のように2段階で、電力のエネルギー源別発電事業の事業現在価値額を計算します。

三　DCF法適用の概要　37

(1) 収支予測図表作成

i　横軸を時間（t）軸とする。左から右に時間が経過するとする。とりあえず、想定した設備見積耐用年数（物理的な耐久性を反映した上で、技術進歩による陳腐化をも考慮したもの）で区切る。このとき税法耐用年数は絶対に使わない（注5）。

ii　縦軸については、上弦プラス領域に、時間（t）の経過とともに、稼得する電力収入（注6）をプロットし、下弦マイナス部分に、時間（t）の経過とともに、多様な支出をその年度に限って累積合算した額をプロットする。

iii　当初の設備投資は多額なものとなるが、その額をt＝0においてマイナスとして表示する。

　（注5）収支予測図表の作成及び次の事業現在価値額計算表作成においても、想定耐用年数をどう見積るかの課題が発生します。この課題を解決するときも、管理会計における原価計算と同様な理由により、物理的な耐久性を反映した上で、技術進歩による陳腐化をも考慮したものを使い、税法の法定耐用年数を使ってはなりません。なお、一般に税流出額計算部分の現在価値把握をなす場合には、法定耐用年数を使うこととなります。両者の耐用年数を混同してはなりません。

　（注6）また、想定稼働水準設定も、管理会計における原価計算と同様な理由により、DCF法を使用する場合のもう1つの課題となります。具体的には、年間出力KWHをどう想定するかということになります。その目的が「一」「2」で示した「C全体構造を踏まえた上の採算性会計指標（コストパフォーマンス）」比較、しかも政策的な意図を極力排した上で競争条件を平等にした上での現実的に実行可能な条件下での比較をなすことにあるので、想定稼働水準に**実際的理想稼働水準**あるいは「二」「3」で示したように**正常操業度**タイプを使用しなければなりません。間違っても**実績平均**タイプを採用してはなりません。

(2) 事業現在価値額計算表

i　上の収支予測図表における年ごとのプラス部分から年ごとのマイナス部分（ただし、当初設備投資支出額は除く）を差し引いて純FCF額を算出する。次に「負債のない企業の要求収益率」を使って各年度の現在価値を算出する。

ii　事業現在価値計算においてはリスクを要求収益率に入れ込む（したがって、収支予想自体にリスク確率を入れ込みリスクフリーレイト（fr）での現在価

値計算する方法は採用しない)。

このようにすると、当初設備投資額にかかわる償却年数の想定課題は時間軸の伸縮で、操業度課題は収入(年間出力KWH数×電力単価)の伸縮で可視化されることとなります。この結果、電源会社別に投資収支予測をなし、次のAをBで割って得た結果の数値が大きい方が採算性良であるとの判断に到ります。

A　稼働によって得た「各年の事業現在価値額の累計額」
B　当初設備投資支出額

4　収支予測図をイメージする

(1)　収支予測図の役立ち

i　外発生要因:需要変動にかかわる要因

　　近年事業経営における要となる課題は、需要の大きな変動にどう対応するかということに尽きます。その実例を見るに、筆者が顧問をしていた車両・建機部品メーカーは、リーマン・ブラザース・ショックによって受注が7割も減少したため、生き残りのため希望退職を募って大規模な人員整理を断行し、No.2の工場担当専務が責任を取って辞任したのですが、しかしその後2年程で、受注が完全に回復したため工場現場が大混乱し、その専務の再登板を求める声が現場の従業員から起こり、その要請に押されてその専務が復帰した経緯があります。筆者も、その人員整理に先立って、短期と長期の両者にかかわる資金収支予測への助言を求められ手助けしたのですが、その後の受注回復の速さは予想外でした。

　　実はそのような緊急事態対応の基礎となる資金収支予測に不可欠なスキル・知識と、ここでの課題である「DCF法適用基礎となる収支予測」に不可欠なスキル・知識は、同一です。

　　しかし、ここで注意しなければならないのは、リーマン・ブラザース・ショックが典型である需要の変動は、市場の創設時は別にして、原則**外か**

ら来る（外発生）ものであるという点です。実務上、この需要の変動を予測するには、次の要因への目配りが必要となります。これらは企業体の外部環境に関するものです。

　イ　消費動向と投資動向を含めたマクロ経済予測
　ロ　業界の成長段階（発展、成熟、衰退）認識
　ハ　製商品の成長段階（発展、成熟、衰退）認識
　ニ　競合他社・競合製商品の動向分析等

特に「ニ」は売上予測をなす上で詳細な情報が必要とされ、経営学の格好のテーマといえます（注7）。

（注7）このことについて必要な実務上の知識は、次の２つです。また、この事業戦略については、マイケル・E・ポーターが提唱している思考の枠組みを使うのが、便利です。
　　　・収支予想の会計技術
　　　・事業戦略を加味した収支予想の技術

ⅱ　内在的な要因と投下資金額回収速度の重視

　資金収支予測をなすときに見落としがちなのは、収入支出の構造パターン分析です。この収入支出の構造パターンの態様がいかなるものであるかを見るに、開発研究段階で多額な資金を必要とする業種や当初設備投資に多額な資金を必要とする装置産業が典型例であるように、投下資本の回収が長期にわたるか否かが１つのメルクマールとなります。この典型例のように収入支出の構造パターンは、事業体内部の構造上の特質（内在的な要因）及び事業戦略によって左右されます。

　その上で近年の事業経営における重大課題の「需要の大きな変動にどう対応するか？」という視点に立つと、当初の設備投資額が多額な場合、採算性検討とは別に、当然その投下資金額をいかに速く回収するかの投下資金額回収速度が、問われることになります。

　すなわち、経営者が、10年経過して投下資金額を回収できる採算性が優良な案件であるAプロジェクトと、採算性がやや落ちるとしても５年程で投下資金額を回収できる凡庸案件であるBプロジェクトのいずれかの

選択に直面したとき、経営者は、後者のBプロジェクト選択をなす傾向にあるということです。これは投下資金額回収速度を重視した結果です。

(注8) 投下資金額回収速度を、事業価値測定に使用する要求収益率を先の年次になるほどアップすることによって、採算性に反映する手法があります。

　結局、投資プロジェクト選択決定は、事業計画中の資金収支予測に基づくとしても、投下資金額回収速度を重視してなさざるを得ないところ、投下資金額回収速度は「その支出構造パターンの特異性」及び「収入構造パターンと支出構造パターンとの相性」の2つに左右されるので、その2つがいかなるものであるかに着目することが求められます。

　その着目に貢献するのが収支予測図です。以下このことにつき説明します。

(2) 収入支出の構造パターンがわかる

　電力のエネルギー源別発電事業にかかわる各年の予想収入額・予想支出額をプロットすると、採算性とは別に、事業にかかわる次のようなことが可視化されます。

　イ　収入構造
　　・収入の時系列変動
　　・収入金額にかかわる各年ボラティリティ（変動度）の程度
　ロ　支出構造
　　・支出の時系列変動。特に当初設備投資支出金額とその後の支出金額との相違の程度
　　・当初設備投資を除く支出金額にかかわる各年ボラティリティ（変動度）の程度
　ハ　収入と支出の対比パターン
　　・当初設備投資を除く支出金額が収入に先行するかあるいは収入に後行するかの区別

　なお、以上は次に示す収支予測図表のように図形的な歪みとして表すこともできますが、実際に数値が得られれば、数学的な処理によって数値化も可能で

す。

(3) 支出全体に占める構成要素の割合を見る

発電会社における支出全体の構成要素は、次のようなものです。

　　イ　設備投資支出・ロ　燃料費支出・ハ　人件費支出・ニ　設備維持費支出・
　　ホ　送電費支出・ヘ　設備稼働終了後支出

　この構成要素中で送電費支出は、送電線を借用する場合であって、仮に発電会社が自ら設置するのであれば、当初設備投資支出に含まれることになります。なお、下掲の収支予測図表イメージ中の（＊大）等は、支出全体に占めるその各構成要素の割合を示します。

(4) 火力、水力、原子力の各発電会社の収支予測のイメージ図

　上の(1)(2)(3)を踏まえた上で、火力発電会社、水力発電会社、原子力発電会社の３つにかかわる現時点で流布している知識に基づいて、収支予測をイメージ化すると、下図のようなものになります。ただし、いずれも収入よりも支出の方を強調（デフォルメ）しています。また、あくまでイメージレベルであることに留意してください。

　これを見ると採算性検討とは別のことではあるのですが、火力発電及び水力発電と対比すると、原子力発電の事業としての特異性が際立ちます。

　すなわち、筆者は非上場株式評価、設備投資計画・事業再建計画に数多く関与したのですが、このような収支構造を持つ事業に遭遇したことは一度もありません。また、不勉強なためか、原子力発電事業の他にこのような収支構造を持つ事業は知りません。

　例えば、事業収入稼得時期に**遅れて**廃炉処理支出・使用済み核燃料再処理支出・使用済み核燃料保管支出（これは**10万年後まで**）の負担（この負担は、バックエンドコストと称されています）が義務となる点です。

　しかも、そのバックエンドコストは、40年ほどの売電収入額がある程度見積れるのとは対照的に、その金額が**明瞭でなく見積りの不確実性が大きい**ことが現時点では判明しています。

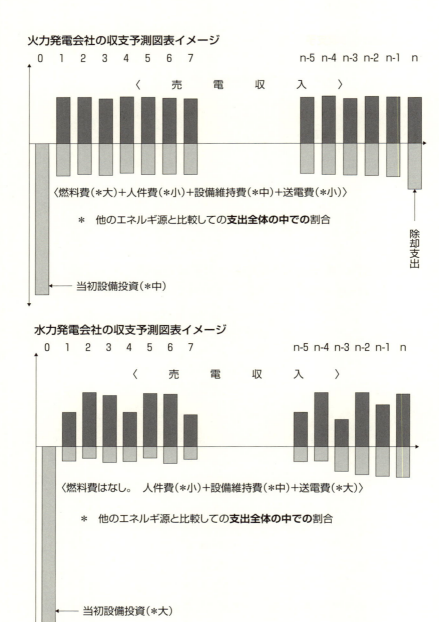

三 DCF法適用の概要

原子力発電会社の収支予測図表イメージ

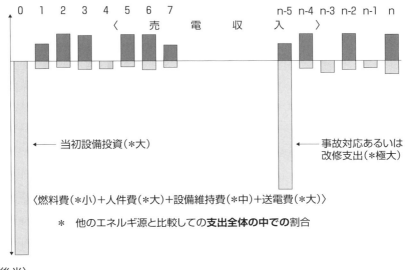

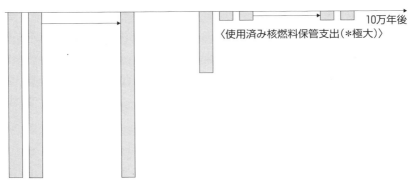

結局、筆者がこのイメージ図に接して抱く経営判断にかかわる一次結論、すなわち、採算性判断を正確にDCF法で行う前の収支構造タイプに注目しただけで、事業あるいはプロジェクト選択を行った結論は、下記のiとiiです。なおこの結論は、次のことが前提になっていることに留意してください。

自由経済体制における競争環境を前提にしていること、すなわち
- → 独占企業は認めない
- → 営利私的企業に政府からの支援は一切ない
- → 経営結果は全てその営利私的企業及び**債権者・株主**が負うという**自己責任原則の貫徹**

i 原子力発電事業の採算性を検討するまでもなく、営利企業の経営者であれば、それも健全な経営感覚を身につけた経営者であれば、誰でもこのような収支構造を見ただけで、あまりにリスクと不確実性が高いことがわかり、原子力発電事業の参入には尻込みする。

ii 不動産リートと同様に原子力発電事業を１つの金融商品として組成した場合、あるいは原子力発電事業を１つの金融商品と見た場合、このとき投資家視点から見ると、収支構造が極めて特異である上に、リスク・不確実性が極めて高いために、そのような金融商品に買い手がつくことは100％あり得ない。

DCF方式適用事例

四

この論考の前半は、電力のエネルギー源選択判定に有用な「思考の枠組み」を解説提供することに重点を置いています。そして、その「思考の枠組み」の1つとしてDCF法を取り上げ、そのDCF法を使用して、その選択判定の前段階としての「採算性比較」をなさんとするものです。そのDCF法という「思考の枠組み」の概説は、既に「三　DCF法適用の概要」の「3　収支予測図表と事業現在価値額計算表」にて説明しました。

　その中で特に記憶すべき点は、DCF法が追求する**「採算性判定」**が部分最適解思考に陥ることを回避するために、各年の事業現在価値額の累積額の大小でもって、**「全体構造を踏まえた上のコストパフォーマンス」**比較をなすものであるという点です。

　それらを踏まえて、ここではDCF法の具現化物である収支予測表及び事業現在価値額計算表が一体となった具体的な表例を「3」に掲げます。

　一方、この具体例について前提となる想定事項を「1」において、注意事項を「2」において、羅列しました。その想定事項と注意事項を読みながら、「3」の表例を眺めて、その作成技術を読み取ってください。

1　想定事項

(1)　このDCF法適用事例の目的は、「C　**全体構造**を踏まえた上のコストパフォーマンス」（「一」「2」）比較である。この全体構造とは、単に営利企業である発電会社の経営活動に絡む支出のみを観察対象とするのではなく、周辺の自治体あるいは国家がその営利企業の発電に絡んで負担しなければならない支出をも観察対象として初めて、立ち現れるものである。したがって、電力会社負担に加え、後者の負担支出を社会負担科目として計上した。この社会負担の金額が顕著であるのは、特に原発であると思われる。

(2)　発電設備1台を抱えた会社設立を電力のエネルギー源別に想定する。電力のエネルギー源別とは原子力、石炭火力、ガス火力、石油火力、水力、

地熱、風力、海洋潮流等々。
(3)　発電設備は最新式のものを想定する。石炭火力であればコンバインド型式を、原子力であればメルトダウン対応できるコアキャッチャー設備を備えた型式を、想定する。
　（理由）
　　この DCF 法適用事例の目的が、電力のエネルギー源の選択意思決定であるにしても、それはあくまで**将来に向かってのもの**であるので、過去の旧式の設備比較ではこの目的にそぐわない。
(4)　稼働期間はエネルギー源によって異なる。しかし、掲示した表では、40年と設定。
(5)　想定稼働水準は年次ごとに設定する。想定稼働水準には実際的理想稼働水準あるいは正常操業度タイプの両者を使用する。
　（理由）
　　この DCF 法適用事例の目的が、「C　全体構造を踏まえた上のコストパフォーマンス」比較を追求するにしても、政策的な意図を極力排した上で競争条件を平等にした上での現実的に実行可能な条件下での比較であることによる。詳しくは「二　DCF 法を理解する前に原価計算アプローチの諸問題を知る」の「4　想定稼働水準設定を間違わない」を熟読のこと。
(6)　想定稼働水準の単位には、売電 KWH を使う。

2　注意事項

(1)　この表は、「三」「4」の「(4)　火力、水力、原子力の各発電会社の収支予測のイメージ図」を具体化したものであるので、この表に記入する数値はあくまで予測数値。
(2)　予測数値の認識ベースとして、収入・支出ベース、すなわちキャッシュフローベースを採用する。制度会計上で採用されている収益の実現主義及び費用の発生主義は採用しない。したがって、減価償却費あるいは引当金

繰入額は計上されない。また**燃料についても消費ベースではなく、購入支出ベースで認識する**。例えば、原子力のウラン燃料は、汽力発電の燃料と異なり、数年に一度の購入支出となる。その支出時点で認識する。
(3) 想定会社ごとに、年次ごとにかつ支出項目ごとに、この表の空欄に予測値を書き込む。
(4) 売電収入＝売電単価×売電 KWH であるので、売電単価と売電 KWH の各予測数値を記載して年間の売電収入を計算する。
(5) 例表中で（注1）と表示した電力会社負担科目である「送電線負担支出」は、発電設備立地に関して、火力あるいは汽力が消費地である人口密集地域に比較的近いのに対して、原子力等は遠方にあることから、この負担支出額の差が大きいことから、支出科目として認識すべきであると想定した。賃借支出ではなく当初の設備投資支出として認識する。
(6) 例表中で（注2）と表示した電力会社負担科目である「バックエンド事業負担支出」の内容と予算見積額は、下記の通り。

　　例表に記載するこの負担額をいかにして決めるかについては、幾つかの方法が考えられるが、下で掲げた合計額18兆8,000億円が下敷きにしている返還放射性廃棄物の量を見出し、次にその合計額をその返還放射性廃棄物の量で割って単価計算をなし、その得られた単価を、ここで想定している原発が40年間の稼働の中で排出する返還放射性廃棄物の量に、乗じて計算するのも一法であろう。もちろん廃棄物処理の仕方が変われば、あるいは、この予算見積額が変更になれば、根本から計算し直すこととなる。

　　なおこの負担額の支出時点がいつになるかは、現時点では全く不明である。

〈バックエンド事業の内容と予算見積額〉
　　再処理　　　　　　　　　　　　　　　　11兆円
　　返還高レベル放射性廃棄物管理　　　　　3,000億円
　　返還 TRU 放射性廃棄物管理　　　　　　 5,700億円
　　高レベル放射性廃棄物輸送　　　　　　　1,900億円
　　高レベル放射性廃棄物処分　　　　　　　2兆5,500億円

TRU廃棄物地層処分	8,100億円
使用済み燃料輸送	9,200億円
使用済み燃料中間貯蔵	1兆100億円
MOX燃料加工	1兆1,900億円
ウラン濃縮工場バックエンド	2,400億円
合計	18兆8,000億円

（出典）総合資源エネルギー調査会電気事業分科会コスト等検討小委員会「バックエンド事業全般にわたるコスト構造、原子力発電全体の収益性等の分析・評価」2004年1月23日を大島堅一氏がまとめたもの。同氏著『原発のコスト』岩波書店118頁から。

(7) 例表中で（注3）と表示した電力会社負担科目である「使用済み核燃料保管負担支出」は、中間貯蔵段階ではなく、最終保管段階のものであることから、上の（注2）とは別のものと認識した。負担支出額は10万年にわたるとのことであるが、その負担支出額は、（注2）に匹敵する巨額なものになるとの見解もある。しかし、現段階では見積り不能。また、この負担額の支出時点は当然稼働終了後の中間貯蔵が終わってから始まるが、放射性廃棄物の半減期等を考慮すると、10万年間にわたると予想されている。

(8) 例表中で（注4）と表示した「固定資産税支出」（市町村が電力会社に課す）及び「諸税・雑税支出」（国が電力会社に課す「電源開発促進税」及び道府県が電力会社に課す「核燃料税」等）を支出科目として認識するか否か見解が分かれる。これらの税科目は、人為的な政策に基づくものであって、電力のエネルギー源によって異なる。

　一方、「全体構造を踏まえた上のコストパフォーマンス」比較を追求するにしても、〈**政策的な意図を極力排し**〉、〈**競争条件を平等**〉にした上での〈**現実的に実行可能**〉な条件下での純粋経済合理性比較であるので、人為的なものは排除するべきであるとの見解に立てば、これらの税科目を計上すべきではないことになる。

　しかし、現実に負担せざるを得ないのであるから、「コストパフォーマンス」比較上考慮せざるを得ないとの見解も成立する余地も十分にあるので、科目として計上した。

⑼　例表において社会負担科目として次の科目を掲げたが、ⅰは、某国の特殊工作員が原発破壊を試みるのを防止あるいは阻止するための警備対策支出である。場合によっては、国論を2分する軋轢政治コストも入れ込まざるを得ないかもしれない。

　この科目支出は原発だけであって、他の電力のエネルギー源ではほとんど生じないと思われる。

　　ⅰ　原発破壊阻止対策支出・ⅱ　立地自治体への懐柔支出・ⅲ　原発推進宣伝負担支出・ⅳ　行政コスト（規制組織の維持費等）負担支出・ⅴ　研究開発負担・ⅵ　その他支出

⑽　例表における社会負担科目中の研究開発負担の扱いには注意を要する。これは次の事情による。すなわち、一般に事業を始めるにあたっては、設備投資の前に小規模な試験研究を経て次に本格的な研究開発をなし、その結果を受けて設備投資がなされることを反映して、事業採算性は研究開発支出額を取り込んで判定する。過去に支出した資金投資額全てを事業稼働によって回収する発想である。この研究開発支出額は、特に原子力発電に限って巨額なものとなっているので、この発想を個々の原子力発電事業の採算性判定に適用することを意図するのであれば、この研究開発支出をどう入れ込むかの実務課題が生じる。具体的には次の3つの課題である。

　　ⅰ　研究開発の額をどうとらえるかの課題
　　ⅱ　原子力発電設備が多数あるので、個々の原子力発電事業（過去建設した設備のみならず今後新設する設備を使う事業）に、この額をどう割り振るかという課題
　　ⅲ　例表におけるどの年次に記するべきかという課題

　課題ⅰは、次のイとロとして把握できる。

　　イ　各電力会社が過去に支出した原子力発電の研究開発にかかわる額
　　ロ　政府が原子力発電を国策として採用して以来、原発の研究開発目的に充てた**過去**の予算執行累積額。支出元は原子力機構のみならず各電力会社も含む。ただし、二重計上を避けるためにイに充てられた額を除く。

課題ⅰで見解が分かれるのは、この割り振る対象となる過去の研究開発支出の総額に高速増殖炉「もんじゅ」を含めた使用済み核燃料再処理サイクルにかかわる兆円単位の巨額開発費を含めるべきか否かの点である。なぜなら、この巨額開発費は、将来の核燃料再処理サイクルに位置付けられた原子炉にのみ負担させるべきであって、再処理サイクルに位置付けられない原子炉には、負担させるべきではないとの見解が成立する余地があるので。

　課題ⅱは難題である。(6)における単価計算的な対応は安易であるが、他に合理的な方法が見出さなければ、やむを得ないかもしれない。

　課題ⅲへの対処は次のようになろう。すなわち、理論的には、年次０年度に支出された金額は、年次０年度に記すものの、これら研究開発負担のうち事業稼働前に支出された額は、その支出年度から年次０年度までに至る年数を踏まえて、何らかの要求収益率（資本利回り概念）を使用して複利の増殖計算をなし、その計算金額を年次０年度に記すのが、正しいと思われる。理由は、年次０年度より昔になされた金額は、本来他の用途に使われていたならば、その他の用途の事業稼働によって収益を得られたにもかかわらず、その収益稼得機会を喪失したので、それを機会費用と認識するべきだからである。

3　収支予測表・事業現在価値額計算表一体表例

　この収支予測表・事業現在価値額計算表一体表例は、汎用のものであって、電力のエネルギー源が何であれ使用できるものです。しかし、まことに申し訳ないことに、今現在筆者は、電力のエネルギー源別に、この収支予測表・事業現在価値額計算表一体表例の空欄に記入するのに必要なデータを収集できません。

　したがって、空欄のまま同表を掲げます。なお、この表では、10万年後までnを想定していますが、これは原発だけであって、他の電力のエネルギー源で

は、稼働期間が終了した後数年経過後までを想定すれば、十分と思われます。
　一方、原発が排出する放射性廃棄物の半減期等を考慮すると、この廃棄物の保管あるいは処理にかかわるこの支出負担が終わるのは、10万年後になると予想されていますので、原発にかかわる負担支出は、稼働期間が終了後数年で終わりということはできません。10万年にわたって、さらに支出をなさざるを得ません。

			売電単価	売電単価	売電単価	売電単価
			売電KWH	売電KWH	売電KWH	売電KWH
			①売電収入 0	①売電収入 0	①売電収入 0	①売電収入 0
	期間：年次	0	1	2	3	4
		支出科目	支出科目	支出科目	支出科目	支出科目
電力会社負担	設備維持計画から	設備支出	設備支出	設備支出	設備支出	設備支出
		修繕支出	修繕支出	修繕支出	修繕支出	修繕支出
		賃借料支出	賃借料支出	賃借料支出	賃借料支出	賃借料支出
		施設解体支出	施設解体支出	施設解体支出	施設解体支出	施設解体支出
		廃棄物処理支出	廃棄物処理支出	廃棄物処理支出	廃棄物処理支出	廃棄物処理支出
		送電線負担支出(注1)	送電線負担支出(注1)	送電線負担支出(注1)	送電線負担支出(注1)	送電線負担支出(注1)
	燃料調達計画から	燃料購入支出	燃料購入支出	燃料購入支出	燃料購入支出	燃料購入支出
		バックエンド事業負担支出(注2)	バックエンド事業負担支出(注2)	バックエンド事業負担支出(注2)	バックエンド事業負担支出(注2)	バックエンド事業負担支出(注2)
		使用済み核燃料保管負担支出(注3)	使用済み核燃料保管負担支出(注3)	使用済み核燃料保管負担支出(注3)	使用済み核燃料保管負担支出(注3)	使用済み核燃料保管負担支出(注3)
		水利使用支出	水利使用支出	水利使用支出	水利使用支出	水利使用支出
	要員計画から	人件費支出	人件費支出	人件費支出	人件費支出	人件費支出
		補償支出	補償支出	補償支出	補償支出	補償支出
		損害保険料支出	損害保険料支出	損害保険料支出	損害保険料支出	損害保険料支出
		固定資産税支出(注4)	固定資産税支出(注4)	固定資産税支出(注4)	固定資産税支出(注4)	固定資産税支出(注4)
		諸税・雑税支出(注4)	諸税・雑税支出(注4)	諸税・雑税支出(注4)	諸税・雑税支出(注4)	諸税・雑税支出(注4)
		その他支出	その他支出	その他支出	その他支出	その他支出
		②会社負担支出計 0	②会社負担支出計 0	②会社負担支出計 0	②会社負担支出計 0	②会社負担支出計 0
	部分最適解判定に留まるキャッシュフロー	①－② 0	①－② 0	①－② 0	①－② 0	①－② 0
社会負担（特に原発）		原発破壊阻止対策支出	原発破壊阻止対策支出	原発破壊阻止対策支出	原発破壊阻止対策支出	原発破壊阻止対策支出
		立地自治体への懐柔支出	立地自治体への懐柔支出	立地自治体への懐柔支出	立地自治体への懐柔支出	立地自治体への懐柔支出
		原発推進宣伝負担支出	原発推進宣伝負担支出	原発推進宣伝負担支出	原発推進宣伝負担支出	原発推進宣伝負担支出
		行政コスト(規制組織の維持費等)負担支出	行政コスト(規制組織の維持費等)負担支出	行政コスト(規制組織の維持費等)負担支出	行政コスト(規制組織の維持費等)負担支出	行政コスト(規制組織の維持費等)負担支出
		研究開発負担	研究開発負担	研究開発負担	研究開発負担	研究開発負担
		その他支出	その他支出	その他支出	その他支出	その他支出
		③社会負担支出計 0	③社会負担支出計 0	③社会負担支出計 0	③社会負担支出計 0	③社会負担支出計 0
全体最適解判定に役に立つキャッシュフロー		②+③ 0	①－②－③ 0	①－②－③ 0	①－②－③ 0	①－②－③ 0
④負債のない企業の要求収益率$1/(1+r)$の値		1				
⑤その事業年度の割引率		1	0.00000	0.00000	0.00000	0.00000
⑥その事業年度の事業現在価値		0	0	0	0	0

売電単価	売電単価	売電単価	売電単価	売電単価	売電単価	売電単価	売電単価	売電単価	売電単価	売電単価
売電KWH	売電KWH	売電KWH	売電KWH	売電KWH	売電KWH	売電KWH	売電KWH	売電KWH	売電KWH	売電KWH
①売電収入	①売電収入	①売電収入	①売電収入	①売電収入	①売電収入	①売電収入	①売電収入	①売電収入	①売電収入	①売電収入
0	0	0	0	0	0	0	0	0	0	0
5	6	7	8	9	10	11	12	13	14	15
支出科目	支出科目	支出科目	支出科目	支出科目	支出科目	支出科目	支出科目	支出科目	支出科目	支出科目
設備支出	設備支出	設備支出	設備支出	設備支出	設備支出	設備支出	設備支出	設備支出	設備支出	設備支出
修繕支出	修繕支出	修繕支出	修繕支出	修繕支出	修繕支出	修繕支出	修繕支出	修繕支出	修繕支出	修繕支出
賃借料支出	賃借料支出	賃借料支出	賃借料支出	賃借料支出	賃借料支出	賃借料支出	賃借料支出	賃借料支出	賃借料支出	賃借料支出
施設解体支出	施設解体支出	施設解体支出	施設解体支出	施設解体支出	施設解体支出	施設解体支出	施設解体支出	施設解体支出	施設解体支出	施設解体支出
廃棄物処理支出	廃棄物処理支出	廃棄物処理支出	廃棄物処理支出	廃棄物処理支出	廃棄物処理支出	廃棄物処理支出	廃棄物処理支出	廃棄物処理支出	廃棄物処理支出	廃棄物処理支出
送電線負担支出(注1)	送電線負担支出(注1)	送電線負担支出(注1)	送電線負担支出(注1)	送電線負担支出(注1)	送電線負担支出(注1)	送電線負担支出(注1)	送電線負担支出(注1)	送電線負担支出(注1)	送電線負担支出(注1)	送電線負担支出(注1)
燃料購入支出	燃料購入支出	燃料購入支出	燃料購入支出	燃料購入支出	燃料購入支出	燃料購入支出	燃料購入支出	燃料購入支出	燃料購入支出	燃料購入支出
バックエンド事業負担支出(注2)	バックエンド事業負担支出(注2)	バックエンド事業負担支出(注2)	バックエンド事業負担支出(注2)	バックエンド事業負担支出(注2)	バックエンド事業負担支出(注2)	バックエンド事業負担支出(注2)	バックエンド事業負担支出(注2)	バックエンド事業負担支出(注2)	バックエンド事業負担支出(注2)	バックエンド事業負担支出(注2)
使用済み核燃料保管負担支出(注3)	使用済み核燃料保管負担支出(注3)	使用済み核燃料保管負担支出(注3)	使用済み核燃料保管負担支出(注3)	使用済み核燃料保管負担支出(注3)	使用済み核燃料保管負担支出(注3)	使用済み核燃料保管負担支出(注3)	使用済み核燃料保管負担支出(注3)	使用済み核燃料保管負担支出(注3)	使用済み核燃料保管負担支出(注3)	使用済み核燃料保管負担支出(注3)
水利使用支出	水利使用支出	水利使用支出	水利使用支出	水利使用支出	水利使用支出	水利使用支出	水利使用支出	水利使用支出	水利使用支出	水利使用支出
人件費支出	人件費支出	人件費支出	人件費支出	人件費支出	人件費支出	人件費支出	人件費支出	人件費支出	人件費支出	人件費支出
補償支出	補償支出	補償支出	補償支出	補償支出	補償支出	補償支出	補償支出	補償支出	補償支出	補償支出
損害保険料支出	損害保険料支出	損害保険料支出	損害保険料支出	損害保険料支出	損害保険料支出	損害保険料支出	損害保険料支出	損害保険料支出	損害保険料支出	損害保険料支出
固定資産税支出(注4)	固定資産税支出(注4)	固定資産税支出(注4)	固定資産税支出(注4)	固定資産税支出(注4)	固定資産税支出(注4)	固定資産税支出(注4)	固定資産税支出(注4)	固定資産税支出(注4)	固定資産税支出(注4)	固定資産税支出(注4)
諸税・雑税支出(注4)	諸税・雑税支出(注4)	諸税・雑税支出(注4)	諸税・雑税支出(注4)	諸税・雑税支出(注4)	諸税・雑税支出(注4)	諸税・雑税支出(注4)	諸税・雑税支出(注4)	諸税・雑税支出(注4)	諸税・雑税支出(注4)	諸税・雑税支出(注4)
その他支出	その他支出	その他支出	その他支出	その他支出	その他支出	その他支出	その他支出	その他支出	その他支出	その他支出
②会社負担支出計	②会社負担支出計	②会社負担支出計	②会社負担支出計	②会社負担支出計	②会社負担支出計	②会社負担支出計	②会社負担支出計	②会社負担支出計	②会社負担支出計	②会社負担支出計
0	0	0	0	0	0	0	0	0	0	0
①-②	①-②	①-②	①-②	①-②	①-②	①-②	①-②	①-②	①-②	①-②
0	0	0	0	0	0	0	0	0	0	0
原発破壊阻止対策支出	原発破壊阻止対策支出	原発破壊阻止対策支出	原発破壊阻止対策支出	原発破壊阻止対策支出	原発破壊阻止対策支出	原発破壊阻止対策支出	原発破壊阻止対策支出	原発破壊阻止対策支出	原発破壊阻止対策支出	原発破壊阻止対策支出
立地自治体への慣楽支出	立地自治体への慣楽支出	立地自治体への慣楽支出	立地自治体への慣楽支出	立地自治体への慣楽支出	立地自治体への慣楽支出	立地自治体への慣楽支出	立地自治体への慣楽支出	立地自治体への慣楽支出	立地自治体への慣楽支出	立地自治体への慣楽支出
原発推進宣伝負担支出	原発推進宣伝負担支出	原発推進宣伝負担支出	原発推進宣伝負担支出	原発推進宣伝負担支出	原発推進宣伝負担支出	原発推進宣伝負担支出	原発推進宣伝負担支出	原発推進宣伝負担支出	原発推進宣伝負担支出	原発推進宣伝負担支出
行政コスト(規制組織の維持費等)負担支出	行政コスト(規制組織の維持費等)負担支出	行政コスト(規制組織の維持費等)負担支出	行政コスト(規制組織の維持費等)負担支出	行政コスト(規制組織の維持費等)負担支出	行政コスト(規制組織の維持費等)負担支出	行政コスト(規制組織の維持費等)負担支出	行政コスト(規制組織の維持費等)負担支出	行政コスト(規制組織の維持費等)負担支出	行政コスト(規制組織の維持費等)負担支出	行政コスト(規制組織の維持費等)負担支出
研究開発負担	研究開発負担	研究開発負担	研究開発負担	研究開発負担	研究開発負担	研究開発負担	研究開発負担	研究開発負担	研究開発負担	研究開発負担
その他支出	その他支出	その他支出	その他支出	その他支出	その他支出	その他支出	その他支出	その他支出	その他支出	その他支出
③社会負担支出計	③社会負担支出計	③社会負担支出計	③社会負担支出計	③社会負担支出計	③社会負担支出計	③社会負担支出計	③社会負担支出計	③社会負担支出計	③社会負担支出計	③社会負担支出計
0	0	0	0	0	0	0	0	0	0	0
①-②-③	①-②-③	①-②-③	①-②-③	①-②-③	①-②-③	①-②-③	①-②-③	①-②-③	①-②-③	①-②-③
0	0	0	0	0	0	0	0	0	0	0
0.00000	0.00000	0.00000	0.00000	0.00000	0.00000	0.00000	0.00000	0.00000	0.00000	0.00000
0	0	0	0	0	0	0	0	0	0	0

売電単価	売電単価	売電単価	売電単価	売電単価	売電単価	売電単価	売電単価	売電単価	売電単価
売電KWH	売電KWH	売電KWH	売電KWH	売電KWH	売電KWH	売電KWH	売電KWH	売電KWH	売電KWH
①売電収入	①売電収入	①売電収入	①売電収入	①売電収入	①売電収入	①売電収入	①売電収入	①売電収入	①売電収入
0	0	0	0	0	0	0	0	0	0
17	18	19	20	21	22	23	24	25	26
支出科目	支出科目	支出科目	支出科目	支出科目	支出科目	支出科目	支出科目	支出科目	支出科目
設備支出	設備支出	設備支出	設備支出	設備支出	設備支出	設備支出	設備支出	設備支出	設備支出
修繕支出	修繕支出	修繕支出	修繕支出	修繕支出	修繕支出	修繕支出	修繕支出	修繕支出	修繕支出
賃借料支出	賃借料支出	賃借料支出	賃借料支出	賃借料支出	賃借料支出	賃借料支出	賃借料支出	賃借料支出	賃借料支出
施設解体支出	施設解体支出	施設解体支出	施設解体支出	施設解体支出	施設解体支出	施設解体支出	施設解体支出	施設解体支出	施設解体支出
廃棄物処理支出	廃棄物処理支出	廃棄物処理支出	廃棄物処理支出	廃棄物処理支出	廃棄物処理支出	廃棄物処理支出	廃棄物処理支出	廃棄物処理支出	廃棄物処理支出
送電線負担支出(注1)	送電線負担支出(注1)	送電線負担支出(注1)	送電線負担支出(注1)	送電線負担支出(注1)	送電線負担支出(注1)	送電線負担支出(注1)	送電線負担支出(注1)	送電線負担支出(注1)	送電線負担支出(注1)
燃料購入支出	燃料購入支出	燃料購入支出	燃料購入支出	燃料購入支出	燃料購入支出	燃料購入支出	燃料購入支出	燃料購入支出	燃料購入支出
バックエンド事業負担支出(注2)	バックエンド事業負担支出(注2)	バックエンド事業負担支出(注2)	バックエンド事業負担支出(注2)	バックエンド事業負担支出(注2)	バックエンド事業負担支出(注2)	バックエンド事業負担支出(注2)	バックエンド事業負担支出(注2)	バックエンド事業負担支出(注2)	バックエンド事業負担支出(注2)
使用済み核燃料保管負担支出(注3)	使用済み核燃料保管負担支出(注3)	使用済み核燃料保管負担支出(注3)	使用済み核燃料保管負担支出(注3)	使用済み核燃料保管負担支出(注3)	使用済み核燃料保管負担支出(注3)	使用済み核燃料保管負担支出(注3)	使用済み核燃料保管負担支出(注3)	使用済み核燃料保管負担支出(注3)	使用済み核燃料保管負担支出(注3)
水利使用支出	水利使用支出	水利使用支出	水利使用支出	水利使用支出	水利使用支出	水利使用支出	水利使用支出	水利使用支出	水利使用支出
人件費支出	人件費支出	人件費支出	人件費支出	人件費支出	人件費支出	人件費支出	人件費支出	人件費支出	人件費支出
補償支出	補償支出	補償支出	補償支出	補償支出	補償支出	補償支出	補償支出	補償支出	補償支出
損害保険料支出	損害保険料支出	損害保険料支出	損害保険料支出	損害保険料支出	損害保険料支出	損害保険料支出	損害保険料支出	損害保険料支出	損害保険料支出
固定資産税支出(注4)	固定資産税支出(注4)	固定資産税支出(注4)	固定資産税支出(注4)	固定資産税支出(注4)	固定資産税支出(注4)	固定資産税支出(注4)	固定資産税支出(注4)	固定資産税支出(注4)	固定資産税支出(注4)
諸税・雑税支出(注4)	諸税・雑税支出(注4)	諸税・雑税支出(注4)	諸税・雑税支出(注4)	諸税・雑税支出(注4)	諸税・雑税支出(注4)	諸税・雑税支出(注4)	諸税・雑税支出(注4)	諸税・雑税支出(注4)	諸税・雑税支出(注4)
その他支出	その他支出	その他支出	その他支出	その他支出	その他支出	その他支出	その他支出	その他支出	その他支出
②会社負担支出計	②会社負担支出計	②会社負担支出計	②会社負担支出計	②会社負担支出計	②会社負担支出計	②会社負担支出計	②会社負担支出計	②会社負担支出計	②会社負担支出計
0	0	0	0	0	0	0	0	0	0
①-②	①-②	①-②	①-②	①-②	①-②	①-②	①-②	①-②	①-②
0	0	0	0	0	0	0	0	0	0
原発破壊阻止対策支出	原発破壊阻止対策支出	原発破壊阻止対策支出	原発破壊阻止対策支出	原発破壊阻止対策支出	原発破壊阻止対策支出	原発破壊阻止対策支出	原発破壊阻止対策支出	原発破壊阻止対策支出	原発破壊阻止対策支出
立地自治体への懐柔支出	立地自治体への懐柔支出	立地自治体への懐柔支出	立地自治体への懐柔支出	立地自治体への懐柔支出	立地自治体への懐柔支出	立地自治体への懐柔支出	立地自治体への懐柔支出	立地自治体への懐柔支出	立地自治体への懐柔支出
原発推進宣伝負担支出	原発推進宣伝負担支出	原発推進宣伝負担支出	原発推進宣伝負担支出	原発推進宣伝負担支出	原発推進宣伝負担支出	原発推進宣伝負担支出	原発推進宣伝負担支出	原発推進宣伝負担支出	原発推進宣伝負担支出
行政コスト(規制組織の維持費等)負担支出	行政コスト(規制組織の維持費等)負担支出	行政コスト(規制組織の維持費等)負担支出	行政コスト(規制組織の維持費等)負担支出	行政コスト(規制組織の維持費等)負担支出	行政コスト(規制組織の維持費等)負担支出	行政コスト(規制組織の維持費等)負担支出	行政コスト(規制組織の維持費等)負担支出	行政コスト(規制組織の維持費等)負担支出	行政コスト(規制組織の維持費等)負担支出
研究開発負担	研究開発負担	研究開発負担	研究開発負担	研究開発負担	研究開発負担	研究開発負担	研究開発負担	研究開発負担	研究開発負担
その他支出	その他支出	その他支出	その他支出	その他支出	その他支出	その他支出	その他支出	その他支出	その他支出
③社会負担支出計	③社会負担支出計	③社会負担支出計	③社会負担支出計	③社会負担支出計	③社会負担支出計	③社会負担支出計	③社会負担支出計	③社会負担支出計	③社会負担支出計
0	0	0	0	0	0	0	0	0	0
①-②-③	①-②-③	①-②-③	①-②-③	①-②-③	①-②-③	①-②-③	①-②-③	①-②-③	①-②-③
0	0	0	0	0	0	0	0	0	0
0.00000	0.00000	0.00000	0.00000	0.00000	0.00000	0.00000	0.00000	0.00000	0.00000
0	0	0	0	0	0	0	0	0	0

売電単価	売電単価	売電単価	売電単価	売電単価	売電単価	売電単価	売電単価	売電単価	売電単価
売電KWH	売電KWH	売電KWH	売電KWH	売電KWH	売電KWH	売電KWH	売電KWH	売電KWH	売電KWH
①売電収入	①売電収入	①売電収入	①売電収入	①売電収入	①売電収入	①売電収入	①売電収入	①売電収入	①売電収入
0	0	0	0	0	0	0	0	0	0
27	28	29	30	31	32	33	34	35	36
支出科目	支出科目	支出科目	支出科目	支出科目	支出科目	支出科目	支出科目	支出科目	支出科目
設備支出	設備支出	設備支出	設備支出	設備支出	設備支出	設備支出	設備支出	設備支出	設備支出
修繕支出	修繕支出	修繕支出	修繕支出	修繕支出	修繕支出	修繕支出	修繕支出	修繕支出	修繕支出
賃借料支出	賃借料支出	賃借料支出	賃借料支出	賃借料支出	賃借料支出	賃借料支出	賃借料支出	賃借料支出	賃借料支出
施設解体支出	施設解体支出	施設解体支出	施設解体支出	施設解体支出	施設解体支出	施設解体支出	施設解体支出	施設解体支出	施設解体支出
廃棄物処理支出	廃棄物処理支出	廃棄物処理支出	廃棄物処理支出	廃棄物処理支出	廃棄物処理支出	廃棄物処理支出	廃棄物処理支出	廃棄物処理支出	廃棄物処理支出
送電線負担支出(注1)	送電線負担支出(注1)	送電線負担支出(注1)	送電線負担支出(注1)	送電線負担支出(注1)	送電線負担支出(注1)	送電線負担支出(注1)	送電線負担支出(注1)	送電線負担支出(注1)	送電線負担支出(注1)
燃料購入支出	燃料購入支出	燃料購入支出	燃料購入支出	燃料購入支出	燃料購入支出	燃料購入支出	燃料購入支出	燃料購入支出	燃料購入支出
バックエンド事業負担支出(注2)	バックエンド事業負担支出(注2)	バックエンド事業負担支出(注2)	バックエンド事業負担支出(注2)	バックエンド事業負担支出(注2)	バックエンド事業負担支出(注2)	バックエンド事業負担支出(注2)	バックエンド事業負担支出(注2)	バックエンド事業負担支出(注2)	バックエンド事業負担支出(注2)
使用済み核燃料保管負担支出(注3)	使用済み核燃料保管負担支出(注3)	使用済み核燃料保管負担支出(注3)	使用済み核燃料保管負担支出(注3)	使用済み核燃料保管負担支出(注3)	使用済み核燃料保管負担支出(注3)	使用済み核燃料保管負担支出(注3)	使用済み核燃料保管負担支出(注3)	使用済み核燃料保管負担支出(注3)	使用済み核燃料保管負担支出(注3)
水利使用支出	水利使用支出	水利使用支出	水利使用支出	水利使用支出	水利使用支出	水利使用支出	水利使用支出	水利使用支出	水利使用支出
人件費支出	人件費支出	人件費支出	人件費支出	人件費支出	人件費支出	人件費支出	人件費支出	人件費支出	人件費支出
補償支出	補償支出	補償支出	補償支出	補償支出	補償支出	補償支出	補償支出	補償支出	補償支出
損害保険料支出	損害保険料支出	損害保険料支出	損害保険料支出	損害保険料支出	損害保険料支出	損害保険料支出	損害保険料支出	損害保険料支出	損害保険料支出
固定資産税支出(注4)	固定資産税支出(注4)	固定資産税支出(注4)	固定資産税支出(注4)	固定資産税支出(注4)	固定資産税支出(注4)	固定資産税支出(注4)	固定資産税支出(注4)	固定資産税支出(注4)	固定資産税支出(注4)
諸税・雑税支出(注4)	諸税・雑税支出(注4)	諸税・雑税支出(注4)	諸税・雑税支出(注4)	諸税・雑税支出(注4)	諸税・雑税支出(注4)	諸税・雑税支出(注4)	諸税・雑税支出(注4)	諸税・雑税支出(注4)	諸税・雑税支出(注4)
その他支出	その他支出	その他支出	その他支出	その他支出	その他支出	その他支出	その他支出	その他支出	その他支出
②会社負担支出計	②会社負担支出計	②会社負担支出計	②会社負担支出計	②会社負担支出計	②会社負担支出計	②会社負担支出計	②会社負担支出計	②会社負担支出計	②会社負担支出計
0	0	0	0	0	0	0	0	0	0
①-②	①-②	①-②	①-②	①-②	①-②	①-②	①-②	①-②	①-②
0	0	0	0	0	0	0	0	0	0
原発破壊阻止対策支出	原発破壊阻止対策支出	原発破壊阻止対策支出	原発破壊阻止対策支出	原発破壊阻止対策支出	原発破壊阻止対策支出	原発破壊阻止対策支出	原発破壊阻止対策支出	原発破壊阻止対策支出	原発破壊阻止対策支出
立地自治体への懐柔支出	立地自治体への懐柔支出	立地自治体への懐柔支出	立地自治体への懐柔支出	立地自治体への懐柔支出	立地自治体への懐柔支出	立地自治体への懐柔支出	立地自治体への懐柔支出	立地自治体への懐柔支出	立地自治体への懐柔支出
原発推進宣伝負担支出	原発推進宣伝負担支出	原発推進宣伝負担支出	原発推進宣伝負担支出	原発推進宣伝負担支出	原発推進宣伝負担支出	原発推進宣伝負担支出	原発推進宣伝負担支出	原発推進宣伝負担支出	原発推進宣伝負担支出
行政コスト(規制組織の維持費等)負担支出	行政コスト(規制組織の維持費等)負担支出	行政コスト(規制組織の維持費等)負担支出	行政コスト(規制組織の維持費等)負担支出	行政コスト(規制組織の維持費等)負担支出	行政コスト(規制組織の維持費等)負担支出	行政コスト(規制組織の維持費等)負担支出	行政コスト(規制組織の維持費等)負担支出	行政コスト(規制組織の維持費等)負担支出	行政コスト(規制組織の維持費等)負担支出
研究開発負担	研究開発負担	研究開発負担	研究開発負担	研究開発負担	研究開発負担	研究開発負担	研究開発負担	研究開発負担	研究開発負担
その他支出	その他支出	その他支出	その他支出	その他支出	その他支出	その他支出	その他支出	その他支出	その他支出
③社会負担支出計	③社会負担支出計	③社会負担支出計	③社会負担支出計	③社会負担支出計	③社会負担支出計	③社会負担支出計	③社会負担支出計	③社会負担支出計	③社会負担支出計
0	0	0	0	0	0	0	0	0	0
①-②-③	①-②-③	①-②-③	①-②-③	①-②-③	①-②-③	①-②-③	①-②-③	①-②-③	①-②-③
0	0	0	0	0	0	0	0	0	0
0.00000	0.00000	0.00000	0.00000	0.00000	0.00000	0.00000	0.00000	0.00000	0.00000
0	0	0	0	0	0	0	0	0	0

売電単価	売電単価	売電単価	売電単価							
売電KWH	売電KWH	売電KWH	売電KWH							
①売電収入 0	①売電収入 0	①売電収入 0	①売電収入 0							
37	38	39	40	41	42	43		n-2	n-1	n=10万年
支出科目	支出科目	支出科目	支出科目	支出科目	支出科目	支出科目	→	支出科目	支出科目	支出科目
設備支出	設備支出	設備支出	設備支出	設備支出	設備支出	設備支出		設備支出	設備支出	設備支出
修繕支出	修繕支出	修繕支出	修繕支出	修繕支出	修繕支出	修繕支出		修繕支出	修繕支出	修繕支出
賃借料支出	賃借料支出	賃借料支出	賃借料支出	賃借料支出	賃借料支出	賃借料支出		賃借料支出	賃借料支出	賃借料支出
施設解体支出	施設解体支出	施設解体支出	施設解体支出	施設解体支出	施設解体支出	施設解体支出		施設解体支出	施設解体支出	施設解体支出
廃棄物処理支出	廃棄物処理支出	廃棄物処理支出	廃棄物処理支出	廃棄物処理支出	廃棄物処理支出	廃棄物処理支出		廃棄物処理支出	廃棄物処理支出	廃棄物処理支出
送電線負担支出(注1)	送電線負担支出(注1)	送電線負担支出(注1)	送電線負担支出(注1)	送電線負担支出(注1)	送電線負担支出(注1)	送電線負担支出(注1)		送電線負担支出(注1)	送電線負担支出(注1)	送電線負担支出(注1)
燃料購入支出	燃料購入支出	燃料購入支出	燃料購入支出	燃料購入支出	燃料購入支出	燃料購入支出		燃料購入支出	燃料購入支出	燃料購入支出
バックエンド事業負担支出(注2)	バックエンド事業負担支出(注2)	バックエンド事業負担支出(注2)	バックエンド事業負担支出(注2)	バックエンド事業負担支出(注2)	バックエンド事業負担支出(注2)	バックエンド事業負担支出(注2)		バックエンド事業負担支出(注2)	バックエンド事業負担支出(注2)	バックエンド事業負担支出(注2)
使用済み核燃料保管負担支出(注3)	使用済み核燃料保管負担支出(注3)	使用済み核燃料保管負担支出(注3)	使用済み核燃料保管負担支出(注3)	使用済み核燃料保管負担支出(注3)	使用済み核燃料保管負担支出(注3)	使用済み核燃料保管負担支出(注3)		使用済み核燃料保管負担支出(注3)	使用済み核燃料保管負担支出(注3)	使用済み核燃料保管負担支出(注3)
水利使用支出	水利使用支出	水利使用支出	水利使用支出	水利使用支出	水利使用支出	水利使用支出		水利使用支出	水利使用支出	水利使用支出
人件費支出	人件費支出	人件費支出	人件費支出	人件費支出	人件費支出	人件費支出		人件費支出	人件費支出	人件費支出
補償支出	補償支出	補償支出	補償支出	補償支出	補償支出	補償支出		補償支出	補償支出	補償支出
損害保険料支出	損害保険料支出	損害保険料支出	損害保険料支出	損害保険料支出	損害保険料支出	損害保険料支出		損害保険料支出	損害保険料支出	損害保険料支出
固定資産税支出(注4)	固定資産税支出(注4)	固定資産税支出(注4)	固定資産税支出(注4)	固定資産税支出(注4)	固定資産税支出(注4)	固定資産税支出(注4)		固定資産税支出(注4)	固定資産税支出(注4)	固定資産税支出(注4)
諸税・雑税支出(注4)	諸税・雑税支出(注4)	諸税・雑税支出(注4)	諸税・雑税支出(注4)	諸税・雑税支出(注4)	諸税・雑税支出(注4)	諸税・雑税支出(注4)		諸税・雑税支出(注4)	諸税・雑税支出(注4)	諸税・雑税支出(注4)
その他支出	その他支出	その他支出	その他支出	その他支出	その他支出	その他支出		その他支出	その他支出	その他支出
②会社負担支出計 0	②会社負担支出計 0	②会社負担支出計 0	②会社負担支出計 0	②会社負担支出計 0	②会社負担支出計 0	②会社負担支出計 0		②会社負担支出計 0	②会社負担支出計 0	②会社負担支出計 0
①-② 0	①-② 0	①-② 0	①-② 0	①-② 0	①-② 0	①-② 0		①-② 0	①-② 0	①-② 0
原発破壊阻止対策支出	原発破壊阻止対策支出	原発破壊阻止対策支出	原発破壊阻止対策支出	原発破壊阻止対策支出	原発破壊阻止対策支出	原発破壊阻止対策支出		原発破壊阻止対策支出	原発破壊阻止対策支出	原発破壊阻止対策支出
立地自治体への慎重支出	立地自治体への慎重支出	立地自治体への慎重支出	立地自治体への慎重支出	立地自治体への慎重支出	立地自治体への慎重支出	立地自治体への慎重支出		立地自治体への慎重支出	立地自治体への慎重支出	立地自治体への慎重支出
原発推進宣伝負担支出	原発推進宣伝負担支出	原発推進宣伝負担支出	原発推進宣伝負担支出	原発推進宣伝負担支出	原発推進宣伝負担支出	原発推進宣伝負担支出		原発推進宣伝負担支出	原発推進宣伝負担支出	原発推進宣伝負担支出
行政コスト(規制組織の維持費等)負担支出	行政コスト(規制組織の維持費等)負担支出	行政コスト(規制組織の維持費等)負担支出	行政コスト(規制組織の維持費等)負担支出	行政コスト(規制組織の維持費等)負担支出	行政コスト(規制組織の維持費等)負担支出	行政コスト(規制組織の維持費等)負担支出		行政コスト(規制組織の維持費等)負担支出	行政コスト(規制組織の維持費等)負担支出	行政コスト(規制組織の維持費等)負担支出
研究開発負担	研究開発負担	研究開発負担	研究開発負担	研究開発負担	研究開発負担	研究開発負担				
その他支出	その他支出	その他支出	その他支出	その他支出	その他支出	その他支出		その他支出	その他支出	その他支出
③社会負担支出計 0	③社会負担支出計 0	③社会負担支出計 0	③社会負担支出計 0	③社会負担支出計 0	③社会負担支出計 0	③社会負担支出計 0		③社会負担支出計 0	③社会負担支出計 0	③社会負担支出計 0
①-②-③ 0	①-②-③ 0	①-②-③ 0	①-②-③ 0	①-②-③ 0	①-②-③ 0	①-②-③ 0		①-②-③ 0	①-②-③ 0	①-②-③ 0
0.00000	0.00000	0.00000	0.00000	0.00000	0.00000	0.00000		#REF!	#REF!	#REF!
0	0	0	0	0	0	0		#REF!	#REF!	#REF!

⑦ 稼働終了時までの累積事業現在価値額 0

4　問題点

　繰り返しになりますが、DCF法は、「各年の事業現在価値額の累積額－当初投資額」の大小でもって、「全体構造を踏まえた上のコストパフォーマンス」比較をなすものです。しかし、事業活動の現実に適用するときには、判断に迷う多くの問題点あるいは課題が、以下のように沸き起こります。

(1)　要求収益率対応か保険プレミアム控除対応か？
〈DCF法を使用するのは適切か？（その1）〉

　事業現在価値累積額を計算するにあたっては、リスクあるいは不確実性をどう組み込むかの課題に常に直面します。この組み込み方に4種類あることは、既に説明しました（「三」「1」「(3)」参照）。

　もっとも、そもそもリスクあるいは不確実性の内容がいかなるものであるかの理解が必要ですが、これについても「三」「1」「(注2)」にて説明した通りです。

　この事例では、「リスクを要求収益率中にプレミアムとして考慮する方式」を採用しましたが、具体的な数値をどう設定するかについては多様なものがあります。どう設定するかということは、その根拠を何にするかということでもあります。具体的には、株式市場全体の過去40年間の実績投資利回率を使ったり、あるいは他の類似する事業分野での確立した要求する予測投資利回率を使う等いろいろ考えられます。

　しかし、ハイリスクハイリターンの言葉からわかるように、原発についてのみは、高い要求収益率を設定せざるを得ません。しかし、原発で過酷事故が起こったときの損害補償支払いは巨額なものとなります。**その巨額さ故に、要求収益率中にプレミアムとして考慮する方式では、対応できません。**

　したがって、他の電力のエネルギー源を使う場合とは異なり、原発のみは、表の「全体最適解判定に役に立つキャッシュフロー額」の計算にあたって、「過酷事故対応の保険プレミアムを控除する方法」を使用するのが現実に適合する

かもしれません。

　その保険プレミアムを控除する方法を使用するのであれば、次に原発過酷事故が起こったときの損害補償支払いに応じるための損害保険料額をどう算定するかの課題が沸き起こります。これについては、日本国内の交通事故対応損害保険料算定とは異なり、原発過酷事故データが幸いなことに１件だけであるので、計算不可能であることは誰の目からも、明らかです。

　ということで、経済合理性の視点からすると、原子力発電事業のみは、あまりにリスクと不確実性が見通せないので、DCF法を使用するにはふさわしくない埒外の事業であると位置付けざるを得ません。

> 《参考》
> 　プロジェクト採算性判定に限定すると、実はDCF法は、本来そのプロジェクト事業にかかわる見通しの不確実性が低いときに適合する理論です。その不確実性がやや高くなったときには、そのプロジェクト事業に係る考える限りの選択案を作成しても、あえてそれらを実行しないで待つことの価値をも数値化して測定し、採算性判定をするリアルオプション方式が適合します。
> 　しかし、原発過酷事故のようにその発生の不確実性が高く、かつ発生したときには巨額な損害負担を惹起する恐れを孕んだプロジェクトについて、その採算性判定をなす理論は、未だに開発されていません。
> 　結局、過酷事故を惹起する恐れを孕んだ原発の採算性判定に、DCF法を使うことは、紙切用のハサミでもって、鉄板を切断しようとすることに譬えられるかもしれません。

(2)　10万年に亘る負担支出額をどう見るか？
〈DCF法を使用するのは適切か？（その２）〉

　使用済み核燃料保管負担支出は、10万年に亘るとのことです。この遠い将来において支出する額を、単純に定めた要求収益率を使って現在価値化することに、現実適合性はあるのでしょうか？　すなわち、DCF法は有用なのでしょうか？

　現代の企業経営においては、10年先を見通すことも困難です。何とか見通す

ことができる年数の長さは業種によりけりとはいえ、どう譲っても30年が限界でしょう。一方、DCF法は将来収支を予測することを前提にしています。したがって、DCF法という採算性判定アプローチが有効な局面は、どう譲っても30年ということになります。また30年もすれば、発電及びエネルギー分野では全く予期しない技術進歩が起こり得ます。米国のシェールガス採掘が良い例です。

したがって、10万年にわたってその支出が続く使用済み核燃料保管負担を伴う原子力発電事業にDCF法を適用することは、現実適合性を満たさないことは明らかです。すなわち、原子力発電事業は、その事業採算性の判断にDCF法を使用するにふさわしくない「埒外の事業」であると位置付けざるを得ません。また、原価計算アプローチを使用しても同様に「埒外の事業」であることは、次の「五」《筆 者 の 私 見》「4」**以降**で説明します。

単純に考えても、そもそも原子力発電事業は、10万年に亘って支出が続き、かつその支出金額自体が不確かな資金構造を有する事業であるので、その将来採算性を見通すことは不可能です。

(3) 原子力発電事業は自由経済体制に馴染まない事業である

そのことを裏から見れば、結局、原子力発電事業は、その採算性を検討するまでもなく、あまりに長期間にわたる収支構造を有する上に、支出額に関してリスクと不確実性が見通せないが故に、「**営利企業である民間会社が取り組むにふさわしい事業ではない。**」、すなわち「**原子力発電事業は自由経済体制に馴染まない事業である。**」と読み取ることができます。

さらに深読みすると、次の深刻な懸念を抱かざるを得ません。

「営利私的企業としての電力会社は、廃炉処理までは自らが負うも、その後の巨額なバックエンドコストを国あるいは消費者に押し付け、**収益獲得というおいしい部分のみを自らが得るという自由経済体制においては決してあってはならないモラルハザードに陥る。**」

この懸念は、電力会社が独占企業であるが故に、否定できません。

なぜなら、電力供給という日本国の経済中枢を担う独占企業であれば、行政

府を取り込むことは容易だからです。

(4) 収入支出の各科目の金額をどう決めるか

例表の収入支出の各科目の各年の金額をどう決めるかは、実務家にとって悩ましい課題です。理論は、高等数学を使うわけではないので、理解が容易です。しかし、実際には職人的な技と感覚が要求される課題です。そのことは、データを大量に収集して収入支出を予測することが可能となった最近時においても言えます。

具体的には、当初設備計画に加え、設備維持計画、燃料調達計画、要員計画等々から抜き出すことになるので、それら計画表が作成されていることが前提になります。筆者が収支予測表・事業現在価値額計算表一体表例の空欄に記入するのに必要なデータを収集できないということは、これら計画表が入手できないということでもあります。

(5) 「収支予測表」を作成することは、全体を概観するに不可欠

上の(1)(2)のことがあるとはいえ、原発について「3」の「収支予測表」を作成することは、その収入・支出構造の全体を概観するに不可欠です。

5 実は、一体表から電力のエネルギー源別の電力単価が算出できる

実は、「3」の収支予測表・事業現在価値額計算表一体表は、シミュレーション道具として使えるものです。様々な目的のシミュレーションが可能となるのですが、例えば、次のⅰとⅱの数値を設定し、

ⅰ 電力のエネルギー源別リスクに応じて期待する要求収益率（資本利回り概念）を設定する。

ⅱ 各科目の支出額につき想定した稼働率に対応した数値を入れ込む。

次に、

「稼働率に対応した供給KWH数値×KWH電力料単価X＝収入」と設定。

その上で、「現在価値額累積－当初設備投資額」を0と置く。あるいは0の代わりに、儲けたい金額を置く。

そうすると、一次方程式が成立するので、その設定した要求収益率を満たした上での電源別のKWH電力料単価Xが簡単に計算できます。これは、実は設定した要求収益率を満たした電力料単価が算出できるということです。

これすなわち、原価計算アプローチを使用しなくとも、電力会社が望む要求収益率を満たした電力料単価が算出できるということです。

実は、成立した方程式における上のXを算出するということは、結果的に電力のエネルギー源別の優劣判定ができるということでもあります。しかも、社会負担科目に数値を入れ込んで成立した方程式におけるこのXを求めれば、原価計算アプローチを使用しなくとも、日本経済の全体を視野に入れた最適解思考による電力のエネルギー源別の電力単価が算出できることになります。

この成立した方程式による電力のエネルギー源別の優劣判定アプローチは、全体構造が眺められる点で、原価計算アプローチよりも優れています。なお実務では、原価計算アプローチによる場合であっても、部分最適解思考に陥らないように社会負担額を加えることによって電力単価を算出し、その電力単価をこの成立した方程式によって得られる電力単価と比較し、その結果が一致するのであれば、完全ではありませんが、一定の検証がなされたこととなります。

五

経営事実等と
そこから読み取れること

ここでは先の「四」章を受けた上で、次の2つの経営事実を取り上げ、それを受けて筆者の私見を展開します。なお次の2つの経営事実は、ほとんど信頼できる日刊紙・経済専門誌等に記されたものです。
・原子力発電事業に携わる海外企業の近時の意思決定事例
・米国の著名な経営者が原子力発電事業に言及した近時のインタビュー回答
　またこの2つの経営事実とは別に、原子力・火力・水力発電コストに関するエネルギー白書部分及びそれに絡む実績のある学者による著作の結論を最後に掲げます。
　読者諸氏も下記の囲い込みした「事例、インタビュー回答及び学者による著作の結論」を読み、筆者の私見を読む前に、自分なりに思考を巡らせてはいかがでしょうか？

《経営事実等》

(1) 採算に合わないために既存原発閉鎖

　既存原発閉鎖は1998年コネティカット州ミルストン原発を閉鎖してから13年ほどなかったのですが、2012年に入ってから相次いでいます。
2012年10月
　米国発電会社ドミニオン・エナジー（本社・バジニア州）は、中西部ウイシスコン州のキウオーニー原発を、2013年前半で閉鎖すると発表。
2013年2月
　米国発電最大手デューク・エナジーはフロリダ州クリスタルリバー原発3号機廃炉決定。代わりにシェールガスを燃料とするガス火力建設を2018年までに建設予定決定。
2013年6月
　南カルフォルニアエジソン社がカルフォルニア州サンオノフレ原発2号機・3号機廃炉決定。

2013年8月
　米国発電大手エンタジーがバーモント州のバーモント・ヤンキー原発の廃炉決定。

(2) 原発新設計画撤回

2012年8月
　米国原発最大手（米国で10ヶ所・17基）であるエクセロンは、テキサス州での原発2基新設計画撤回を発表。同社は17基の原発を運営する米国原発最大手であるが、**安全性を確保した新設**原発はガス火力発電に比べてコストが高いと判断した上での発表。

2013年7月
　フランス電力公社は原発5基を運営する米国合弁会社から撤退。アンリ・プログリオCEO「今の米国に原発拡大余地ない。」と言明。

2013年8月
　米国発電最大手デューク・エナジーはフロリダ州で進めていた原発2基の新設計画を凍結。

(3) 原発への政府支援

2013年10月
　英国で南西部ヒンクリーポイントで新たな原発2基総事業費2兆6,900億円を建設するに当たって自然エネルギーの普及に使われている固定価格制度導入を決定。35年間通して1KWH約15.5円で、英国における現在の電力市場価格の約2倍。但し、実行するまでにEU協定に反しない承認が必要。

2014年2月
　米政府はジョージア州で建設中のボーグル原発（総額約1兆5千億円）

のうち約6,600億円を債務保証決定。

(4) エンロンが原発保持を理由に投資リスクが極めて高いとして四国電力買収断念

電力会社買収においては、米国の投資電力会社エンロンが四国電力買収を検討したとき、原発保持を理由に投資リスクが極めて高いとして買収断念した事実がある。

また、米国におけるファンドの新規原発出資の有無を見るに、過去20数年実現に至ったものは全くない。ジョージア州で建設中のボーグル原発でようやく復活か？

(5) 原発供給企業GEのジェフリー・イメルトCEOの発言

ジェネラル・エレクトリックス（GE）は世界で初めて原子力発電設備を建設した原発施設供給企業です。その現CEOであるジェフリー・イメルトは、福島の原発事故以降、原子力発電について、多くの発言をしています。特に次の発言が注目を集めています。

「（原発を経済的に）正当化するのが難しい。政府の予算が削られる限り、原発は厳しい。」

「私に言わせれば、いまの原子力は『国家事業』だ。つまり、**商業的には成り立たない**ということだ。ただ、我々は原子力事業を維持し、将来への投資も続ける。将来大きな役割を担わないとは言いきれないからだ。」

(6) エネルギー白書記載の電力のエネルギー源別KWH当たりコスト

エネルギー白書（平成20年度以降）に、電力のエネルギー源別KWH当

たりコストが記されています。この計算の基礎数値は、電気事業連合会提出資料の一部からと明示されています。なお、大島堅一教授著作『原発のコスト』には、これは実際計算ではなく、**モデルプラント方式に基づいたものである**と書いてあります。

　　一般水力　　8から13　円／KWH
　　火力　　　　7から8　　円／KWH
　　原子力　　　5から6　　円／KWH

(7)　大島堅一教授著作『原発のコスト』

　大島堅一教授は、その著『原発のコスト』の112頁の表1にて、発電に直接要するコストに加え政策コスト（次の《筆者の私見》で解説）を含めて電力のエネルギー源別にKWH当たりの**実際に生じている**コスト計算をすると、次のようになると示しています。これは、**事故生じたときの被害対応コストといわゆるバックエンドコストを含めていない**コストだそうです。

　　一般水力　　 3.91　円／KWH
　　火力　　　　 9.91　円／KWH
　　原子力　　　10.25　円／KWH

(8)　金子　勝教授著作『原発は火力より高い』

　金子　勝教授はその著『原発は火力より高い』の53頁の表3-4にて、安全投資をした場合の残存期間の原発単価を、原発号機ごとに示しています。
　　一番高いのは　美浜1号機で、33.9　円／KWH
　　一番安いのは　玄海4号機で、 8.2　円／KWH
全部で34機ですが、10円／KWH以上が10機に達しています。
　また、54頁の「表3-5」にて危険な原発22機を廃炉にした場合の発電

単価を示しています。全て10円／KWH 以上です。その中で、高いのは、

　　島根1号機　28.8　円／KWH

　　高浜1号機　27.3　円／KWH

一番安いのは

　　伊方3号機　11.0　円／KWH

なお、廃炉を視野に入れると、上の玄海4号機も、残存期間の原発単価が、8.2円／KWH から10.7円円／KWH になることを示しています。

(9)　ブルームバーグ・ニュー・エナジー・ファイナンス配信による各発電コスト

　　ブルームバーグ・ニュー・エナジー・ファイナンス（BNEF）は、原子力やバイオマス、地熱、水力など23の発電手法について、14年上期時点の世界各国の設備費、燃料費、資金調達に必要な債務費などを調べ、施設の耐用年数などでならしたコストを算出し、2014年9月16日に有料会員向けに情報配信しました。

　　太陽光発電14.9cents/KWH（日本は32.9cents/KWH）

　　原子力発電14cents/KWH　ただし、設備利用率92％

　　石炭火力9.1cents/KWH

　　陸上風力8.2cents/KWH

　　天然ガス火力8.2cents/KWH

　　小規模水力7.7cents/KWH

　　地熱6.5cents/KWH

ただし、後日次のような情報が配信されました。

「2014年9月17日（日本時間）　発電コストに関する一部報道について　東京、2014年9月16日の発電コストに関する一部報道で、ブルームバーグ・ニュー・エナジー・ファイナンスの分析が引用された件についてご

説明いたします。
　弊社は年に2回、世界の**新設**発電設備の発電コストの分析レポートをお客様に提供しております。2014年上半期のレポートは1月2日に発行し、最新版の2014年下半期のレポートは8月12日に発行いたしました。それらのレポートでは**新設されるプロジェクトの発電コスト**を分析しております。例えば、今後建設予定である英国 Hinkley Point C 原発の発電コストは14cents/KWH と試算しております。ただし、このレポートでは**既存の原子力と新設の風力や太陽光の発電コストを比較したものではありません**。」

《筆者の私見》

1　読むにあたって、銘記すべきこと

　繰り返しになりますが、この論考の課題は、電力のエネルギー源選択判定です。そのためには、前段階として、電力のエネルギー源別の採算性判定をなすことが不可欠です。また、採算性判定の場面であれば、有用な「思考の枠組み」としては、DCF法手法と原価計算手法の2つであることは経営実務では確立した定見です。

　一方、これも繰り返しになりますが、この論考は、判定に有用な「思考の枠組み」を解説提供することに重点を置いています。両手法の解説に頁を割いているのは、その重点方針によるものです。

　ところで、両手法は一見異なるように見えますが、実は採算性判定という同一のテーマについて、アプローチの仕方が異なるに過ぎません。言わば、表からアプローチするか、あるいは裏からアプローチするかの相違でしかありません。すなわち、同一の設備投資意思決定をなすにあたって、コストアプローチである原価計算と、キャッシュフローアプローチであるDCF法があるということです。大事なことは、双方のアプローチを知ると、相違を知ることによって双方のアプローチの理解が深まる関係にあるという点です。

　この点を銘記して、以下お読みください。

2　有価証券報告書から実際に生じている電力コストを計算する

　大島堅一教授に倣って、以下電力のエネルギー源別にKWH当たりの実際に生じているコスト計算を試みます。データは有価証券報告書から拾います。有価証券報告書から拾う理由は、有価証券報告書は金融商品取引法に基づき、監

査法人による会計監査を受けているので、完全ではないものの**一応**の信頼性が担保されているからです。

　ところで、製造業での製造原価は、製造原価報告書で示された科目に限られ、販売管理費は含みません。もちろん営業外費用・特別損失も含みません。これに倣って、電力のエネルギー源別発電コストも販売管理費・営業外費用・特別損失を除くものとして、本稿では、厳密に定義します。

　したがって、電力のエネルギー源別の円／KWH算出に使用する算式は、次のように極めて単純ですが、この算式中の発電コストとは、販売管理費・営業外費用・特別損失を除くものであるということに留意が必要です。

年間電力のエネルギー源別発電コスト（百万円）／年間電力のエネルギー源別発電電力量（百万KWH）

　有価証券報告書において、この算式に使えるデータがあるか否かを見るに、上で定義した年間電力のエネルギー源別発電コストは、「親会社単独損益計算書」中の「電気事業営業費用」（詳細は、電気事業営業費用明細表）に、見て取れます。

　年間電力のエネルギー源別発電電力量（百万KWH）は、「第２【事業の状況】２【生産、受注及び販売の状況】(1)需給実績」に、見出すことができます。

　そこで北海道電力株式会社、四国電力株式会社及び北陸電力株式会社の３社の有価証券報告書のその部分からデータをもってきて、上の算式で電力のエネルギー源別の円／KWHを計算すると下表のようになります。なお選択する会計年度は、福島第一原子力発電所の事故の影響を避けて、３社いずれにおいても、その直近の「自平成20年４月１日　至平成21年３月31日」及び「自平成21年４月１日　至平成22年３月31日」の２期を取り上げます。

　ところで、分子の年間電力のエネルギー源別発電コストは、「損益計算書」といっても「親会社単独」です。一方、分母の年間発電電力量（百万KWH）は、連結ベースか親会社単独ベースかの区別が不明です。そうすると仮に分母が連結ベースであると分子が単独ベースであるので不一致となります。これではこの計算結果の信頼性が少し揺らぎます。

もっとも、電力の外販は親会社がなすのが一般的であるので、分母の発電電力量（百万KWH）も親会社単独ベースであるとの見解に立てば、何ら問題ないことになります。

　とはいえ、電気事業営業収益についての連結損益計算書ベースと親会社単独損益計算書ベースの金額の対比をして、その信頼性揺らぎの程度を推し量ります。したがって、念のためその対比率を考慮して以下の電力のエネルギー源別の円／KWH単価を眺めてください。

(1) 北海道電力株式会社

電力のエネルギー源別の円／KWH単価

		会計年度 （自 平成20年4月1日 至 平成21年3月31日）	会計年度 （自 平成21年4月1日 至 平成22年3月31日）
水力発電	水力発電費（百万円）	17,464	16,883
	水力発電電力量（百万KWH）	2,811	3,757
	水力発電コスト（円／KWH）	6.21	4.49
火力発電	《内燃力発電も火力と解した場合》		
	汽力発電費（百万円）	231,991	132,178
	内燃力発電費（百万円）	3,014	2,565
	計（百万円）	235,005	134,743
	火力発電電力量（百万KWH）	21,176	14,986
	火力発電コスト（円／KWH）	11.10	8.99
	《内燃力発電を火力と解しない場合》		
	汽力発電費（百万円）	231,991	132,178
	火力発電電力量（百万KWH）	21,176	14,986
	火力発電コスト（円／KWH）	10.96	8.82
原子力発電（A）	原子力発電費	73,967	103,899
	原子力発電電力量（百万KWH）	6,777	12,381
	原子力発電コスト（円／KWH）	10.91	8.39

五　経営事実等とそこから読み取れること　73

電気事業営業収益金額の連結損益計算書ベースと親会社単独損益計算書ベースの対比

	会計年度 (自　平成20年4月1日 至　平成21年3月31日)	会計年度 (自　平成21年4月1日 至　平成22年3月31日)
A　連結損益計算書ベースの電気事業営業収益	572,152	525,587
B　親会社単独損益計算書ベースの電気事業営業収益	573,019	526,422
A/B	99.8%	99.8%

(2)　四国電力株式会社

電力のエネルギー源別の円／KWH単価

		会計年度 (自　平成20年4月1日 至　平成21年3月31日)	会計年度 (自　平成21年4月1日 至　平成22年3月31日)
水力発電	水力発電費（百万円）	13,902	14,194
	水力発電電力量（百万KWH）	3,252	2,660
	水力発電コスト（円／KWH）	4.27	5.34
火力発電	《内燃力発電も火力と解した場合》		
	汽力発電費（百万円）	146,614	97,744
	内燃力発電費（百万円）	206	212
	計（百万円）	146,820	97,956
	火力発電電力量（百万KWH）	19,988	17,355
	火力発電コスト（円／KWH）	7.35	5.64
	《内燃力発電を火力と解しない場合》		
	汽力発電費（百万円）	146,614	97,744
	火力発電電力量（百万KWH）	19,988	17,355
	火力発電コスト（円／KWH）	7.34	5.63
原子力発電（A）	原子力発電費	89,810	90,460
	原子力発電電力量（百万KWH）	14,970	14,102
	原子力発電コスト（円／KWH）	6.00	6.41

電気事業営業収益金額の連結損益計算書ベースと親会社単独損益計算書ベースの対比

		会計年度 (自 平成20年4月1日 至 平成21年3月31日)	会計年度 (自 平成21年4月1日 至 平成22年3月31日)
A	連結損益計算書ベースの電気事業営業収益	635,132	545,393
B	親会社単独損益計算書ベースの電気事業営業収益	575,606	492,700
	A/B	110.3%	110.7%

(3) 北陸電力株式会社
電力のエネルギー源別の円／KWH単価

		会計年度 (自 平成20年4月1日 至 平成21年3月31日)	会計年度 (自 平成21年4月1日 至 平成22年3月31日)
水力発電	水力発電費（百万円）	19,501	20,922
	水力発電電力量（百万KWH）	5,201	5,556
	水力発電コスト（円／KWH）	3.75	3.77
火力発電	《内燃力発電も火力と解した場合》		
	汽力発電費（百万円）	191,198	123,478
	内燃力発電費（百万円）	70	69
	計（百万円）	191,268	123,547
	火力発電電力量（百万KWH）	20,566	16,035
	火力発電コスト（円／KWH）	9.30	7.70
	《内燃力発電を火力と解しない場合》		
	汽力発電費（百万円）	191,198	123,478
	火力発電電力量（百万KWH）	20,566	16,035
	火力発電コスト（円／KWH）	9.30	7.70
原子力発電（A）	原子力発電費	78,176	85,697
	原子力発電電力量（百万KWH）	9,261	9,673
	原子力発電コスト（円／KWH）	8.44	8.86

電気事業営業収益金額の連結損益計算書ベースと親会社単独損益計算書ベースの対比

	会計年度 (自 平成20年4月1日 至 平成21年3月31日)	会計年度 (自 平成21年4月1日 至 平成22年3月31日)
A 連結損益計算書ベースの電気事業営業収益	511,233	457,999
B 親会社単独損益計算書ベースの電気事業営業収益	511,809	458,624
A/B	99.9%	99.9%

3 有価証券報告書上のデータを、経営意思決定用の原価計算アプローチに使うときに生じる弊害を踏まえた上で、コスト計算結果から読み取れることと

　上の「2」で示した「電力のエネルギー源別の円／KWH」単価の結果から、下記1）と2）が読み取れます。

　なお、「水力発電設備は、当初投資額が会計処理上で法定耐用年数の償却済みとなっていて減価償却費計上がないものがあったり、償却済みとなっていなくとも、定率法償却を適用しているので、定額法が等分に期間按分されているのと対照的に、その定率法償却下では当初の償却額が多いいものの、法定耐用年数終了時期に近づくと償却額が少なくなることを反映し、コストが低く見える。」との主張をする論者がいます。

　しかし、この主張は、他の電力源の当初設備投資時期が新しく、水力電力源の当初設備投資時期が古いという事実が確認できて、それを踏まえたものであるとしても、いささか粗雑な見解です。

　すなわちこの現象は、有価証券報告書（制度会計上のもので、非上場会社の会社法上の決算書も含む）上の水力発電と他の電力源それぞれについての、減価償却期間配分が、経営意思決定上のコスト比較をなすのに適合していないことに起因するものです。制度会計（特に、有価証券報告書）上のデータを、経営意思決定用の原価計算アプローチに使うときにしばしば生じる弊害例の典型です。

原価計算アプローチを採用するとき、それも経営意思決定用の原価計算アプローチを採用するときの減価償却費用計上は、

〈ⅰ〉法定耐用年数ではなく予想物理的耐用年数を使い、

〈ⅱ〉定率法償却ではなく定額法償却を使用して期間配分を行う

処理を経たものが、本来であれば、適合するデータであるにもかかわらず、制度会計（特に有価証券報告書）上のデータを使うと、この〈ⅰ〉と〈ⅱ〉に反する結果を招きます。

　より詳しく述べると、そもそも経営意思決定用の原価計算アプローチは、キャッシュフロー概念を使わず、損益概念を使って、その上で正しい期間損益配分がなされていることを前提としています。その期間損益配分の重要な対象である減価償却費の計上については、予想物理的耐用年数を使った上で、均等な期間配分をなした減価償却費計上を前提とするするにもかかわらず、法定耐用年数は、法人税法上の決まりごとであって、予想物理的耐用年数と必ずしも一致しません。また、定率法償却は、制度会計において早く償却をし健全な財務構造を築き上げることに貢献する保守主義会計処理発想を反映したものであって、下手すると恣意的会計処理に近いものとなるので、その点においても、経営意思決定用の原価計算アプローチが使うデータとしては、ふさわしくありません。

　したがって、有価証券報告書（制度会計）上でのデータを、経営意思決定用の原価計算アプローチに適合する形で修正した上でなければ、本当のことはわかりません。

　場合によっては、水力発電設備の物理的耐用年数が法定耐用年数より長い事実を踏まえると、その事実こそが低コストであることを示していると言えないでもありません。

　したがって、そのような会計処理に起因する事情が潜在的にあるという限定条件で、以下お読みください。

　１）北海道電力株式会社、四国電力株式会社、北陸電力株式会社の３社いずれにおいても、コスト競争力につき水力発電コスト（円／KWH）が断突に有利で、火力発電と原子力発電は全く太刀打ちできない。（自平成21年４月１日　至平成22年３月31日）の会計年度においては、そのことが顕著で

ある。
2) 火力発電と原子力発電を比較すると、
・3社いずれにおいても、(自平成20年4月1日　至平成21年3月31日)の会計年度においては、原子力発電が僅かに有利。
・(自平成21年4月1日　至平成22年3月31日)の会計年度においては、四国電力株式会社、北陸電力株式会社において、火力発電が有利。
北海道電力株式会社のみ原子力発電が僅かに有利。
ということで、コスト競争力につき火力発電と原子力発電はほぼ互角です。
いずれにしても、上の「2」で示した「電力のエネルギー源別の円／KWH」単価の結果は、あくまで有価証券報告書のデータのみを基礎にしたものであるので、この読取りはその限りのものであることに注意が必要です。

4　コスト構造分析

コスト計算の次にコスト構造分析を3社についてしてみます。これもあくまで有価証券報告書のデータのみを基礎にしたものです。このコスト構造分析も原価計算アプローチにおいてしばしば行われるものですが、一般的には、DCF法の収支予測図と見比べるとより一層理解が深まります。

(1)　北海道電力株式会社
エネルギー源別発電コスト構造分析
　　　（出所）　親会社単独損益計算書から

		会計年度 (自　平成20年4月1日 至　平成21年3月31日)	会計年度 (自　平成21年4月1日 至　平成22年3月31日)
設備費	水力発電費（百万円）	17,464	16,883
	うち減価償却費	6,307	6,003
	水力発電費に占める減価償却費割合	36.1%	35.6%
	うち修繕費	4,572	4,162

設備費		水力発電費に占める修繕費割合	26.2%	24.7%
		うち固定資産除却費	141	270
		水力発電費に占める固定資産除却費割合	0.8%	1.6%
		以上設備費計	11,020	10,435
		水力発電費に占める設備費計の割合	63.1%	61.8%
燃料費		うち燃料費	0	0
		水力発電費に占める燃料費割合	0.0%	0.0%
引当金	繰入額	うち人件費関連以外の引当金・準備金繰入額	0	0
		水力発電費に占める上記引当金・準備金繰入額割合	0.0%	0.0%

		汽力発電費（百万円）	231,991	132,178
設備費		うち減価償却費	16,699	15,169
		汽力発電費に占める減価償却費割合	7.2%	11.5%
		うち修繕費	19,423	21,922
		汽水力発電費に占める修繕費割合	8.4%	16.6%
		うち固定資産除却費	282	463
		汽力発電費に占める固定資産除却費割合	0.1%	0.4%
		以上設備費計	36,404	37,554
		汽力発電費に占める設備費計の割合	15.7%	28.4%
燃料費・廃棄費		うち燃料費	174,923	76,832
		汽力発電費に占める燃料費割合	75.4%	58.1%
		うち廃棄物処理費	6,969	5,386
		汽力発電費に占める廃棄物処理費割合	3.0%	4.1%
		以上燃料費・廃棄費計	181,892	82,218
		汽力発電費に占める燃料費・廃棄費割合	78.4%	62.2%
引当金	繰入額	うち人件費関連以外の引当金・準備金繰入額	0	0
		汽力発電費に占める上記引当金・準備金繰入額割合	0.0%	0.0%

		内燃力発電費（百万円）	3,014	2,565
設備費		うち減価償却費	200	188
		内燃力発電費に占める減価償却費割合	6.6%	7.3%

五　経営事実等とそこから読み取れること　79

	うち修繕費		665	628
	内燃力発電費に占める修繕費割合		22.1%	24.5%
	うち固定資産除却費		5	2
	内燃力発電費に占める固定資産除却費割合		0.2%	0.1%
	以上設備費計		870	818
	内燃力発電費に占める設備費計の割合		28.9%	31.9%
燃料費	うち燃料費		1,821	1,419
	内燃力発電費に占める燃料費割合		60.4%	55.3%
引当金繰入額	うち人件費関連以外の引当金・準備金繰入額		0	0
	内燃力発電費に占める上記引当金・準備金繰入額割合		0.0%	0.0%

	原子力発電費		73,967	103,899
設備費	うち減価償却費【試運転償却費含む】		9,947	51,379
	原子力発電費に占める減価償却費割合		13.4%	49.5%
	うち修繕費		33,368	13,803
	原子力発電費に占める修繕費割合		45.1%	13.3%
	うち固定資産除却費		1,355	697
	原子力発電費に占める固定資産除却費割合		1.8%	0.7%
	①　以上設備費計		44,670	65,879
	原子力発電費に占める設備費計の割合		60.4%	63.4%
燃料費・廃棄費	うち燃料費		3,668	6,789
	原子力発電費に占める燃料費割合		5.0%	6.5%
	うち廃棄物処理費		704	465
	原子力発電費に占める廃棄物処理費割合		1.0%	0.4%
	特定放射性廃棄物処分費		1,551	2,540
	原子力発電費に占める特定放射性廃棄物処分費割合		2.1%	2.4%
	以上燃料費・廃棄費		5,923	9,794
	原子力発電費に占める燃料費・廃棄費割合		8.0%	9.4%
引当金繰入額	うち使用済み燃料再処理等引当金繰入額		5,636	9,085
	割合		7.6%	8.7%
	うち使用済み燃料再処理等準備引当金繰入額		627	1,728
	割合		0.8%	1.7%

	うち原子力発電施設解体引当金繰入額	1,903	3,041
	割合	2.6%	2.9%
	② うち人件費関連以外の引当金繰入額計	8,166	13,854
	原子力発電費に占める上記引当金繰入額計の割合	11.0%	13.3%
	原子力発電費に占める①+②の割合	71.4%	76.7%

（注）北海道電力の使用済み燃料再処理等引当金繰入額については次のことに注意。例えば、（自平成21年4月1日　至平成22年3月31日）会計年度の有価証券報告書の【電気事業営業費用明細表】に、「使用済燃料再処理等費　9,085百万円」と記載されている一方で、その注記には、「2　使用済燃料再処理等費……使用済燃料再処理等引当金の繰入額 31,505百万円が含まれている。」と記載されている。仮にこの会計年度において、この31,505百万円を引当金繰入額であるとすると、営業費明細の使用済み燃料再処理等費用計上額である9,085百万円を超えるだけでなく、設備費と引当金繰入額の合計が、原子力発電費全体を超えてしまう。このことから、31,505百万円は恐らく引当金残高そのものであると推測される。したがって、やむを得ず当該費用金額全部9,085百万円を引当金繰入額とみなした。前期も同様。下記の北陸電力株式会社の（自平成20年4月1日　至平成21年3月31日）会計年度においても、同様にみなした。ただし、北陸電力株式会社の（自平成21年4月1日　至平成22年3月31日）会計年度及び四国電力株式会社の当該二会計年度においては、そのようなことはない。

(2) 四国電力株式会社

エネルギー源別発電コスト構造分析

（出所）親会社単独損益計算書から

		会計年度 （自　平成20年4月1日 　至　平成21年3月31日）	会計年度 （自　平成21年4月1日 　至　平成22年3月31日）
	水力発電費（百万円）	13,902	14,194
設備費	うち減価償却費	4,553	4,519
	水力発電費に占める減価償却費割合	32.8%	31.8%
	うち修繕費	2,578	3,162
	水力発電費に占める修繕費割合	18.5%	22.3%
	うち固定資産除却費	315	244
	水力発電費に占める固定資産除却費割合	2.3%	1.7%
	以上設備費計	7,446	7,925

燃料費	水力発電費に占める設備費計の割合	53.6%	55.8%
	うち燃料費	0	0
	水力発電費に占める燃料費割合	0.0%	0.0%
引当金	うち人件費関連以外の引当金・準備金繰入額	0	0
	水力発電費に占める上記引当金・準備金繰入額割合	0.0%	0.0%

	汽力発電費（百万円）	146,614	97,744
設備費	うち減価償却費	13,126	12,283
	汽力発電費に占める減価償却費割合	9.0%	12.6%
	うち修繕費	14,450	12,384
	汽水力発電費に占める修繕費割合	9.9%	12.7%
	うち固定資産除却費	315	676
	汽力発電費に占める固定資産除却費割合	0.2%	0.7%
	以上設備費計	27,891	25,343
	汽力発電費に占める設備費計の割合	19.0%	25.9%
燃料費・廃棄費	うち燃料費	103,074	56,820
	汽力発電費に占める燃料費割合	70.3%	58.1%
	うち廃棄物処理費	3,608	3,316
	汽力発電費に占める廃棄物処理費割合	2.5%	3.4%
	以上燃料費・廃棄費計	106,682	60,136
	汽力発電費に占める燃料費・廃棄費割合	72.8%	61.5%
引当金繰入額	うち人件費関連以外の引当金・準備金繰入額	0	0
	汽力発電費に占める上記引当金・準備金繰入額割合	0.0%	0.0%

	内燃力発電費（百万円）	206	212
設備費	うち減価償却費	84	82
	内燃力発電費に占める減価償却費割合	40.8%	38.7%
	うち修繕費	17	19
	内燃力発電費に占める修繕費割合	8.3%	9.0%
	うち固定資産除却費	10	8
	内燃力発電費に占める固定資産除却費割合	4.9%	3.8%

82

燃料費	以上設備費計	111	109
	内燃力発電費に占める設備費計の割合	53.9%	51.4%
	うち燃料費	4	5
	内燃力発電費に占める燃料費割合	1.9%	2.4%
引当金繰入額	うち人件費関連以外の引当金・準備金繰入額	0	0
	内燃力発電費に占める上記引当金・準備金繰入額割合	0.0%	0.0%

	原子力発電費	89,810	90,460
設備費	うち減価償却費	13,890	15,406
	原子力発電費に占める減価償却費割合	15.5%	17.0%
	うち修繕費	19,994	19,949
	原子力発電費に占める修繕費割合	22.3%	22.1%
	うち固定資産除却費	1,985	1,584
	原子力発電費に占める固定資産除却費割合	2.2%	1.8%
	① 以上設備費計	35,869	36,939
	原子力発電費に占める設備費計の割合	39.9%	40.8%
燃料費・廃棄費	うち燃料費	8,712	8,184
	原子力発電費に占める燃料費割合	9.7%	9.0%
	うち廃棄物処理費	1,168	2,604
	原子力発電費に占める廃棄物処理費割合	1.3%	2.9%
	特定放射性廃棄物処分費	3,625	4,139
	原子力発電費に占める特定放射性廃棄物処分費割合	4.0%	4.6%
	以上燃料費・廃棄費	13,505	14,927
	原子力発電費に占める燃料費・廃棄費割合	15.0%	16.5%
引当金	うち使用済み燃料再処理等引当金繰入額	12,968	10,638
	割合	14.4%	11.8%
	うち使用済み燃料再処理等準備引当金繰入額	1,030	1,061
	割合	1.1%	1.2%
	うち原子力発電施設解体引当金繰入額	3,822	4,058
	割合	4.3%	4.5%
	② うち人件費関連以外の引当金繰入額計	17,820	15,757
	原子力発電費に占める上記引当金繰入額計の割合	19.8%	17.4%

		会計年度 (自 平成20年4月1日 至 平成21年3月31日)	会計年度 (自 平成21年4月1日 至 平成22年3月31日)
	原子力発電費に占める①+②の割合	59.8%	58.3%

(3) 北陸電力株式会社

エネルギー源別発電コスト構造分析
（出所） 親会社単独損益計算書から

		会計年度 (自 平成20年4月1日 至 平成21年3月31日)	会計年度 (自 平成21年4月1日 至 平成22年3月31日)
	水力発電費（百万円）	19,501	20,922
設備費	うち減価償却費	6,151	6,027
	水力発電費に占める減価償却費割合	31.5%	28.8%
	うち修繕費	4,017	4,900
	水力発電費に占める修繕費割合	20.6%	23.4%
	うち固定資産除却費	382	794
	水力発電費に占める固定資産除却費割合	2.0%	3.8%
	以上設備費計	10,550	11,721
	水力発電費に占める設備費計の割合	54.1%	56.0%
燃料費	うち燃料費	0	0
	水力発電費に占める燃料費割合	0.0%	0.0%
引当金繰入額	うち人件費関連以外の引当金・準備金繰入額	0	0
	水力発電費に占める上記引当金・準備金繰入額割合	0.0%	0.0%

	汽力発電費（百万円）	191,198	123,478
設備費	うち減価償却費	15,463	14,376
	汽力発電費に占める減価償却費割合	8.1%	11.6%
	うち修繕費	15,094	18,353
	汽水力発電費に占める修繕費割合	7.9%	14.9%
	うち固定資産除却費	455	671
	汽力発電費に占める固定資産除却費割合	0.2%	0.5%
	以上設備費計	31,012	33,400
	汽力発電費に占める設備費計の割合	16.2%	27.0%
燃料費	うち燃料費	144,050	75,024

	汽力発電費に占める燃料費割合	75.3%	60.8%
	うち廃棄物処理費	6,200	5,426
	汽力発電費に占める廃棄物処理費割合	3.2%	4.4%
	以上燃料費・廃棄費計	150,250	80,450
	汽力発電費に占める燃料費・廃棄費割合	78.6%	65.2%
引当金繰入額	うち人件費関連以外の引当金・準備金繰入額	0	0
	汽力発電費に占める上記引当金・準備金繰入額割合	0.0%	0.0%

	内燃力発電費（百万円）	70	69
設備費	うち減価償却費	7	7
	内燃力発電費に占める減価償却費割合	10.0%	10.1%
	うち修繕費	20	30
	内燃力発電費に占める修繕費割合	28.6%	43.5%
	うち固定資産除却費		
	内燃力発電費に占める固定資産除却費割合	0.0%	0.0%
	以上設備費計	27	37
	内燃力発電費に占める設備費計の割合	38.6%	53.6%
燃料費	うち燃料費	31	21
	内燃力発電費に占める燃料費割合	44.3%	30.4%
引当金繰入額	うち人件費関連以外の引当金・準備金繰入額	0	0
	内燃力発電費に占める上記引当金・準備金繰入額割合	0.0%	0.0%

	原子力発電費	78,176	85,697
設備費	うち減価償却費	37,419	34,185
	原子力発電費に占める減価償却費割合	47.9%	39.9%
	うち修繕費	9,529	13,725
	原子力発電費に占める修繕費割合	12.2%	16.0%
	うち固定資産除却費	159	181
	原子力発電費に占める固定資産除却費割合	0.2%	0.2%
	① 以上設備費計	47,107	48,091
	原子力発電費に占める設備費計の割合	60.3%	56.1%

燃料費・廃棄費	うち燃料費	6,044	6,906
	原子力発電費に占める燃料費割合	7.7%	8.1%
	うち廃棄物処理費	1,150	964
	原子力発電費に占める廃棄物処理費割合	1.5%	1.1%
	特定放射性廃棄物処分費	1,212	1,812
	原子力発電費に占める特定放射性廃棄物処分費割合	1.6%	2.1%
	以上燃料費・廃棄費	8,406	9,682
	原子力発電費に占める燃料費・廃棄費割合	10.8%	11.3%
引当金	うち使用済み燃料再処理等引当金繰入額	4,863	5,926
	割合	6.2%	6.9%
	うち使用済み燃料再処理等準備引当金繰入額	1,237	977
	割合	1.6%	1.1%
	うち原子力発電施設解体引当金繰入額	2,124	2,517
	割合	2.7%	2.9%
	② うち人件費関連以外の引当金繰入額計	8,224	9,420
	原子力発電費に占める上記引当金繰入額計の割合	10.5%	11.0%
	原子力発電費に占める①+②の割合	70.8%	67.1%

5　予備知識1‥コスト構造分析に必要な知識

　コスト構造分析結果から何らかの意味を読み取るためには、コストについてのある程度の知識が必要です。そこで、次の「7　コスト構造分析結果から読み取れること」を読む前に、以下のこと及び「6　予備知識2‥原子力発電コスト構成要素の特異性」を読んで頭に入れてください。

　さて、コストは異なるタイプの要素から構成されています。この構成要素のタイプをどう分類するかについては多様な考え方がありますが、一般的には費目別分類が知られていますが、支出時点と費用計上時点の相違による構成要素のタイプ分類もあります。

(1) **費目別分類**
    原料費：原材料等
    設備に係る費用：減価償却費、修繕費を含む設備維持費
    人員に係る費用：給与、法定福利費、退職給与引当金繰入額を含めた退職金
    エネルギー費用：電力業であれば燃料費
    その他費用

　電力業について見るに、製品供給ではないので、原料費に該当するものはありません。また、原子力発電の場合は、廃炉・使用済み燃料の保管にかかる費用が多額になるので、その他の費用が多額になりコストに占める割合が多くなります。

(2) **支出時点と費用化の時点との相違による分類**
　費目別分類とは別に、支出時点と費用計上時点の相違による構成要素のタイプ分類があります。この相違は収益費用**対応**を旨とする期間損益計算思考から来るものです。具体的には次のようなものです。
　〈タイプ１〉
　　　　支出時点が費用計上期間に含まれるか先行する。当初の支出額を次期以降に分けて配分して費用化する。
　　　（例：固定資産取得価額をその後の各期に配分する。→ 減価償却費）
　〈タイプ２〉
　　　　支出時点が費用計上期間に含まれる。
　　　（例：一般の費用）
　〈タイプ３〉
　　　　支出時点が費用計上期間に後行、すなわち将来起こる支出額を見積って、その支出がなされる期以前の各期に分けて配分して費用化する。このような見積り配分をする理由は、支出の発生原因事実が支出に先行する各期において生じていると考えることによる。これも収益費用**対応**を旨とする期間損益計算思考から来るものであって、費用についての発生

主義会計思考と称する。〈タイプ1〉とは正反対の位置付けの費目。
　この支出は次の2つに分けられます。
　ⅰ　支出が必ず将来起こるもので、その額を確実に見積れる支出
　　（代表例：退職金規定に基づく一時払い退職給与支払い）
　ⅱ　支出が必ず将来起こるものの、その額を確実に見積られない支出
　　（例：原発にかかわる使用済み燃料再処理にかかわる支出、原子力発電施設解体支出、使用済燃料の保管維持支出）
　ⅲ　支出が将来起こるか起こらないかわからないもので、確率的に発生するためその支出額は統計的にしか見積れない支出
　　（代表例：事故補償支出）

(3)　収支予測図表との対応

　上の〈タイプ1〉支出及び〈タイプ3〉支出は、「三　DCF法適用の概要」で示した収支予測図において次のようにプロットされています。原子力発電会社の収支予測図表イメージが典型です。
　〈タイプ1〉→ t_0　初期の支出
　〈タイプ3〉→ t_n　以降の期の支出
　このことから結局、原価計算をなすにあたって、〈タイプ1〉については次の2段階を経てコスト計算に組み入れることがわかるでしょう。
　①　最初に支払済みとなる支出額を収益稼得なされる各期に応じて配分
　②　その各期の中のある期のみに焦点を当てて、コスト計算に組み入れる
　一方〈タイプ3〉については、次の3段階を経てコスト計算に組み入れることがわかるでしょう。
　①　最初に将来の支出額を見積る
　②　その見積った額を収益稼得なされる各期に応じて配分
　③　その各期の中のある期のみに焦点を当てて、コスト計算に組み入れる

6 予備知識2‥原子力発電コスト構成要素の特異性

(1) 引当金繰入額が多い

　有価証券報告書の親会社単独損益計算書の付属資料として「電気事業営業費明細表」があります。それは電力のエネルギー源別発電コストの明細そのものです。発電費を水力発電費、汽力（蒸気の膨張力を利用した発電方式です。火力と同義）発電費、内燃力発電費、原子力発電費に区分した費目別明細です。それを眺めると原子力発電コスト構成要素の特異性が際立ちます。他の電力のエネルギー源と異なって会計上の発生主義の見地からの引当金繰入額が多いという特色です。具体的には、次の 3つの引当金繰入額 です。

　　使用済み燃料再処理等引当金繰入額
　　使用済み燃料等再処理準備引当金繰入額
　　原子力発電施設解体引当金繰入額

　これらは、いわゆるバックエンドコストに対応したものです。すなわち、事業収入稼得時期後に使用済み核燃料再処理と廃炉処理をなさねばなりません。そのために支出する負担額を見積って、その見積った額を原発の稼働期間に配分して費用計上しているものです。これらが上の「5」で説明した〈タイプ3〉に該当するものであることは明らかです。

　ただし、**10万年後までの使用済み核燃料保管支出の負担額及び事故が起こった時に支出する負担額（回復費用及び賠償費用）という 2つの負担額 は引当金繰入計上対象から漏れています。要は、その額の引当金繰入額が計上されていないということです。**

(2) 引当金繰入れが陥りやすい罠

　また、引当金繰入れについては、制度会計においても管理会計においても一般に注意しなければならないことが2つあります。次のⅰとⅱの陥穽です。

　　ⅰ　発生可能性が軽んじられ発生すれば巨額な支出をせざるを得ないにもかかわらず、引当金繰入計上をなさない対応に陥りやすい。

ⅱ　もともと引当金の繰入れは将来の支出発生額の見積りをなしてその金額を決定するものである。したがって、その計上額が恣意的になりやすい。その額を小さく見積る過小繰入れに陥りやすい。

(3) 引当金繰入れについては金額的に十分でない

① 取り上げた電力会社3社にかかわる2期間の有価証券報告書は会計監査人の監査を受けています。その監査報告書に引当金繰入れについて問題があるとの指摘はありません。とはいえ、これは制度会計上のことであって、管理会計視点からはそれとは別の扱いがなされなければなりません。すなわち、経営意思決定あるいは投資意思決定をなすために原価計算をする場合は、制度会計とは異なった視点に立ってデータ収集を行わなければなりません。

　　上の(1)で示した「**その額の引当金繰入額が計上されていない**」 2つの負担額 のうち使用済み核燃料保管支出は、再処理をする場合であっても最終的には生じるものであり、科学技術的な理由からその負担にかかわる額が見通せないとしても、巨額になることは明らかであって、経営意思決定あるいは投資意思決定をなすときに無視することは、判断誤りに通じます。

　　いずれにしても、この額が引当金繰入計上対象から漏れていることは確かであり、まさに上の(2)ⅰの典型と言えます。

　　一方、上の(1)で示した「**その額の引当金繰入額が計上されていない**」 2つの負担額 のうち事故が起こった時に支出する負担額（回復費用及び賠償費用）は、過酷事故であれば天文学的な巨額なものとなり、実際に支払われている事故対応への保険料支払いに対応した保険金収入では賄いきれないことは自明です。経営意思決定あるいは投資意思決定をなすときにその不足額を無視することは、判断誤りに通じます。したがって、その不足額は上の(2)ⅱの典型であり、そのデータ収集は必要不可欠です。

② 一方、会計監査報告書に上の(1)で示した実際に計上された 3つの引当金繰入額 について問題があるとの指摘はないとはいえ、その額が、**管理**

会計視点からして、金額的に十分であるか否かは不明です。その見積り根拠が有価証券報告書に納得いくかたちで公開されていないからです。要は、上の(2)ⅱの可能性を完全には否定できないということです。
　もちろん、それは制度会計ではなく管理会計視点からの金額の十分性についての可能性です。
　上の①及び②の両者を併せると、いずれにしても**管理会計視点からして、引当金繰入れについては金額的に十分でないこと、すなわち、追加で上乗せする必要があること**は確かです。

7　コスト構造分析結果から読み取れること

(1)　**汽力発電費に占める燃料費・廃棄費割合から読み取れること**
　「4」で掲げた電力会社3社の2期間の6例についての「コスト構造分析」を眺めると、**汽力発電費に占める燃料費・廃棄費割合が高いこと**が目立ちます。その割合は、**最低で61.5％、最高で78.6％**です。このことから、次のことが読み取れます。
　ⅰ　汽力発電における設備投資の今後の方向性
　　「量的拡大の増産設備投資ではなく、燃費効率向上のための省エネ設備投資が求められる。」
　ⅱ　汽力発電においては、燃料調達の巧拙がその経営成績を大きく左右する。
　　「汽力発電の分野は、原油相場変動、LNG相場変動、石炭相場変動、及び**為替相場**変動によって、その経営成績が大きく左右される経営環境にある。その経営環境の中で電力会社は、燃料調達につき量確保の長期安定調達と低価格調達という2つの課題を、追及しなければならない。」
　電力会社が上の各相場変動に環境適応するには、次のⅲとⅳの課題を同時に解決しなければなりません。そのためには、この2つの課題を実行できる人材を電力会社が育成あるいはヘッドハンティングして抱えて自社で対応するか、あるいはこの分野に経験豊富な商社等の外部企業と協力する体制を構築するか

をしなければなりません。
- iii 相場の変動回避策ともいうべきものであって、市場経由調達ではなく生産者から相対で直接調達する方向策。調達規模が一定規模を超えることが最低条件。したがって、電力会社1社では無理。また、調達先との交渉力を強めるためには、調達先候補を常に複数抱えていることが求められる。
- iv 市場経由調達をなすにしても、相場の変動影響を和らげるために金融市場からのヘッジ金融商品購入あるいは相対で金融機関等とのヘッジ金融契約をなす。

一方、内燃力発電費に占める設備費割合は、上下に大きく分散しています。このことから、次のことが読み取れます。

> 「内燃力発電は調整用に使われていて、稼働率が会社と期によって大きく異なる。その一方で、減価償却費は固定費であるために、内燃力発電費に占める減価償却費割合は、上下に大きく動く。」

(2) **原子力発電費における現象面の顕著なことから読み取れること**

原子力発電費における現象面の顕著なことは、次のようなものです。

> 人件費関連**以外**の引当金繰入額があるのは、原子力発電費においてのみ。他のエネルギー源による発電費には計上されていない。

この現象面の事実から次のことが読み取れます。これは、「三　DCF法適用の概要」の「4　収支予測図をイメージする」で述べた「原子力発電は、収入と支出との対応構造が極めて特異である。」と一致します。

> 事例の6例における『原子力発電費に占める「人件費関連**以外**の引当金繰入額計」』の割合は、最低で10.5％。最高で19.8％。金額割合そのものは少ないのだが、その割合の数値のバラつき具合（分散の度合い）は、それなりにある。

この読み取りは、「6」の「(2)　引当金繰入れが陥りやすい罠」に対応するかもしれません。いずれにしても、この読み取りから次のことが推測できます。

「原子力発電は、収入と支出との対応構造が極めて特異であるだけでなく、「人件費関連**以外**の引当金繰入額」の基になる将来支出にかかわるリスク・不確実性が見通せないので、その基になる将来支出額の見積りは難しく、計上が**恣意的になりやすい。**」

(3) 設備費割合

　各年計上されている設備費の額のうちの減価償却費の額は、使用する耐用年数の数値によって左右されます。この使用する耐用年数が現実の経営環境に適合しているかは、すでに述べたように管理会計上大切なことなのですが、有価証券報告書では確かめることができません。使用する耐用年数が現実の経営環境に適合しているとして、事例の6例につき設備費割合を見るに、

　　　水力発電費は、50％台後半を中心に収束
　　　汽力発電は、15.7％から27.0％の幅の中に散在
　　　原子力発電費は、39.9％から63.4％の幅の中に散在

ということで、設備費割合につき、汽力発電と原子力発電費はバラつき具合（分散の度合い）が大きい。

　一方、原子力発電費に占める「ⅰ設備費＋ⅱ人件費関連**以外**の引当金繰入額計」の割合で見ると、

　　　58.3％から76.7％の間に散在

と、設備費割合のみに比べて、そのバラつき具合（分散の度合い）はやや小さくなる。

　データ数6例だけなので、確かではないのですが、ひょっとして、「原子力発電費に占める人件費関連**以外**の引当金繰入額計」の割合と「原子力発電費に占める減価償却費」の割合は、相互補完関係にあるかもしれません。そのことから何かを読み取りたいのですが、残念ながら筆者の力不足故、読み取れません。読者の方で読み取る努力をしてください。

　これ以外にも様々なことが読み取れるでしょうが、ここではこのくらいで留めます。

(注) **原子力発電費中の設備費の特殊性**
　　原子力発電費中の設備費について、次のような特殊性があることに注意が必要です。
　　例えば、稼働後に配管を取り換える作業を下請にさせるとき、その下請の従業員は放射線の強い現場で作業をなす。このとき、浴びる放射線許容量が1人当たり決まっているので、わずか1本の配管を取り換えるだけでも、多くの作業者を必要とします（その実際については、後述の「十」「14」参照）。
　　この会計処理について、外注費科目あるいは設備費科目を使って処理したとしても、下請においては、配管自体の購入金額よりも、はるかに作業者へ支払う人件費が、多いこととなります。したがって、実態は外注費あるいは設備費ではなく、人件費です。
　　有価証券報告書は、このような実態をまったく反映していないので、有価証券報告書を使った分析には限界があります。要は、原子力発電費中の設備費についてのみ、注意が必要です。したがって、この実態を反映した処理をすると、原子力発電稼働後の支出に占める費目の中で、人件費の額が一番多いということもあり得ます。

8　筆者の私見結論

(1) コスト比較について

　電力のエネルギー源別KWH当たりコストにつき、左から右に数値が低い方から並べると、エネルギー白書と2で掲げた6例で対比すると、次の如しです。
〈一般水力の発電コスト〉
エネルギー白書：　　　　　　　　　　　　　　　「8から　　13円／kwh」
2で掲げた6例：「3.75、3.22、4.27、4.49、5.34、6.21円／kwh」
〈火力発電の発電コスト〉（ただし、内燃力発電を火力と解しない場合）
エネルギー白書：　　　　　　　　　　「7から　8円／kwh」
2で掲げた6例：　　　　　「5.63、　7.34、7.7、8.82、9.3、10.96円／kwh」
〈原子力の発電コスト〉
エネルギー白書：　　　　　　　「5から6円／kwh」
2で掲げた6例：　　　　　　　　「6.0、6.41、　8.39、8.44、8.86、10.91円／kwh」
　「2」で掲げた6例につき、電力のエネルギー源別に、分散度合を数字配列

で、低い方から配置すると次のようになります。

水力「3.75、3.22、4.27、4.49、5.34、6.21円／kwh」
　　　　　　　　火力「5.63、　　　　　7.34、7.7、8.82、　　　9.3、10.96円／kwh」
　　　　　　　　　　原子力「6.0、6.41、　　　　　　8.39、8.44、8.86、10.91円／kwh」

　一方、エネルギー白書報告につき、電力のエネルギー源別に、分散度合を数字配列で、低い方から配置すると次のようになります。

　　　　　　　原子力「5から6円／kwh」
　　　　　　　　　　　火力「7から　　　　8円／kwh」
　　　　　　　　　　　　　　水力「8から　　　　　　　　13円／kwh」

　このようにして見ると、「2」で掲げた6例のコスト幅帯とエネルギー白書事例のコスト幅帯とが大きく異なることがわかります。特に水力発電コストの扱いが全く異なります。原子力については、「6」「(3)」で指摘したように引当金繰入不足額をも考慮すると、「2」で掲げた6例についての原子力の幅帯はさらに右に移動することになります。

(2)　コスト比較まとめ

1）　調整電源として使われる火力は、数字の上では不利に算出される

　　一般に原発はベースロード電源として扱われ、火力の一部は調整電源として使われていることは周知の事実です。この事実を踏まえると、火力は、年単位で見ると、稼働率が低いことが往々にして起こり、1KWH当たりの固定費部分が多く負荷されることになります。その結果、エネルギー源別の採算性を判定するにあたっては、本来であれば、ベースロード電源として扱うという等しい競争条件下で、原発と火力を比較しなければならないにもかからず、そうではないので、火力が不利であるとの数値が算出されることになってしまいます。

　　一方、現実にベースロード電源として扱われる原発は、調整電源として使われる火力に比べて、有価証券報告書のデータを使う限りでは、コスト計算上不当に安く有利に算出されることになってしまいます。

　　このように、エネルギー源別の採算性を判定するにあたって、有価証券報

告書のデータを使うには、気をつけなければならないことが多々あります。したがって、有価証券報告書のデータを使ってエネルギー源別の採算性を判定する場合は、本来火力のコストはもう少し低いと認識すべきことになります。それは、火力は、コスト構造上、固定費の割合が少ないといえどもです。そのことを踏まえて、さらに論を進めると、次のようになります。

2） 支持できるのはエネルギー白書より２つの著書の結論

　上の(1)及び筆者による「２」から「７」までの分析を踏まえると、電力のエネルギー源別KWH当たりコスト比較について言えば、《経営事実等》の「６」で示した**エネルギー白書における電力のエネルギー源別KWH当たりコスト報告は、否定せざるを得ません**。むしろ、次の２つの著書の結論を支持せざるを得ません。

　《経営事実等》における

　　7　大島堅一教授著作『原発のコスト』
　　8　金子　勝教授著作『原発は火力より高い』

　そのことは、《経営事実等》の「(9)　ブルームバーグ・ニュー・エナジー・ファイナンス配信による各発電コスト」で示したコスト報告を読むと、一層その感が強まります。

3） 原油相場価格を考慮に入れると、より火力が有利

　なお、火力はコスト構成上、燃料費の割合が高く、石炭使用は別にして、その燃料費単価は、原油相場に左右されます。特に日本においてはLNG（液化天然ガス）も原油相場にリンクしていることから、その傾向は顕著です。そこで、このコスト比較を実施した2008年４月１日から平成2010年３月31日間の原油相場の動きを、代表的な指標であるWTI原油価格（ドル／バレル）の年間平均価格と年間為替レートで、もって探って見ると、

　　2008年が99.59ドル／バレル、為替レート103.36ドル／円、10,294円／バレル
　　2009年が61.69ドル／バレル、為替レート93.57ドル／円、5,772円／バレル
　　2010年が79.40ドル／バレル、為替レート87.78ドル／円、6,970円／バ

レル

となります。

　2015年の5,901円／バレル（48.75D/B×121.04D/Y）や2016年11月末までの4,556円／バレル（42.11D/B×108.20円D/Y）に比べて、ほぼ同じか、かなり高いことがわかります。電力会社調達燃料の価格動向は、原油相場価格に比べてタイムラグがあるとはいえ、大きく異なることはありません。とすると、現状よりかなり高い価格の燃料を使用していたにもかかわらず、火力が原発よりも若干有利であるとの結果を見るに、原油相場価格が当時より大体低い現状においては、火力の方が、原発よりも明らかに有利であることがわかります。

4） 過酷事故対応の年間損害保険料見積額を入れ込むと原発は明らかに不利

　上までの見解は、有価証券報告書のデータを基にしたものです。その有価証券報告書には、本来であれば、原発特有の過酷事故に起因する巨額な廃炉・賠償費用に備えた引当金繰入額計上あるいは年間損害保険料支払い計上をしなければならないにもかかわらず、ほとんど計上されていません。これでは、原発の本来の採算性を見てとることができません。

　一方、経産省は、福島第一原発の過酷事故に起因する巨額な廃炉・賠償費用につき、つい最近20兆円を超えるとの推定値を、マスコミに漏らしています（注）。また、民間損害賠償責任保険（責任保険）は、2011年の保険金額（支払上限額）は1,200億円、年間保険料は平均約5,700万円の数値を示した事実があります。

　この2つのことから、過酷事故対応の**年間**損害保険料見積額は、原発1基で年間100億円であると計算できます（この100億円算出の計算過程とその考え方、及びその額を入れ込んだ時のエネルギー源別1KWHコスト比較については、巻末の《付属論稿》の「過酷事故対応損害保険料を考慮した原発の採算性調査」参考のこと）。この**年間**損害保険料見積額100億円／1基を入れ込むと、原発のコスト競争力が水力に対してのみならず、火力に対しても劣ることは、揺るぎない結論となります。

(注) 大手企業や自治体が加わる「日本経済研究センター」は、廃炉に11兆円から32兆円、除染に30兆円、賠償金が8兆円と、合計49兆円から70兆円と試算を発表しています。70兆円であれば、年間損害保険料見積額は、2.5倍から3.5倍の250億円から350億円／1基となります。

5) 北陸電力における水力発電の割合

　最後に、コスト比較について、もう1つ関心を寄せなければならない、大きな経営事実があります。水力発電コストについてです。特にエネルギー白書報告に記載された水力発電コストにつき算定根拠とデータ根拠につき知りたい衝動に駆られます。というのは次の経営事実があるからです。

　すなわち、このところ電力会社の電力料金値上げが続いていますが、その中で北陸電力の値上げが比較的小幅に納まっています。その理由は、北陸電力における水力発電の割合が他の電力会社に比べて大きいからであるとされています。水力発電はコストが安いということを前提にしなければこの経営事実及び理由は成立しません。

(3) エネルギー白書が掲げる電力コストへの疑問

　上で述べたように、《経営事実等》の「(6)」で示したエネルギー白書における電力のエネルギー源別KWH当たりコストは、筆者による「2」の有価証券報告書から計算した実際コストとは、大きく異なります。

　さて、エネルギー白書には、そもそもその数値がモデルプラントを下敷きにしたものであると明記されていません。電気事業連合会（一般電気事業者の十電力が会員。法人格がなく、**任意団体に過ぎない**）が提出した資料の一部を使用としたと明記してあるにすぎません。一方、次の3つの事実があります。したがって、エネルギー白書は、下記iを受けたものと思われます。

　i　平成16年1月付の電気事業連合会による「モデル試算による各電源の発電コスト比較」には、各電源別のモデルプラントの所在が記されている。

　ⅱ　平成23年12月19日付の内閣府副大臣を委員長とする「エネルギー・環境会議コスト等検証委員会による報告書」がある。

　ⅲ　電力会社は各プラントの建設にあたって経産省に設置変更許可申請書を提出しなければならない。そこにプラント毎の発電単価が記載されている。

また、iの「モデル試算による各電源の発電コスト比較」とiiの「エネルギー・環境会議コスト等検証委員会による報告書」ともに、各電源別のモデルプラントによる電源別発電単価に対照させて、有価証券報告書から計算した実際コストを補完的なものとして、掲げています。

　なお、原発コストの扱いにつき粉飾的なものがあるという指摘があります。すなわち、**原発を夜間止められないので、蓄電装置としての揚水発電が必要となる**。例えば、原発単体の建設が約3,000億円かかったとし、対応する揚水発電にその額に相当する設備費が必要となる。このことにつき、**経産省が発表したエネルギー白書では、揚水発電は水力に算入されている**。そのため、原発の発電コストが最も低く（5.4円／KWH）、水力が最も高くなってしまった（13.3円／KWH）。原子力と揚水を合わせると10.13円で、火力の9.8円より高くなるとの指摘です。この指摘が本当だとすると、国民を欺くデータ偽造がどこかで行われたことであり、極めて忌々しきことです。仮に、このようなことが、有価証券報告書において行われれば、金融商品取引法違反となります。

（注）損益会計に割引率を使うことは適切か？

　「モデル試算による各電源の発電コスト比較」と「エネルギー・環境会議コスト等検証委員会による報告書」の両報告書ともに、電源別コスト比較をするにあたって、資本費と称する大科目の中で、減価償却費を計上しています。これは、キャッシュフロー会計ではなく、損益会計を使っていることを示しています。電源別コスト比較は原価計算アプローチそのものであって、原価計算アプローチは適正な期間損益按分がなされた損益会計を前提にしているので、これは当然です。

　一方、OECD試算様式では初期投資は建設時に一括処理し、その後の何年もの期間にわたって配分するという減価償却費処理は採用していません。この両者の違いの理由は不明ですが、次に、割引率については、相違があるかを見るに、両報告書もOECD試算様式も使用しています。

　ところで、**期待収益率とも称される割引率**は、DCF法でも柱となる概念要素ですが、本来はキャッシュフロー予測を前提にして、計算式に入れ込むものです。**損益会計に入れ込むことは、本来ありません**。

　とすると、なぜ両報告書が、OECD試算様式と異なって、そのように初期投資を何年もの期間にわたって配分して減価償却費を計上する会計に割引率を使うということとしたかの理由の説明が欲しいのですが、両報告書には何らの説明もありません。**キャッシュフロー会計と損益会計を厳密に区別するという意識がないのかもしれません**。もっとも、OECD試算様式も、支出というキャッシュフロー用語ではなく、費用という損益会計用語を使っているようですので、OECD試算

様式も、キャッシュフロー会計と損益会計を厳密に区別するという意識が、薄いのかもしれません。

(4) 理論よりも事実を尊重する

　筆者は中小企業への助言活動に長年従事してきましたが、常に肝に銘じていることがあります。それは「企業経営においては、理論よりも事実を常に尊重する。」ということです。理論がどんなに優れていても、事実をもって証明できなければ、その理論は机上の空論であり役に立たないということです。逆に事実があれば、その事実を分析して理論あるいは仮説を組み立てることが、企業経営をなすには不可欠ということでもあります。これが、過去に数多くの経営理論に接して来た体験から得たエッセンスです。要は、**有用であるか否かで経営理論を取捨選択する**という態度です。

　そこで、上の「2」から「7」までの分析をひとまずおいて、事実を探すと、《経 営 事 実 等》で示した次の3つが参考になります。

「(1)　採算に合わないために既存原発閉鎖」

「(2)　原発新設計画撤回」

「(4)　エンロンが原発保持を理由に投資リスクが極めて高いとして四国電力買収断念」

　この3つの事実から、筆者は何の疑いもなく、米国においては、明らかに原子力発電は火力に比べてコストで劣位となっているとの仮説を抱いてしまいます。そして、「(3)　原発への政府支援」の事実は、原子力発電は経済合理性では劣位であるので、政府支援なしでは、新規原発では資金調達ができないと読み取ってしまいます。特に米国は収益率が高い事業機会があると見れば、即資金が集まります。政府保証という政府支援をしなければ、資金提供がなされないほど、資金提供者である投資家は厳しく原発を見ているということです。読者諸氏はいかに考えますでしょうか？

(5) ジェフリー・イメルトCEOの発言は強烈

　何よりも強烈なのは、《経 営 事 実 等》「(5)」の原発供給企業GEのジェフ

リー・イメルト CEO の発言です。

　これらの発言は、原発事業からは撤退すると宣言したのではなく、原発を取り巻く事業環境が厳しくなってきたことを指摘したものです。要は電力販売単価低下という事業環境の中で、シェールガス、タイトオイルの2つのエネルギー革命によりガス発電のコストが下がり原発がコスト面の優位性を失った上に、福島原発の影響で規制強化に伴う原発コスト増が現実のものとなったため、原発はガス発電との競争で落後しつつあることを認めているということです。

　このことから、もう1つの原発設備の供給企業ウエスチングハウスが東芝に身売りした理由もわかります。もっとも、GEがこの分野の売上高が全社売上高の1％に満たないにもかかわらずこの分野から撤退しないのは、技術進歩による原発供給事業の将来の再発展の可能性をすべて否定していないからということも事実のようです。

(6) 日本の電力会社の赤字原因

　原発稼働停止になってから電力会社の経営が急速に悪化したことをもって、「原発よりも火力の方が、コストが高いためである。」との論を述べる人がいます。この論は、原価比較の基本的な知識が欠けていることによるものです。すなわち、電力会社が既に金をはたいて原発と火力の両者の設備を有している二重設備投資状況下にあって、その二重状況下で原発と火力のどちらを選んだ方がコストがかからないか、あるいは今後の資金負担が少ないのかという問いと、電力のエネルギー源別の採算比較判定の問いとは根本的に異なるということが、全くわかっていないということです。

　二重状況下での問いへの回答は、その二重状況下では、変動費支出（主に燃料費支出）だけについて部分的に、原発と火力を比較することになるので、原発が優位となります。電力会社が原発を動かしたがる理由は、これなのです。決して、全体で見た場合において、原発そのものの採算性が良いからではありません。これは、全体最適解と部分最適解の違いであるとの説明もできます。いずれにしても、最初に掲げた論は、管理会計の初歩的な知識の欠落によるものです。このことにつき、以下詳細に解説します。

1）思考の枠組み

　原発稼働停止になってから電力会社の経営が急速に悪化しています。その理由は、経済誌等では、原発による電力供給を火力（＝汽力）が代替したからであると説明されています。それには「原発よりも汽力の方が、コストが高いためである。」とのニュアンスが多分に含まれています。このニュアンスの真偽につき以下検討してみましょう。

　原発による電力供給を汽力が代替したとき、経営にどのような影響があるかを検討するときの思考の枠組みは、極めて簡単です。次の ii から i を差し引けば判断できます。

　i　原子力発電を休止したときに減少する費用額（減少費用額）
　ii　汽力発電を増強（＊）したときに増加する費用額（増加費用額）

　　＊増強は増設すなわち設備増設ではありません。休止していた既存の汽力発電設備（ほとんどは燃焼効率が良くない旧式）を使った電力供給増のことです。そもそも燃焼効率が良くないので、稼働せずに休止していました。

　ここで大事なことは、原子力発電を休止したときとは、あくまで一時的に稼働をしないということであって、原子力発電部門から撤退する（＊＊）ときとは異なるということです。両者を比較すると、上の減少費用額が全く異なります。どのように異なるかにつき両者を対比すると、次のようになります。

原子力発電部門から撤退したとき

　　撤退時こそ一時的に除却費用等の巨額な臨時費用が発生するものの、その後は変動費の代表である燃料費だけでなく、固定費の代表である人件費、設備費、引当金繰入額を含めた全ての費用が発生しなくなる。したがって、それら撤退した後に発生しなくなる減少費用は、それら全ての費用であるので、費用節約額は極めて大きい。

原子力発電を休止したとき

　　変動費以外の費用はそのまま発生する。これはいわば、**二重投資状況**と称することができる。しかも、原子力発電部門は変動費のほとんどを占め

る燃料費・廃棄費の割合がもともと低いので、節約額は僅かである。
 ＊＊撤退スキームには、廃業を含め事業譲渡、会社分割、現物出資等多々あります。いずれのスキームによっても、原子力発電部門における全費用の今後の発生を回避できます。もっとも現状、原発部門譲渡を試みても、国以外の購入相手が現れるとは思われません。また、国に譲渡をするにしても、電力会社は譲渡値段を少なくとも帳簿価額にすることを望むでしょうが、その価額が通るとは限りません。

 ２）燃料費・廃棄費の割合
 原子力発電を**休止**したときにおける減少費用額と増加費用額の動きがそれぞれどうなるかの鍵は、各発電費に占める燃料費・廃棄費の割合にあります。上の「２」で掲げた６例につき見ると、次の通りで大きく異なります。
 原子力発電費に占める燃料費・廃棄費の割合：8.0％から16.5％
 汽力発電費に占める燃料費・廃棄費の割合：61.5％から78.6％
 ところで、原子力発電から撤退するのであれば格別、そうではなく単に原子力発電を休止したときに減少する費用科目は変動費のみであって、固定費は休止したからといっても減少しないのが通常です。おそらく減少するのは燃料費だけでしょう。
 一方、汽力発電を増強したときに増加する費用額は燃料費だけではないでしょうが、増加費用額のほとんどは、燃料費であると推測されます
 そうすると１）において掲げたiiからiを差し引いた結果の額は燃料費を巡るものであることがわかります。
 その上で燃料費の割合が、上のように汽力発電費のそれが原子力発電費のそれより桁違いに大きいので、増加費用額が減少費用額をはるかに上廻ることとなります。
 原発稼働停止になってから電力会社の経営が急速に悪化した主因は、この燃料費・廃棄費の割合の桁違いの相違です。

 ３）他の悪因
 しかも次の外部経営環境要因が、より経営悪化を助長しています。
  原油相場、LNG相場、石炭相場の上昇基調

為替相場の円安傾向
さらにもう1つの悪因があります。それは次のことです。

電力会社は供給義務があるので汽力発電設備に余裕を持たせています。多数の汽力発電設備には稼働優先順序があります。当然燃料効率の良い設備を優先稼働します。そして原発による電力供給を汽力が代替するときは、効率の劣る設備をも動かすことになります。それは汽力発電費に占める燃料費割合のより悪い設備を動かすことであるので、より一層燃費が桁違いに多くなることになります。

4）現状の赤字原因は二重投資状況による

原発稼働停止になってから電力会社の経営が急速に悪化したのは、直接的には燃料費割合の桁違いの相違というコスト構造の相違に加えて、上の他の悪因が重なったことによるものです。しかもこれは、旧式の汽力発電設備を保有稼働すると同時に、原子力発電設備を稼働せずかつ他に譲渡せずに抱えるという**二重投資状況**における中で、起こっています。なぜなら、1）及び2）で示したように、原子力発電設備を稼働しないことによる節約額は、僅かだからです。

一方、反対に原子力発電部門から撤退するのであれば、原子力発電部門における全ての費用が発生しなくなるので、今のような赤字になることはあり得ません。残るのは汽力発電の採算性の問題のみです。

確かに、燃料相場上昇と円安傾向によって汽力発電コストが従来に比べて、高まってきたことは確かです。しかし、電力会社が従来から汽力発電に力を入れていれば、汽力発電設備も燃料費割合が低い新式のもの（例：石炭コンバインド火力）に一新され、さらには発電設備の供給会社自体が技術進歩によって燃料効率の更に良い設備を提供するという好循環が生まれていたかもしれません。

これらを総合して考えるに、現状の赤字は**二重投資状況**がもたらしているのであって、汽力発電コストが原発コストより高いからではないことは確かです。**現状の赤字原因は、全体最適解思考で見た場合のコスト比較の結論とは別の**

ことです。

(7) 日本の電力会社の今後及び原子力発電事業の位置付け

　日本の電力会社の今後を見るに、分岐点はジェフ・イメルト発言の「政府の予算が削られる限り、原発は厳しい。」の部分でしょう。先進国の電力業界の潮流は、**公益事業論**の見地から強い反対論があるものの、独占企業環境から競争環境へ大きくシフト中です。となると、電力産業は今までのような政府の下支えは将来期待できません。今後は自由競争環境で電力会社の生存は決まります。

　その上で《経営事実等》に加え、上の「2」から「7」まで及び(1)から(6)までの読み取りから、電力会社の経営については、私個人は次のような見解を抱きます。

〈見解1〉

　『日本の8大電力会社の赤字の直接原因は、現状原発と非原発の二重投資状況に陥っていることによる。一方、先進国の電力業界の潮流は、独占企業環境から競争環境へ大きくシフト中である。となると、今までのような政府の下支えは将来期待できない。今後は自由競争環境で電力会社の生存は決まる。

　そうすると、今後の事業戦略の練り直しにあたって、発想の大転換を求められる。すなわち、使用済み核燃料再処理サイクル（実現すれば夢のような話である）という国の夢想に付き合うのは愚かである。8大電力会社は、原発を一括して簿価で国に早いこと譲渡（会社分割による分離を含む）をなし、その後の廃炉を国に任せる方が利口であり、そうしないと、いずれ企業の存続も危うくなる。』

〈見解2〉

　『電力会社にとって原発は厄介なお荷物と見るのが投資家の正見。』

　また、原子力発電事業自体について私個人は次のような見解を抱きます。

〈見解3〉

　『有価証券報告書のデータから見るに、原子力発電事業は、その経済性に

おいて、明らかに水力発電事業に劣る。汽力発電事業の最新型にも劣る可能性が高い。

一方、原子力発電事業の採算性を検討するに、**途中稼働期間中に焦点**を当て、しかも**今の電力会社負担に限定**して損益尻あるいはキャッシュフローベースで見る向きがあるが、それは部分最適解思考に基づくもので、大局判断ができていない。原子力発電事業を分析するには全体最適解思考が不可欠である。

全体最適解思考の枠組みで見ると、**第一**に、電力会社は僅か40年間の稼ぎで、当初設備投資・廃炉・直接処分・十万年も続く埋蔵保管の各支出を賄わなければならないことがわかる。一見して、事業採算に疑問符が付く。

だからこそ、電力会社は、使用済み核燃料再処理サイクル（実現すれば夢のような話である）に固執し、その兆円単位の巨額開発費を**自社で負うことなく**国家予算・消費者負担で賄うこと（夢想50年、兆円単位の積み重ねをするも、今もって実用化の目途全くなし）を、要求するのであろう。安全設備投資抑制・安全操業への抵抗・長期稼働への固執もその延長線上にあることがわかる。

全体最適解思考の枠組みで見ると、**第二**に、日本経済全体でその採算性を見なければならない。社会負担コストとしての立地自治体への懐柔支出、工作宣伝支出、行政コスト（規制組織の維持費等）、さらには某国の特殊工作員による原発破壊阻止対策支出、国論を二分する軋轢政治コストも入れ込まざるを得ない。

全体最適解思考の枠組みで見ると、**第三**に、重大事故対応支払保険料をコストに入れ込まなければならないにもかかわらず、その計算は不可能である。

結局、有価証券報告書のデータからの当初の結論に加え、全体最適解思考による上の追加3点の結論を踏まえると、原子力発電事業は、「**営利企業である民間会社が取り組むにふさわしい事業ではない。**」、すなわち「**原子力発電事業は自由経済体制に馴染まない事業である。**」と判断せざるを得ない。』

〈見解4〉
　『見解3の如く、原子力発電事業は本来営利企業である民間会社が取り組むにふさわしい事業ではないにもかかわらず、8大電力会社が営利事業の枠を超えて原子力発電を負った理由は、言うまでもなく国の依頼指示による。すなわち国策に従ったことによる。
　しかし、そこには民間会社としてのしたたかな計算見通しが働いていた。すなわち、電力料金決定が総括原価方式による認可制下で行われるのであるから、営利私的企業としての電力会社が、廃炉処理までは自らが負うも、その後の巨額なバックエンドコストを国あるいは消費者に押し付けることによって、十分に収益確保をなし得るので、企業維持存続が可能となる計算見通しである。
　その計算見通しは、政府の下支えがあるという見通しというより、電力会社が電力供給という日本国の経済中枢を担う独占企業であって、行政府を取り込むことが容易であるという強い立場に裏打ちされたものであった。
　しかしながら、先進国の電力業界の潮流は、独占企業環境から競争環境へ大きくシフトする。その結果8大電力会社は、政府の下支えを失い、独占的な地位をも喪失する。とすると、8大電力会社は廃炉処理後の巨額なバックエンドコストを負う余裕は全くないどころか、廃炉処理コストをも負う余裕もなくなる。
　そうすると、国が廃炉処理コスト及び巨額なバックエンドコストを負わざるを得なくなる。しかしその先に立ちはだかる壁は、日本国にそのようなコストを負う財政的な余裕がないという点である。しかも、日本国に比べ財政に余裕があるドイツでさえ、国がそのようなコストを負うことが、政治的な課題となっているのであるから、日本国においてはより一層大きな政治課題となる。であれば、どうするべきか？
　独占企業環境を許して総括原価方式による電力力料金許認可制の下で、そのようなコストを電力使用者に負担させる道が1つある。これは現状放置の惰性の道である。

もう1つは、長期的視点かつ日本国全体の全体最適解思考に立脚する視点からの対応である。この視点からの対応策を探すときに重視すべき点は、原子炉を稼働させれば稼働させるだけ、原子炉を増やせば増やすほど、バックエンドコストは増殖し、財政を圧迫するか、あるいは電力料金が高止まりするという単純明快な一点である。そもそも「原子力発電事業は自由経済体制に馴染まない事業である。」のだから。
　この一点から見れば、現状放置の惰性の道は許されず、その結論は明らかである。』

ところで、原子力発電の**今後**の扱いについての上の私見について、同意できない方もおられるかもしれません。その方は、《経営事実等》における「(9) ブルームバーグ・ニュー・エナジー・ファイナンス配信による各発電コスト」における**新設**の原子力発電コストにも同意できない方であって、恐らくこの各発電コスト計算をなすとき採取する源データにつき、疑問を持たれる方でもあると思われます。
　もっとも、筆者自身も、源データだけでなく、この各発電コスト計算がどのような手法でなされたものであるのか興味があります。しかし、残念ながら現在時点では、その手法と源データを入手できません。

六

超長期視点で電力のエネルギー源別の採算性比較をなす

1 DCF法・原価計算の矮小化した使い方の是正と限界及び別アプローチの必要性

(1) DCF法・原価計算の両アプローチが陥り易い実務態度

　この論考の「一」から「五」までにおいては、「原発の採算性」を含む「電力のエネルギー源別の採算性比較」の課題を解くための「思考の枠組み」であるDCF法アプローチと原価計算アプローチを対比して説明することに、頁を費やしました。

　ところで、両アプローチ共に、**今後の設備投資意思決定あるいは経営意思決定をなす領域において定評のある有用な実践的手法であることは確かなのですが、もちろん、その有用性には限界があります。本質的な有用限界は、基礎となる収入・支出あるいは売上・費用につき、実績数値ではなく予測に基づく将来数値を用いることから来るものです。この本質的な有用限界があるためか、実務においては次の①と②のような態度に堕すことがしばしば見られます。

　① 収入・支出あるいは売上・費用中で予測要素が多々あるとき、予測が容易（＝定量化が容易）な要素のみを取り上げ、リスクの幅が大きいために定量化が困難な要素を排除する、あるいは軽視する矮小化した使い方に陥りやすい。そうすると、楽観的な見通しを招くこととなる。これに該当する具体的な事例は、次の2つです。

〈事例1〉
　　「三　DCF法適用の概要」「4　収支予測図をイメージする」「(2)　火力、水力、原子力の各発電会社の収支予測のイメージ図」では、特に原発にかかわるバックエンドコストにかかわる支出が、40年ほどの売電収入額がある程度見積れるのとは対照的に、その金額が明瞭でなく見積りの不確実性が大きい。この見積りの不確実性が大きいバックエンドコストの金額につき、少なくてすむ楽観的な見解を採用する。

〈事例2〉
　　「五　経営事実等とそこから読み取れること」「《筆 者 の 私 見》」「6

予備知識2・・原子力発電コスト構成要素の特異性」において、原価計算手法における引当金繰入れが陥り易いこととして、指摘した次の2つ。
　ⅰ　発生可能性が軽んじられ、発生すれば巨額な支出をせざるを得ないにもかかわらず、引当金繰入計上をなさない対応に陥り易い。
　ⅱ　もともと引当金の繰入れは将来の支出発生額の見積りをなしてその金額を決定するものである。したがって、その計上額が恣意的になり易い。その額を小さく見積る過小繰入れに陥り易い。
② 両アプローチを適用する対象分野を狭くとり、部分最適解思考に陥り易い。これに該当する具体的な典型事例は、次の点です。
〈事例3〉
　「四　DCF方式適用事例」「2　注意事項」では、DCF方式を使用して採算性を判断するにあたって、発電・送電に携わる営利企業が負担する支出に限ることなく、行政コストをも含む社会負担支出をも視野に入れるべきことを指摘しました。これはコスト概念の拡大とでもいうべきことですが、社会全体で見た場合の真の採算性優劣判断をなすには、そのように視野を広げることが、不可欠だからです。にもかからず、発電・送電に携わる営利企業が負担する支出に限っての採算性判断に留めてしまう。

(2)　現実適合性を高めるための態度

　両アプローチを適用する場面で、有用性、別の言葉で表現すれば現実適合性、を高めるためには、上の①に対してはリスクの幅が大きい要素であれば、リスクを多めに見ることによって、金額を見積る是正態度を取るほかありません。
　上の②に対しては経済合理性の思考領域の中で、できる限り視野を広げて全体最適解思考を目指す実務態度を取るほかありません。
　以上は、電力供給の電力のエネルギー源に何を使うかにつき、電力のエネルギー源別の採算性優劣という視点に限定した局面において、原価計算手法であればコスト概念を狭くとることなく、広くとることで、DCF方式であれば、時間軸を長くかつ行政コストをも含む社会負担支出をも視野に入れて広く対応する発想に基づきます。

しかし、そのような拡大で対応してすべてが捉え切れるものでしょうか？
筆者は捉え切れないとの立場に立ちます。そこで、以下論考を発展させます。

(3) 短期的な経済合理性の領域に属さない課題を扱う

1）超長期的な視点からの経済合理性の領域に属する課題

　　両アプローチ共にあくまで経済合理性の領域に属する課題についての解答を求めるアプローチです。それも短期的な経済合理性の領域に属する課題に限って有用なアプローチです。経済合理性の領域であっても、超長期的な視点からの経済合理性の領域に属する課題についての解答を求める場合には、必ずしも有用ではありません。別途のアプローチを適用して、有用性を高める補完措置を採用しなければなりません。

　　このことを頭に入れて今までの論考を振り返ってみると、次のことに気が付きます。すなわち、「五」では、この電力のエネルギー源別の採算性優劣を、原価計算視点すなわち発電コストの切り口から、経営事実と有価証券データに基づいて論じました。しかし、経営事実とデータといっても、それは最近時点でのそれに基づくものでしかありません。今後の技術進歩を視野に入れると、その採算性優劣が大きく変動する可能性は十分あります。したがって、超長期視点で電力のエネルギー源別の採算性優劣を見るときには、今後の技術進歩を視野に入れることが、不可欠です。

　　したがって、その採算性優劣につきコストに加え**技術進歩**をも視野に入れて、超長期視点で予測して見ます。その予測に際して、経営学で頻繁に使用されるヴァリューチェーンそのものではありませんが、ヴァリューチェーン**的な**見方に倣ったコスト構造分析手法を使います。

　　この分析手法は、最初にコスト発生局面及びコスト左右要因を把握することから始めます。実はこの把握の仕方は、DCF法を支える収支予想における支出発生形態把握の仕方に類似しています。超長期視点での収支予想の仕方には様々なものがありますが、その中の一手法を学ぶ態度で以下お読みください。

2）経済合理性の領域に属さない課題

なお、経済合理性の領域に属さない課題、すなわち経済合理性判断思考がなじまない課題についての解答を求める場合には、全く異なるアプローチが必要となります。経済合理性に属する課題の解答を求める視点とは、社会的便益のみに着目したものでしかありません。社会的便益量の多少で判断できない課題に属さないのであれば、全く異なるアプローチを取るほかありません。これについては、「七　ドイツにおける電力のエネルギー源選択決定思考」にて触れます。

2　必要予備知識 〈技術進歩の進捗度合いを測定する指標に何を使うか？〉

　次の「3」以降では、技術進歩の重要性を踏まえた上で、電力のエネルギー源別の**将来**における採算性優劣の私見を説明します。しかしその説明を理解するためには、技術進歩が採算性に反映される度合いを測定する指標の知識が不可欠です。この指標は分析測定装置のようなものです。したがって、使い道を誤ると、とんでもない結論に至ってしまいます。そこで、最初にこれら指標の意味と限界を整理解説します。

(1)　性能指標と会計指標
　「一」の「1」にて次の**性能指標**を解説しました。

　　一定期間の出力量（単位：KWH）／一定期間の投下燃料物量（単位：kg・L 等）

　そしてそれぞれに価格を掛けると、次のようなコストパフォーマンスを**部分的**に示す**会計指標**となります。この数式は分子も分母も貨幣単位であることに注目してください。

　　一定期間の産出 KWH×売価／一定期間の投下燃料物量×燃料単価
　　＝稼得収入／燃費

技術進歩の反映度合いを純粋に測定するのであれば、指標としては会計指標ではなく性能指標を使わなければなりません。具体的に見ると、一般的な発電にかかわる性能指標として次の2つが考えられます。
　A「一定期間の産出KWH／投下資源量」(＝投下資源単位当たり発電効率)
　　例：一定品質の石炭○○kgを燃焼させて24時間稼働した場合の石炭火力
　　　　発電から産出した××KWH → 「××KWH／○○kg」
　B「一定期間の産出KWH／投入エネルギー量」(＝投入エネルギー単位当たり発電効率)
　　例：地熱○○kcalを使って、地熱発電を24時間稼働した場合に産出した
　　　　××KWH → 「××KWH／○○kcal」
　　(注意) 一般的に使用される「エネルギー収支比」＝(産出エネルギー／投入エネルギー)における投入エネルギーが、設備投資製造エネルギーをも含めた経済学的な広い概念であるのに対して、これは**燃焼効率の如き狭い概念**であることに注意。

　この2つは、あくまで性能あるいは効率を測定する指標です。それに反して、前者において、「××KWH／(○○kg×1kg当たりの**単価**)」を使用すると、石炭1kg当たりの単価は日々変動するので、純粋な性能あるいは効率を測定することはできません。したがって、純粋な性能あるいは効率を測定するときは、分母分子の両者に貨幣単位である円が含まれる数式を使ってはなりません。技術進歩の進捗度合いを正確に測定するときは、この性能指標を使わなければなりません。

(2) 投下資本単位当たり発電効率

　一方、当初の設備投下資本単位当たりの発電効率を測定する指標としては、下のように分母は貨幣単位を使わざるをえません。すなわち、**設備投下資本額**に代えて重さや他の単位で計る選択もあるのですが、そのような選択に意味があるか否かはそのときの事情によりけりで、個別性が強いので測定尺度としては共通性に欠けるからです。

「設備投資耐用年数にわたって産出するKWH／設備投資額」（＝投下設備資本単位当たり発電効率）

　いずれにしても、この指標は、技術進歩の進捗度合いを測定することは一応できるのですが、同一設備であっても、分母の設備投下資本**額**は場所と時期によって価格変動の影響を免れることはできないので、純粋な技術進歩の進捗度合い測定には至らないことに注意が必要です。

(3)　技術進歩の方向性の決まり方

　「五」「4　コスト構造分析」では、「水力」「汽力」「内燃力」「原子力」について、コスト構造を電力3社の有価証券データから分析しました。

　そのような原価計算視点から見て「コスト構成中の燃料費の割合が高いとき」（具体的には「4　コスト構造分析」では火力発電）とは、収入支出構造から見て「設備全体の耐用年数にわたっての全支出に占める燃料支出の割合が高いとき」のことですが、この場合に求められる技術進歩の方向性は、明らかに「投下**資源**単位当たり発電効率の良化」すなわち、産み出すKWH電力に対して燃料消費を節約する方向性の技術進歩が求められます。この方向性は、「二酸化炭素発生削減」にも貢献するので、要請度は高いと思われます。

　一方、原価計算視点から見て「コスト構成中の減価償却費の割合が高いとき」とは、収入支出構造から見て「設備全体の耐用年数にわたっての全支出に占める設備支出の割合が高いとき」のことですが、この場合（具体的には「4　コスト構造分析」では水力）に求められる技術進歩の方向性は、明らかに「投下**設備資本**単位当たり発電効率の良化」すなわち、産み出すKWH電力に対して設備支出額を少なくする、あるいは設備の効率化の方向性の技術進歩が求められます。

　もっともこの要請は、現実には「水力」よりも、他の自然電力のエネルギー源を利用する「太陽電池」「地熱」「海洋潮流」「風力」発電に対して強いものがあります。なぜなら1KWHを産出するときに必要となる全支出（＝全コスト）は、自然エネルギーを利用する中にあって、「水力」が断トツに低いから

です。

　以上から技術進歩の方向性及びその要請度は、発電に際して採用する電力のエネルギー源によって異なり、次の3つに左右されると推測されます。
　　i　コスト構成あるいは収入支出構造
　　ii　他の電力のエネルギー源とのコスト総額を巡っての優劣
　　iii　社会的要請
「火力」における二酸化炭素排出削減及び「原子力」における「安全確保」の2つは、iiiに属し、社会が求める技術進歩の方向性の最たるものであることは確かです。

(4) 技術進歩の方向性の良否は指標だけでなく最終的にはDCF法でなすべき

　「一」の「5」にて述べたように、本来の「電力のエネルギー別コストパフォーマンス」測定は、全体最適解像たる「当初設備投資から始まって、その後の事業維持・拡大・廃炉に伴う稼得収入と支出をも含めた全体構造（原発の場合は、廃炉作業支出と10万年も続く放射性廃棄物保管支出をも含む）」を見渡せるものでなければなりません。それにふさわしいのは、DCF法であることは、既に各箇所で解説しました。

　したがって、技術進歩の方向性の良否を測定する指標にも、DCF法を使うことが適切なことは明らかです。例えば、「投下**資源**単位当たり発電効率」の良化あるいは「安全性の確保」を求めて技術進歩を実現したとしても、設備投資が重くなり、「投下設備資本単位当たり発電効率」が悪化することもあり得ます。したがって、全体の採算性がどうなるかを大局的に知るために、別の手法あるいは指標が必要となります。

　そのことは、原子力発電の安全対策にも当てはまります。原子力発電設備は、今後はメルトダウン対応のコアキャッチャー設備を備えることが不可欠です。これは技術進歩の成果ではあるのですが、明らかに「投下設備**資本**単位当たり発電効率」指標が悪化します。

　よって、最終的には技術進歩の方向性の良否は、必ずDCF法を使って検証

すべきと思われます。

3 コストが発生する局面及びコストを左右する要因

　電力供給にあたって電力のエネルギー源に何を使うことになるかは、自由経済体制下においてであれば、結局はそのエネルギーを供給するのにかかるコストが左右することは自明です。

　もっとも、そのコストには営利企業自体が自ら負うコストのみならず、マイナスの外部経済効果として社会が負わなければならいコスト（例：二酸化炭素排出対策コスト。安全確保のために原発を規制することに伴うコスト）も含まれます。

　そこで最初にそのコストの構成要因を探ってみるに、経営学で頻繁に使用されるヴァリューチェーン**的な**見方に倣って、電力を使用者に供給する事業を開始してから廃業を経て全てを手仕舞うまでの局面を想定して、それに沿ってコストの発生を電力のエネルギー源別に観察してみます。

　この想定局面については、電力供給には何らかのエネルギー源が必要であるので、その電力のエネルギー源の調達までも視野に入れます。例えば、石油火力発電であれば、油田の探索から採掘・運搬をも視野に入れます。そうすると、次の10個の局面が認識できます。もっとも、その10個の局面において、電力のエネルギー源によっては、調達コストが発生しないものもあります（例：太陽光発電、風力発電等の自然エネルギーを使う発電）。

　また、それぞれの局面においてコストの額を大きく左右する要因があるので、その10個の局面にコスト左右要因を組み入れると、以下のiからxまでの如きものとなります。

　　i　エネルギー転換のもとになる資源を探索する局面
　　　　この局面が必要であれば、そこでの作業が当然コスト要因となる。
　　ii　資源をエネルギー転換する場所まで採掘・運搬する局面
　　　　この局面が必要であれば、そこでの作業が当然コスト要因となる。

iii　エネルギー転換するまで資源を保管する局面

　　この局面が必要であれば、そこでの作業が当然コスト要因となる。

　　しかし、資源保管ができることによって、次のivの「エネルギー変換」による「電気エネルギー」供給の量を操作することが可能となる。電力供給量の操作が可能となれば、vの「調整・蓄電設備投資」がほとんど不要となる。

iv　資源を熱エネルギーに転換し、その熱エネルギーを運動エネルギーに、その運動エネルギーを電気エネルギーに変換する局面

　　|資源の化学エネルギー| → |熱エネルギー| → |運動エネルギー| → |電気エネルギー|

　　例えば、化石燃料であれば、資源燃焼によって蒸気あるいはガスを発生させ、蒸気タービンあるいはガスタービンを回転させて電気を起こす局面。**この局面で発生するコストは、技術進歩が発電装置の性能（*）を良化することによって、劇的に減少する可能性を秘めている。**したがって、発電コストの電力のエネルギー源別優劣を超長期視点で予測する場合には、この技術進歩への考察が不可避。

　　*この発電装置の性能を純粋に測定する指標は、「2」にて掲げたように、投下**資源**単位当たり発電効率指標、投入エネルギー単位当たり発電効率指標です。投下設備**資本**単位当たり発電効率指標は、純粋な指標ではありませんが、それなりに有用です。

v　自然エネルギーは天候等の要因により短期間で変動するため、電気出力が間歇的である。その間歇出力を平準化するために供給電力を調整あるいは蓄電する設備投資が必要となる。それも局面として認識する。

vi　起こした電気を配分する局面。例えば、送電線の設備投資支出と機能維持支出

vii　資源を熱エネルギーに転換するときに発生した廃棄物（二酸化炭素及び使用済み核燃料等）を処理・保管する局面

viii　エネルギー転換装置を廃棄する局面
　　例：原子力発電所の廃炉等

ix　iからviiiまでの局面において安全を維持しなければならい局面

x 　iからixまでの局面において社会的な合意を得なければならい局面

4　コストに影響を与える留意点

　上の「i」から「x」までの局面においてそれぞれコストに影響を与える留意点があります。それらは次に掲げるiからxまでです。特に超長期的視点で大事なのは、iv「技術進歩の方向性で求められるものは何か？」です。
　なお、vii、viii、ixは電力会社負担に留まらず社会的負担となる可能性が濃厚です。xは、そのコストを電力会社に課税しない限り、全てが社会的負担となります。

　i　資源探索の必要の有無
　ii　資源採掘・運搬の必要の有無
　iii　電力供給量操作を可能とする資源費消調整ができるか否か
　iv　**技術進歩の方向性で求められるものは何か？**
　v　間歇出力対応の必要の有無
　vi　送電線負担の大小（発電場所から電力消費地までの距離が長ければ大。近ければ小）
　vii　廃棄物処理の重大性の程度。重大であればコスト増かつコスト構成に占める割合大
　viii　発電装置解体の重大性の程度。重大であればコスト増かつコスト構成に占める割合大
　ix　安全維持の必要の重大性の程度。重大であればコスト増かつコスト構成に占める割合大
　x　社会的合意の必要の重大性の程度。重大であればコスト増かつコスト構成に占める割合大

5 留意点態様を電力のエネルギー源別に探る

「4」におけるiからxまでの留意点につき、発電電力のエネルギー源ごとにその態様がいかなるものであるかを見るに、次の表のようにまとめられます。そして、この態様の相違が、電力のエネルギー源別のコスト優劣に影響を与えることとなります。当然発電エネルギーの選択にも影響を与えることになります。

〈その１〉

転換形態		エネルギー源	主な設備装置	留意点				
				i	ii	iii	iv	v
				資源探索の必要	採掘・運搬の必要	費消調整の可否	技術進歩の方向性で求められるもの	間歇出力対応の必要
資源をエネルギーに転換	化石資源転換	石炭火力	蒸気 or ガスタービン＋燃料電池	あり	あり	出来る	投下資源単位当たり発電効率の良化、二酸化炭素発生削減	なし
		石油火力	蒸気 or ガスタービン	あり	あり	出来る	同上	なし
		ガス火力	蒸気 or ガスタービン	あり	あり	出来る	同上	なし
	放射性物質転換	原子力	蒸気タービン	あり	あり	出来る	安全性の確保	なし
自然エネルギーを利用して発電		水力利用	回転発電機				投下資本単位当たり発電効率の良化	なし
		地熱利用	蒸気タービン使用				同上	なし
		海洋潮流利用	回転発電機				同上	なし
		風力利用	回転発電機				投下資本単位当たり発電効率の良化＋間歇出力対応	あり

					投下資本単位当たり発電効率の良化＋間歇出力対応	あり
太陽光利用	太陽電池					
	人工光合成装置（水素等を製造）＋燃料電池			出来る	エネルギー革命	なし

〈その２〉

転換形態		エネルギー源	主な設備装置	留意点				
				vi	vii	viii	ix	x
				送電線負担の大小	廃棄物処理の重大性	発電装置解体の重大性	安全維持の必要の重大性	社会的合意の必要の重大性
資源をエネルギーに転換	化石資源転換	石炭火力	蒸気 or ガスタービン＋燃料電池	小	あり			
		石油火力	蒸気 or ガスタービン	小	あり			
		ガス火力	蒸気 or ガスタービン	小	あり			
	放射性物質転換	原子力	蒸気タービン	大	特にあり	特にあり	特にあり	特にあり
自然エネルギーを利用して発電		水力利用	回転発電機	大				
		地熱利用	蒸気タービン使用	大				あり
		海洋潮流利用	回転発電機	大				
		風力利用	回転発電機	大				あり
		太陽光利用	太陽電池	小				
			人工光合成装置（水素等を製造）＋燃料電池	小				

6 太陽電池・風力発電が普及しない理由及び操作性の視点からの発電エネルギーの選択

　太陽電池使用及び風力利用の発電が普及しない理由を考えてみます。その理由を探求すると、電力会社が積極的にこの発電方式を取り入れない背景が見えてきます。考えられる理由は、次の4つです。

　1）化石資源転換タイプと異なり、燃料費がかからないにもかかわらず、水力と違って出力量に比して設備投資額が大きい。すなわち「投下資本単位当たり発電効率」数値が低い。

　2）出力が天候によって左右される。間歇出力である。出力が安定していない。

　3）この間歇出力を人為的に**制御**できない。制御するためには蓄電設備が必要となる。その蓄電設備の購入支出額と機能維持支出が、「投下資本単位当たり発電効率」数値をさらに悪化させる。しかも、その制御は万全なものとならない。

　4）2）と3）故に、電力供給ネットワークの中で扱いにくい。すなわち電力供給量の中で割合が多くなると、ネットワーク全体の操作性を不安定化する。

　このうち1）と3）は、その発電会社においてコストに反映されます。すなわち部分最適解思考で捉えられることです。しかし、4）はどうでしょうか？

　電力供給ネットワーク全体で蓄電設備を持つという選択肢があります。しかしその選択肢は、その設備投資額が巨額となるので現実的ではなく、恐らく稼働しない余裕発電設備を有して対応する方が低コストとなるでしょう。それにしても、当然電力ネットワーク全体のコスト増をもたらします。

　したがって、「5」の表にて掲げたiからxまでの要因のうち、技術進歩視点に加え、電力のエネルギー源の選択につき、次の2つの要因が大変重要であることが認識できます。

　「iii　資源費消調整の可否」

「ⅴ 間歇出力対応の必要の有無」

この2つは、要は**発電出力の操作性が確保できるか否か**のことです。そこでこの視点のみに焦点を絞って、電力のエネルギー源別に優劣を見ると、次の表のようにまとめられます。

転換形態		エネルギー源	主な設備装置	出力の安定性と操作性	
資源をエネルギーに転換	化石資源転換	石炭火力	蒸気 or ガスタービン＋燃料電池	○	資源が保管できるので、電気エネルギー転換量（以下、発電出力量と称する）を操作できる。発電出力量は安定的。
		石油火力	蒸気 or ガスタービン		
		ガス火力	蒸気 or ガスタービン		
	放射性物質転換	原子力	蒸気タービン		
自然エネルギーを利用して発電		水力利用	回転発電機	△	季節的な間歇性を除けば発電出力量は安定的。季節性の制限の中で操作性は確保できる。
		地熱利用	蒸気タービン使用	○	発電出力量が安定的
		海洋潮流利用	回転発電機	○	発電出力量が安定的
		風力利用	回転発電機	×	長期的にも短期的にも発電出力量が不安定
		太陽光利用	太陽電池	×	長期的にも短期的にも発電出力量が不安定
			人工光合成装置（水素等を製造）＋燃料電池	○	製造した水素を保管できるので、発電出力量の調整が可能となる。したがって、電力供給の量を操作することが可能である。

7 他の自然エネルギーを利用した発電の課題

(1) 水力

　自然エネルギーの中で抜群に「投下**設備資本**単位当たり発電効率」及び「設備耐用年数にわたって産出するKWH／投下**全支出**」数値が良好であるのは水力です。このことは、「五」における有価証券報告書データに基づいた計算から明らかです。しかし、短期的ではありませんが季節的な間歇性があります。

(2) 地熱利用、海洋潮流

1) 普及する可能性

　　一方、自然エネルギー利用して発電するにしても、地熱利用、海洋潮流利用は、電気出力を安定的になせます。したがって、この2つはいわば有望株と言えます。

　　しかし、現在の技術力では、「投下**設備資本**単位当たり発電効率」数値が火力ほどよくありません。それに加え、硫黄や塩の害により、装置の腐食が早いことから設備耐用年数が短いことが見込まれ、かつ付着物を取り除くための維持費が見通せません。したがって、「設備耐用年数にわたって産出するKWH／投下**全支出**」数値が火力に劣ることになります。

　　もっとも、炭素繊維を設備材料に使用すれば、「投入エネルギー単位当たり発電効率」数値を良化し、かつ腐食速度を遅くして設備耐用年数を長くすることは可能でしょう。そして炭素繊維の単価が下がれば、全体の「設備耐用年数にわたって産出するKWH／投下**全支出**」数値を良化できる可能性は十分にあります。

2) 社会的合意の解決策

　　一方、発電設備はどの電力のエネルギー源であれ大規模になれば、常に環境アセスメントの対象となり、社会的合意が課題となります。地熱利用、海洋潮流利用においてもその立地近辺において温泉あるいは漁業で生計を立てている人たちの了解が必要です。

この問題は、有限責任組合（LLP）あるいは合同会社（LLC）を組成することによって、十分に解決可能であるにもかかわらず、その解決策が実行されていない現実があります。すなわち、LLPあるいはLLCは、金銭出資ではなく、温泉権・漁業権等の経済実質を伴う権利を現物出資する、あるいは何らかの労務出資することによって構成員になることを認めています。それが僅かな評価額であっても、そのような現物出資等の出資者に限って、利益が出たときの配当額を金銭出資者に比べて、10倍あるいは100倍多く出すことも法的に認められています。そうすると、温泉あるいは漁業で生計を立てている人たちは、何らの金銭出資をなすこともなく、地熱利用・海洋潮流利用の発電をただ了承し現物出資等をすることだけで、他に何らの義務を負うことなく、将来利益に参加できることとなります。発電を意図する事業体との共存共栄が実現します。
　この方式を使わない手はないのですが、どういうわけか普及していない現実があります。さらに、租税特別措置法によってこのタイプの配当受領には課税しないという手当てがなされれば、温泉あるいは漁業で生計を立てている人たちは、諸手を挙げて地熱利用・海洋潮流利用の発電を了承することは確実です。

8　電力の同一エネルギー源の中における課題

(1) 適正規模
　一方技術的要因によって、「投下**資源**単位当たり発電効率」「投入**エネルギー**単位当たり発電効率」あるいは「投下設備投資**額**単位当たり発電効率」の各数値が最大となる適正規模が存在するか否かを、電力のエネルギー源ごとに見るに、次のようになります。
　化石資源燃焼系の発電ステップは次のようなものです。
　i　化石資源を燃焼させて熱エネルギー発生させる。
　ii　その熱エネルギーでガスあるいは蒸気を作る。

ⅲ　そのガスあるいは蒸気を使ってタービンを回転させて電気を起こす。

　上のⅰのステップにおいては、大型化すればするほど燃焼温度が高くなり、「産出熱エネルギー／投下**資源**量」数値が大きくなります。その後のステップにおいて蒸気タービンとガスタービンを廻すのに使う蒸気とガスの温度と圧力を高めることができるようになり、発電効率が上げることが可能となります。当然「投下**資源**単位当たり発電効率」「投入**エネルギー**単位当たり発電効率」数値も良化します。これは技術的事実として定見となっています。

　またおそらく、そのことによって「耐用年数にわたって産出するKWH／投下設備投資額」数値も良化することが推測されます。したがって、化石資源燃焼系の発電は技術的に限界（＊）に到るまで大規模化をなすのが適正規模であると言われています。

　　＊蒸気タービンとガスタービンの羽根を廻すには蒸気とガスを使いますが、その羽根の素材における蒸気とガスの高温高圧への耐久性を高めることが、技術進歩の課題となっています。

　原子力発電についても同様な定見があるかは不明です。しかし、圧力容器を大型化すると水素爆発への耐久性が増すとの見解があります。

　自然エネルギーを利用して発電する場合も、大型化すると「投入エネルギー単位当たり発電効率」数値が良化するとの定見があるかは不明です。しかし、風力発電は大型化が進んでいます。

(2)　**集中化 or 分散化**

　大型化すると「耐用年数期間にわたって算出するKWH／投下設備投資額」数値が良化するのであれば、当然その発電設備が供給する電気量は増大します。

　一方、そうなると電力供給地域が拡大するので配電コストが増大します。この配電コストには送電に伴う設備投資支出と維持保全にかかわる支出に加え、送電途中の電気量喪失も含まれます。この点から、逆に小型化・分散化のモウメントが働きます。

　そうすると、大型化したときのコスト減とコスト増とが交差する適正規模が存在するか否か、すなわち、集中化と分散化の交差する適正規模を探索するこ

とが日本国土全体で見た電力供給課題であることが見えてきます。もっともこれは、短期的なコスト視点からの方向性です。

しかし、防災の観点からすれば、分散化が好ましいことは確かであるので、この観点からは、集中化の行き過ぎはあってはならないので、この適正規模の修正が必要となります。

9　技術進歩の方向性及び技術的解決の可能性

(1)　電力のエネルギー源別の〈技術進歩の方向性で求められるもの〉

「5」の「〈その1〉」の表中で電力のエネルギー源別に「技術進歩の方向性で求められるもの」を掲げました。取り出すと次の如きです。このとき自然エネルギー利用における投下資本は大部分が設備資本であるので、以下では投下資本ではなく投下設備資本としました。

　　i　石炭火力・石油火力・ガス火力　→　投下**資源**単位当たり発電効率の良化、二酸化炭素発生削減
　　ii　原子力　→　安全性の確保
　　iii　水力利用・地熱利用・海洋潮流利用　→　投下設備**資本**単位当たり発電効率の良化
　　iv　風力利用　→　投下設備**資本**単位当たり発電効率の良化＋間歇出力対応
　　v　太陽電池　→　投下設備**資本**単位当たり発電効率の良化＋間歇出力対応
　　vi　人工光合成装置（水素等を製造）＋燃料電池　→　エネルギー革命

(2) 投下資源単位当たり発電効率の良化の事例：石炭ガス化燃料電地複合発電

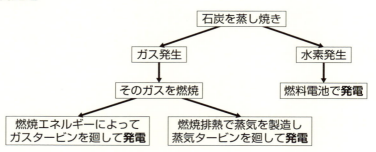

　石炭ガス化燃料電地複合発電という新しい火力発電方式が開発されました。この方式は上記のようなプロセスを経て発電をなします。このプロセスを見てわかるように、同時に3か所で発電することとなります。そのことによって、従来40％程度の発電効率（燃焼エネルギーを電気に変換する効率指数）を55％超まで伸ばすことに成功しました。二酸化炭素もこれまでの石炭火力に比べて30％減となります。

　なお、この同時に3か所で発電するタイプの発電は、石炭に限らず、LNGでも適用されてきています。

(3) 改善レベルの技術進歩

　(2)の事例は、技術進歩事例の典型です。それは、蒸気タービンとガスタービンが使用する蒸気とガスの温度と圧力を高めることで発電効率が上がるという技術的事実を踏まえた上で、燃焼が惹起した熱エネルギーを余すことなく利用することを目標として、日々研究研鑽に励んできた現場の開発技術者の涙ぐましい努力の賜物です。しかし、進歩といっても、従来の技術が依拠する科学原理の枠内で効率良化する改善レベルの技術進歩です。だからこそ現実化できたともいえます。他の電力のエネルギー源でこのレベルの技術進歩が求められているのは、次の2つです。

　　地熱利用・海洋潮流利用　→　投下設備**資本**単位当たり発電効率の良化

風力利用・太陽電池 → 投下設備**資本**単位当たり発電効率の良化
　　　　　　　　　　＋間歇出力対応

　これらについては、おそらく遅々とした進歩であっても、(2)の事例のように、現場の開発技術者の研究努力によって、少しずつ確実に効率良化がなされると予想されます。筆者はこの中で今後特に期待されるのは、地熱利用・海洋潮流利用であると思っています。なぜなら既に述べたように、発電地から電力消費地までの距離が長いという欠点はあるものの、風力利用あるいは太陽電池利用に比較して、出力が安定的であるからです。

　もっとも、光子を電子に変換する太陽電池機能の効率を高くし、かつ変換と同時に蓄電をも可能にする太陽電池素材が開発されれば、太陽電池利用が有利になるでしょう。しかし、これは改善レベルの技術進歩ではありません。革新的な技術進歩であるので、実現不可能かもしれません。

10　原子力発電の「安全性の確保」が特別である理由

　次に、「9」「(1)」のⅰからⅵまでのうちの残った2つ「ⅱ　原子力 → 安全性の確保」と「ⅵ　人工光合成装置（水素等を製造）＋燃料電池 → エネルギー革命」の今後を、以下検討します。ここでは、ⅱを取り上げます。

(1)　原子力発電所の安全設備

　原子力発電所の安全を保つ技術（保安技術）が、どのような形で具体化されたかを見るに、下に掲げた設備投資対策が目につきます。これらは「事故を未然に防ぐ」発想に加え「事故が起こった時に、事故の深刻度あるいは事故の周囲への被害規模を軽減化する」発想を具体化したものです。

「事故を未然に防ぐ」
　　・冷却する機能維持を目的にした何重もの制御機能設備
　　・自然災害（地震・津波等）への耐性向上設備（防御壁等）
「事故が起こった時に、事故の深刻度あるいは事故の周囲への被害規模を軽

減化する」
・水素爆発・水蒸気爆発を回避する設備（ベント設備等）
・核燃料の拡散を回避する設備（コアキャッチャー等）

特に注目されるのは、いわゆる核燃料のメルトダウンが起きたときに対応するコアキャッチャーを備えた発電設備です。海外ではこのタイプが多数建設されています。このコアキャッチャーはメルトダウンした核燃料を受けるものであるので、重大事故を防止する設備ではありません。あくまで、重大事故が起こった時に、その事故の深刻度を低減し、周囲への被害を少なくするための設備です。

(2) 保安技術の中核思想

現在の原子力発電所の制御技術の中核発想は、原子力発電の原理の本質である核分裂反応を、「暴走させない」（＝止める・冷やす）の一言に尽きます。このことの理解については、次の(3)の次となる「(4) 現在の原子力発電の原理の本質」を参照してください。

一方、原子力発電所の保安技術の中核発想は、「閉じ込める」の一言に尽きます。

保安技術の中核発想の第一は、次のようなものです。

使用核燃料は、原子炉内に「**閉じ込める**」。すなわち「原子炉外に排出させない」。

保安技術の中核発想の第二は、次のようなものです。

原子炉内における核分裂反応から生じる熱を利用して発電する循環サイクルには、幾つかの方式がある。どの方式であれ、その循環サイクルを構成する蒸気発生器・タービン・復水器・配管等の設備（いわば循環設備と総称できる設備）の中に存在する放射能を帯びた物質を、その循環設備の中に「閉じ込める」。すなわち放射能を帯びた物質を漏洩しない。

それでは、放射能を帯びた物質を閉じ込めることに失敗したとき、すなわち何らかの理由で放射性物質を漏洩したときの対策を見るに、「放射性物質の漏洩範囲を極力押しとどめる。放射性物質を**拡散させない**。」との発想に立って

いるようです。

　この「**拡散させない**」は、保安技術の中核発想である「閉じ込める」の延長線上にあると解釈することもできます。

　さて、福島第一原発事故によって、放射性物質が、原子炉外に広く漏洩あるいは排出され、福島第一原発から遠く離れた各地域に沈降しました。このため、この各地域の沈降放射性物質をどう扱うかが、解決しなければならない課題となっています。

　この課題への対応策は、上の「**拡散させない**」との発想に立てば、簡潔明瞭な回答が得られます。「**事故発生場所である福島第一原発に戻す。ただし、戻すときにさらに拡散する危険性を排除する。**」ただそれだけです。つまり、沈降放射性物質をその各地に留めることは、拡散を維持することになるので、賢明ではありません。また新たな別の場所に移転することは、より拡散させることであるので、**原発事故の被害を事後的に広くする**事態を招きます。このように、新たな別の場所に移転する策を採用することは、科学的合理思考に反し、愚の骨頂そのものと言えます。

　そのことは、**沈降放射性物質を帯びた廃棄物を処理する際にも適用されます。全国に広く配分して焼却する策は、原発事故の被害を事後的に広くする事態を招くので、科学的合理思考に反し、本来ならば採用してはならない愚策そのもの**と言えます。

(3)　「安全性の確保」を中心に技術体系が構築されている理由

　ところで「安全性の確保」は、他の電力のエネルギー源においても、当然要求されます。例えば、「事故を未然に防ぐ技術」は、蒸気タービン・ガスタービンを使用する火力においても、**失敗や試行錯誤の歴史**の中で築き上げられてきました。しかし、原子力発電に対して要求する「安全性の確保」の水準は、他の電力のエネルギー源に比べて、桁違いに厳しいものがあります。というよりも、原子力発電においては、**「安全性の確保」を中心に技術体系が構築されている**と思われます。

　そのような、特に原発に特有な事情があるのは、言うまでもなく、その事故

が起こった時の被害の桁違いの甚大さと深刻さ故であることは確かです。しかし、それは表面的な現象面の印象に基づくものでしかありません。深く鑑みるに、原子力発電の技術はそもそも制御が困難である核分裂連鎖反応を制御するものとして発展してきた経緯があるので、火力発電における「安全性の確保」とは、本質的に次元が全く異なると考えるべきでしょう。

　この全く異なるとの見解は、次の(4)に基づくものですが、要約すると、**今の原子力発電は、外部から冷却しないと、安定的ではないという科学的事実**に着目したものです。すなわち、火力発電の場合、そもそも点火しなければ発電機は動きませんし、停止後に外部から冷却する必要もありません。停止したら安定状態となるからです。

　原子力発電の扱い及び安全対策を考えるにあたっては、この対照的な科学的事実を無視するわけにはいきません。

(4) 現在の原子力発電の原理の本質

　いずれにしても他のエネルギー源に基づく発電設備と比較した原子力発電の採算性の優劣、それも技術進歩の渦中をくぐり抜けなければならない将来の採算性の優劣を論じるにあたっては、「現在の原子力発電の原理の本質」についての専門家の見解を拝聴せざるを得ません。そこで核融合の研究に40年以上携わってきたある国立大学工学部の科学者（*）による見解を聴いてみると、次のようなものでした。

　「現在の原子力発電は、重い原子核における放出中性子を媒介とする核分裂連鎖反応を原理とする。その核分裂反応は、外部から**冷却**しないと、安定的でない。外部から冷却されなくなると、暴走し制御が困難となる恐れがある。」と。一方、「核融合反応は、現在ではまだ不確かな常温核融合現象を除き、外部から何らかの高いエネルギーをもってきて初めて拡大する自然現象であるので、エネルギーを与えないと、そもそも核融合反応は起こらない。安定化するために、外部から冷却する必要はない。」

　　＊筆者の学生時代の友人です。しかし、この言は学生時代の友人である別の大学の工学部教授を通して間接的に聞いたものです。なお、核融合現象を安定的に起こす研

究も長年なされてきました。核融合現象を起こす方式には、重水素、三重水素を高温のプラズマ状態とすることが前提となります。現在ではまだ不確かな常温核融合現象の研究を除き、その状態にするためにレザー光線を当てるのが主流となっています。しかし、与えるエネルギーよりも核融合現象が惹起するエネルギーの方が少ないという結果が続いていて、実用化が遠いとされていました。すなわち、与えるエネルギーよりも核融合現象が惹起するエネルギーが多くなる「ブレーク・イーブン突破」を追及することが40年以上課題となっていました。しかし、つい最近米国の核融合研究所で「ブレーク・イーブン」を突破されたとの報道が新聞にてなされました。

(5) 原発の脆弱性

原発建設と維持管理に長年従事していた現場の技術者による、原発の脆弱性についての興味深い文章があります。1つは、「私は原発の反対運動家ではありません。」から始まる、原発建設と維持管理の現場監督であった故平井憲夫さんの遺稿「原発がどんなものか知ってほしい」(アヒンサー第2号　PKO法「雑則」を広める会刊) であり、もう1つは、現場の技術者であった小倉志郎さんによる**「原発は、全体がわからない人間が集まって運転している非常に危ういものです。」**で終わる2017年3月17日衆議院・環境委員会での陳述です。特に前者の陳述は、原発の脆弱性を現場視点から、詳しく説明しているので、以下長文になりますが、掲げます。

素人が造っている原発

原発でも、原子炉の中に針金が入っていたり、配管の中に道具や工具を入れたまま配管をつないでしまったり、いわゆる人が間違える事故、ヒューマンエラーが余りにも多すぎます。それは現場にプロの職人が少なく、いくら設計が立派でも、設計通りには造られていないからです。机上の設計の議論は、最高の技量を持った職人が施行することが絶対条件です。しかし、原発を造る人がどんな技量を持った人であるのか、現場がどうなっているのかという議論は、一度もされたことがありません。

原発にしろ、建設現場にしろ、作業者から検査官まですべて素人によって造られているのが現実ですから、原発や新幹線、高速道路がいつ大事故を起こしても、不思議ではないんです。日本の原発も設計は優秀で、二重、三重に多重

防護されていて、どこかで故障が起きるとちゃんと止まるようになっています。しかし、これは設計の段階までです。施工、造る段階でおかしくなってしまっているんです。

仮に、自分の家を建てるときに、立派な一級建築士に設計をしてもらっても、大工や左官屋の腕が悪かったら、雨漏りはする、建具が合わなくなったりしますが、残念ながら、これが日本の原発なんです。

ひとむかし前までは、現場作業には、棒心（ぼうしん）とよばれる職人、現場の若い監督以上の経験を積んだ職人が班長として必ずいました。職人は自分の仕事にプライドを持っていて、事故や手抜きは恥だと考えていましたし、事故の恐ろしさもよく知っていました。

それが10年位前から、現場に職人がいなくなりました。全くの素人を経験不問という形で募集しています。素人の人は事故の怖さを知らない、何が不正工事やら手抜きかも、全く知らないで作業しています。それが今の原発の実情です。

例えば、東京電力の福島原発では、針金を原子炉の中に落としたまま運転していて、一歩間違えば、世界中を巻き込むような大事故になっていたところでした。本人は針金を落としたことは知っていたのに、それがどれだけの大事故につながるかの認識は全くなかったんです。そういう意味では老朽化した原発も危ないんですが、新しい原発も素人が造るという意味では危ないのは同じです。

現場に職人が少なくなってから、素人でも作れるように、工事がマニュアル化されるようになりました。マニュアル化というのは図面で見て作るんではなく、工場である程度組み立てた物を持ってきて、現場で1番と1番、2番と2番というように、ただ積み木を積み重ねるようにして合わせていくんです。そうすると、今、自分が何をしているのか、どれほど重要なことをしているのか、全くわからないままに造っていくことになるんです。こいうことも、事故や故障がひんぱんに起こるようになった原因の一つです。

また、原発には放射能の被ばくの問題があって、後継者を育てることができないんです。原発の作業現場は暗くて暑いし、防護マスクも付けていて、互いに話をすることも出来ないような所ですから、身振り手振りなんです。これではちゃんとした技術を教えることが出来ません。それに、いわゆる腕のいい人ほど、年間の許容線量を先に使ってしまって、中に入れなくなります。だから、よけいに素人でもいいやということになってしまうんです。

また、例えば、溶接の職人ですと、目がやられます。30歳過ぎたらもうだめで、細かい仕事ができなくなります。そうすると、細かい仕事が多い石油プラントなどでは使い物になりませんから、だったら、まあ、日当が安くても、原発の方に行こうかなあということになるんです。
　皆さんは勘違いしていて、原発というのはとても技術的に高度なものだと思い込んでいるかも知れないけれど、そんな高級ものではないんです。
　ですから、素人が造る原発ということで、原発はこれから先、本当にどうしようもなくなってきます。

検査官も「まるっきり素人です」

　原発を造る職人がいなくなっても、検査をきちんとやればいいという人がいます。しかし、その検査体制が問題なのです。出来上がったものを見るのが日本の検査ですから、それではダメなんです。検査は施工の過程をみることが重要なんです。
　検査官が溶接なら溶接を、「そうじゃない。よく見ていなさい。このようにするんだ」と、自分でやって見せる技量がないと本当の検査にはなりません。そういう技量のない検査官にまともな検査が出来るわけがないんです。メーカーや施主の説明を聞き、書類さえ整っていれば合格する、これが官庁検査の実態です。
　原発の事故があまりにもひんぱんに起き出したころに、運転管理専門官を各原発に置くことが閣議で決まりました。原発の新設や定検（定期検査）のあとの運転の許可を出す役人です。私もその役人が素人だとは知っていましたが、ここまでひどいとは知らなかったです。
　というのは、水戸で講演をしていた時、会場から「実は恥ずかしいんですが、まるっきり素人です」と、科技庁（科学技術庁）の者だとはっきり名乗って発言した人がいました。その人は「自分たちの職場の職員は、被ばくするから絶対に現場に出さなかった。折から行政改革で農水省の役人が余っているというので、昨日まで養蚕の指導をしていた人やハマチ養殖の指導をしていた人を次の日には専門検査官として赴任させた。そういう何も知らない人が原発の専門検査官として運転許可を出した。美浜原発にいた専門官は3か月前までは、お米の検査をしていた人だった」と、その人達の実名を挙げて話してくれました。
　このように、全くの素人が出す原発の運転許可を信用できますか。
　東京電力の福島原発で、緊急炉心冷却装置（ECCS）が作動した大事故が起

きた時、読売新聞が「現地専門官カヤの外」と報道していましたが、その人は、自分の担当している原発で大事故が起きたことを、次の日の新聞で知ったんです。なぜ、専門官が何も知らなかったのか。それは、電力会社の人は、専門官がまったくの素人であることを知っていますから、火事場のような騒ぎの中で、子供に教えるように、いちいち説明する時間がなかったので、その人を現場にも入れないで放って置いたんです。だから何も知らなかったんです。

　そんないい加減な人の下に原子力検査協会の人がいます。この人がどんな人かというと、この協会は通産省を定年退職した人の天下り先ですから、全然畑違いの人です。この人が原発の工事のあらゆる検査の権限を持っていて、この人のOKが出ないと仕事が進まないんですが、検査のことは何も知りません。ですから、検査といってもただ見に行くだけです。けれども大変な権限を持っています。この協会の下に電力会社があり、その下に原子炉メーカーの日立・東芝・三菱の3社があります。私は日立にいましたが、このメーカーの下に工事会社があるんです。つまり、メーカーから上も素人、その下の工事会社もほとんど素人ということになります。だから、原発の事故のことも電力会社ではなく、メーカーでないと、詳しいことはわからないんです。

　私は現役の頃も辞めてからも、ずっと言ってますが、天下りや特殊法人ではなく本当の第三者的な機関、通産省は原発を推進している所ですから、そういう所と全く関係のない機関を作って、その機関が検査をする。そして、検査官は配管のことなど経験を積んだ人、現場のたたき上げの職人が検査と指導を行えば、溶接の不具合や手抜き工事も見抜けるからと、一生懸命言ってきましたが、いまだに何も変わっていません。このように、日本の原発行政は、あまりにも無責任でお粗末なものなんです。

人間の血管のような配管が危ない

　さて、阪神・淡路大震災の様な地震が、原発を不意に襲ったとき、本当に原発は大丈夫なんでしょうか。

　原発には網の目のように、何十キロメートルもの配管があります。配管は人の体でいえば血管と同じで、たとえどのような配管であろうと、一本でも破断したら、原発全体の大事故につながる可能性が大きいのです。電力会社はよく「主要な配管は」とか言いますが、主要でない配管は原発の中には一本もありません。

　その大事な配管が、いつ落下してもおかしくないような状態になるんです。

問題は配管のサポート取り付け金具なんですが、配管はこのサポート取り付け金具で壁に固定しているんです。配管といっても、5メートルくらいの短いものでも、3人がかりで運ぶような重いものもありますし、直径が1メートルくらいの大きなものもあります。そういう配管が運転中は絶えず振動しているんです。その振動のために、本来は配管を支えるべきサポートがグラグラになって、逆に配官にぶら下がっているような状態になってしまうことがあるんです。そういうところを大地震が直撃した時に、重い配管がユッサユッサと揺れて、重い配管を支え切れなくなって、壊れてしまう恐れがあるんです。運転中の重い配管が支えを失ったらどうなるか、恐いどころの話じゃないですよ。

それから、配管は何万か所も溶接でつないでいますが、その溶接の仕方に問題があります。コストダウンするということで、配管を工場で半分組み立ててきますから、それを現場であわせようとすると、どうしてもズレが生じます。そのズレを素人は無理やり引っ張って溶接してしまうんです。配管は運転状態では熱を帯びて伸びますから、そのために調整するところが決めてあるんですが、そのはじめから考えられていた必要なズレが、現場で無理やり引っ張ってしまうと、なくなってしまいます。配管は絶対に引っ張ってつないじゃダメです。そういう無理な施工が事故につながるんです。また、事故だけでなく、地震の複雑な揺れにも耐えられないと思います。配管が破断すれば、原子炉の制御が効かなくなって、落下した配管などで原子炉、その他の機器類も破損する可能性が大きいんです。

人間の心臓「再循環ポンプ」は宙ぶらりん

また、東北、東京、中部、中国、北陸、日本原電（日本原子力発電）など各電力会社の原発は、沸騰水型の原発です。原子炉の中でウランをゆっくり核分裂させて、その熱で直接水を沸騰させ、できた蒸気でタービンを回して電気を作る型の原発です。この原発では50トンを超す再循環ポンプがついていますが、これは人間でいえば心臓に当たるもんです。これが地上に固定されてなくて、宙ぶらりんの状態ですから、地震によって上下左右に振り回されれば耐えきれません（注：このポンプは、運転中は250℃にもなるため配管の熱膨張で固定することができない。そのため、ポンプや配管は天井の梁からぶら下げられているので、宙ぶらりんの状態の様に見える。新型の浜岡原発5号機は耐震安全性が高いと言われているが、宙ぶらりんのような大きな再循環ポンプをなくし、その代わりに小さなポンプを10個、原子炉の中に入れたもの)。

東京電力の福島原発では、この再循環ポンプが壊れるという大事故が起こっています。(1989年)。この事故はポンプと配管の無理なつなぎ方も原因の一つでした。
　現場の事を知らないままに机上の議論だけをしていたり、電力会社の説明を鵜のみにするのではなく、科技庁長官をはじめ科技庁の役人は、自分の目で見て、自分の手で触って、危険なら危険だと、国民に知らせることが急務ではないでしょうか。事故の後、「より一層の安全を確保し、慎重に運転するよう指示した」などと言っていますが、このような言葉遊びでは、国民は納得できないと思います。

地震のことなど、まじめに考えていなかった
　阪神・淡路大震災後に、慌ただしく日本中の原発の耐震性を見直して、その結果を9月に発表しましたが、「どの原発も、どんな地震が起きても大丈夫」というあきれたもんでした。私が関わった限り、初めの頃の原発では、地震のことなど真面目に考えていなかったんです。それを新しいのも古いものも一緒くたにして大丈夫だなんて、とんでもないことです。
　1993年11月に、女川原発の一号機が震度4くらいの地震で出力が急上昇して、自動停止したことがありましたが、これは大変な事故でした。なぜ大変だったかというと、この原発では、1984年に震度5で止まるような工事をしているんですが、震度5ではないのに止まったんです。わかりやすく言うと、高速道路を運転中、ブレーキを踏まないのに、突然、急ブレーキがかかって止まったと同じ事なんです。これは、東北電力が言うように、止まったからよかった、というような簡単なことではありません。5で止まるように設計されているものが4で止まったと言うことは、5では止まらない可能性もあるということなんです。つまり、いろんなことが設計通りにいかないということの現れなんです。
　こういう地震で異常な止まり方をした原発は、1987年に福島原発でも起きていますが、同じ型の原発が全国で10もあります。これは地震と原発のことを考えたら、非常に恐ろしいことではないでしょうか。

足がガクガクシタ美浜原発事故！
　皆さんが知らないのか、無関心なのか、日本の原発はびっくりするような大事故をたびたび起こしています。スリーマイル島とかチェルノブイリに匹敵する大事故です。

1989年に、東京電力の福島第二原発の3号機で再循環ポンプがバラバラになった事故も、世界で初めての事故でした。
　そして、1991年2月に、関西電力の美浜原発2号機で細管が破断した事故は、放射能を直接に大気中や海へ大量に放出した大事故でした。
　チェルノブイリの事故の時には、私はあまり驚かなかったんですよ。原発を造っていて、そういう事故が必ず起こると分かっていましたから。だから、ああ、たまたまチェルノブイリで起きたと、たまたま日本ではなかったんだと思ったんです。しかし、美浜の事故の時はもうびっくりして、足がガクガクふるえて椅子から立ち上がれないほどでした。
　この事故はECCS（緊急炉心冷却装置）を手動で動かして原発を止めたという意味で、重大な事故だったんです。ECCSというのは、原発の安全を守るための最後の砦に当たります。これが効かなかったら終わりです。だから、ECCSを動かした美浜の事故というのは、1億数千万人の人を乗せたバスが高速道路を100キロのスピードで走っているのに、ブレーキも効かない、サイドブレーキも効かない、崖にぶつけてやっと止めたというような大事故だったんです。
　原子炉の中の放射能を含んだ水が海へ流れ出ていて、炉が空焚きになる寸前だったんです。日本が誇る多重防護の安全弁が次々と効かなくなって、あと0.7秒でチェルノブイリになるところだった。それも、土曜日だんたんですが、たまたま、ベテラン職員が来ていて、自動停止するはずが停止しなくて、その人がとっさの判断で手動で止めて、世界を巻き込むような大事故に至らなかったんです。日本中の人が、いや世界中の人が本当に運が良かったんですよ。
　この事故は、2センチくらいの細い配管に付いている振れ止め金具、何千本もある細管が振動で触れ合わないようにしてある金具が設計通りに入っていなかったのが原因でした。施工ミスです。そのことが20年近い何回もの定検でも見つからなかった。定検のいい加減さがばれた事故でもあった。入らなければ切って捨てる、合わなければ引っ張るという、設計者がまさかと思うようなことが、現場では当たり前に行われている、ということが分かった事故でもあったんです。

　一方、その脆弱性を理論的に解説したのが、原発の高名な研究者であった瀬尾　健さんが著した『原発事故……そのときあなたは！』（風媒社刊）における次のような記述です。これは、炉心内に納められている直径1cm長さ4mの針金みたいな燃料棒が極めてもろいものであることを説明した後の文章です。

……

　炉心にはこの弱々しい燃料棒が五万から六万本びっしりと並んでいて、それぞれの燃料棒の中からおびただしい熱が発生している。この熱は、燃料棒と燃料棒のわずかな隙間（五ミリ程度）に、下から上に冷却水を流して（毎秒数メートル）運び去られる。これを一次冷却水と言う。一次冷却水の温度は300度程度だが、燃料棒の中心部の温度は、高い所で2千数百度にもなる。だから燃料棒の中心から表面までのわずか五ミリ足らずの間に、何と2000度もの温度差があることになる。温度の面で極めて歪んだ無理な状態におかれていると言わざるを得ない。

　PWRに特有の蒸気発生器は、一次冷却水から二次冷却水にできるだけ効率よく熱を受け渡すために、3000本から4000本の細い管の中を一次冷却水が流れ、その外側を二次冷却水が流れる構造になっている。この管を蒸気発生器細管と呼び、直径およそ2センチ、長さは20メートル余りで、日本の場合逆U字型に曲げて束ねてある。蒸気発生器細管の外側を流れる二次冷却水は、圧力が50気圧くらいであるのに比べ、細管の内側の一次冷却水の圧力は150気圧もあるので、細管の壁には100気圧もの圧力差がかかることになる。一基のPWRに普通二台から四台の蒸気発生器がついている。

《原発は綱渡り技術》
〔弱々しい燃料棒〕
　さて、炉心部では燃料棒の間のわずかな隙間を、一次冷却水が速いスピードで流れていると言った。だから絶えずがたがた振動している。もしこのわずかな隙間が、何かの理由で、例えば異常な力が加わったりして、狭まる様なことが起きればどうなるだろうか。当然その部分の冷却が不十分になり、局所的には温度が上がる。温度の上がり方がひどければ、燃料棒が変形する恐れが出てくる。変形によって流路が狭まることにでもなれば、ますます温度が上がるという悪循環が生じて、しまいには燃料棒が破損してしまうかもしれない。

　中のウランペレットは積んであるだけなので、破損がひどければ、ざらざらっと外にはみ出していくかも知れない。そうなれば最悪の事態で、ますます水の流れが悪くなって、ますます温度が上がり、ますます……

〔過酷な環境にさらされる原子炉容器〕
　さて、PWRの場合、一次冷却水の温度は300度もの高温だと言った。普通、

水は100度で沸騰する。しかしこんな低い温度で沸騰させたのでは効率が悪すぎるので、150気圧もの猛烈な圧力をかけて、300度でも沸騰しないようにしているのである。150気圧というのは想像もつかないほどすさまじい圧力である。特に直径4メートルくらいもある巨大な原子炉容器にとって、この圧力は過酷なものだ。これは容器の内面1平方メートル当たりに、実に1500トンもの力がかかることを意味する。実感がわかなければ、以前、広島で橋桁が落ちて、赤信号で停車中の自動車が、何台もぺちゃんこになった事故を思い出していただきたい。このとき橋桁の重さが40トンだというから、1500トンというのはなんとこの橋桁38個分の重さに相当するわけだ。

　この巨大な力がわずか1平方メートルの面積にかかっているところを想像して欲しい。容器の総面積は130平方メートルもあるから、哀れな原子炉容器は内側からとてつもなく巨大な力で押されていることがわかる。原子炉容器が20センチから25センチもの厚さの鋼鉄で作ってあるのはそのためなのだ。しかしこんな巨大なものはとても一体物で鋳造できないため、結局、溶接によるつぎはぎだらけの工作にならざるを得ない。もちろんこのことは、原子炉容器の弱点の一つになっている。

　BWRの場合は、圧力は比較的低く70気圧くらいに設定し、炉心での一次冷却水の沸騰を許している。だから圧力の面での厳しさはずいぶん緩和されはするが、それでも相当の高圧であることにはかわりない。

　さて今の圧力の問題に加えて、原子炉容器は特有の深刻な問題を抱えている。つまり、原子炉容器は絶えず猛烈な放射線にさらされているということである。放射線が分子を破壊することは前に述べた。容器の材料である鋼鉄もこれによって内部から侵され、頑丈な結晶構造がぼろぼろになっていく。特に、炉心に近いため中性子という特殊な放射線が多く、これはガンマ線と比べてはるかに破壊力が大きい。原子炉容器の鋼鉄がどの程度脆化したかを調べるために、容器の内側に同じ材料の試験片がたくさん並べてあり、これを定期的に取り出して、検査するということをやっている。これによってある程度の監視が可能であるが、試験片には、実際の原子炉容器にかかっているような巨大な力は全然かかっていないから、これで実際の原子炉容器の健全性をどの程度つかめるか不安である。

　原子炉は通常定期監査のために運転を止め、検査が終わると再起動する。そのたびに当然原子炉の温度が上がったり下がったりする。これが繰り返されると、疲労が蓄積して弱くなっていく。特に異常発生時に原子炉をスクラムして

緊急停止したりすると、温度が急激に下がって、原子炉容器は相当のダメージを受ける。だから、原子炉の起動や停止は、普通ゆっくりと何日もかけてやっているのである。ましてや緊急時にECCS（緊急炉心冷却装置）が働いて、冷たい水がいきなり入ってきたりするのは、原子炉容器ににとってそれこそ最悪の事態である。熱衝撃のために容器が傷むし、場合によってはガラスのように壊れてしまうかもしれないからである。

　このように原子炉容器はさまざまな問題を抱えているが、なぜこの問題を詳しく説明したかというと、後でも述べるように、この原子炉容器が原発の安全の要の一つを構成しているからである。

〔**蒸気発生器はPWRのアキレス腱**〕
　新聞でも報道されているように、蒸気発生器のトラブルは常時発生し、絶えたためしがない。細管上部の外側では、二次冷却水が絶えず厳しく沸騰しており、細管は常に振動と腐食の危険にさらされているためだ。さっき、細管の内と外に100気圧もの圧力差があると言った。もし細管が破れるようなことが起これば、この圧力差のため一次冷却水は二次冷却水中に、激しい勢いで噴出することになる。これは後でも触れる一次冷却水喪失事故に直接つながっていく。

　1991年2月9日、美浜2号炉で細管のギロチン破断が実際に起こった。細管のギロチン破断は重大事故に直接つながっているから、この事故は、関係者たちが、絶対起らないと言い続けてきた事故である。事故直後の関係者たちの狼狽ぶりからも、ことの重大さがありありと見てとれる。このときはECCSが予定どおり起動したにもかかわらず、満足な機能が果たせず、その上重要なバルブ類が働かなかったりして、惨憺たる状況であった。幸い、大参事にならなかったものの、運悪くチェルノブイリ以上の大事故に発展したとしても、決して不思議ではないような状況だった。

　こういった具合に、**原発というのは条件ぎりぎりのところで設計し、作られている**。もし原発の出力をもっと下げ、燃料棒を丈夫に作り、その隙間を大きく開け、中の圧力も下げ、……というふうにすれば、その安全性はずいぶん向上するはずである。でもそんなことをすれば、コストのわりには取り出せる電力の量がすくなくなってしまい、とても経済的に成り立たなくなってしまうのである。

　したがって、原発は絶えず危険、それも大惨事の危険と背中合わせで運転されていると言っても過言ではないのである。大惨事…それは単純明快に、大量

の放射能放出そのものがもたらすものである。

　この脆弱性の真実説明を前にすると、原発稼働作業者による内部からの破壊活動、あるいは最近時のルフトハンザ航空における副操縦士の道連れ自殺による航空機墜落事故と同様な理由による原発制御全体を統括する者が故意に惹き起こす原発過酷事故を想定して、対策を打つのは全くの不可能と思われます。

(6)　原子力発電の「安全性の確保」を難しくする背景

　現行の原子力発電所における「安全性の確保」対策中の最重要課題は、冷却機能喪失回避、とりわけ**自然災害が惹起する冷却機能喪失を回避すること**であることは、衆目の一致するところです。このことについて考えるに、最初に次のことを考えざるを得ません。

　　「自然災害は、そもそも確率的に発生する事象である。この確率的な事象の発現自体そのものは、当然のことながら人為的に操作できない。また、その自然災害の発生確率値は、特別な場合を除き一般には、深刻な災害であればあるほど、小さくなる。そして、自然災害が惹起する事故を未然に防ぐ技術であれ、事故の周囲への被害を少なくする技術であれ、この**人為的に操作できない確率的に発生する事象を相手にしている。**」

　このことから、様々な問題が発生します。その諸問題の要約は、次のようなものです。

　ⅰ　現行の原発事故回避対策技術のうち重要なものは、自然災害についての科学知見を受けて構築されている。しかし、その前提になる自然災害についての科学知見は、発展途上であり、未成熟である。とりわけ自然災害についての深刻度・規模及び発生確率を巡って、論者によって大きな見解の相違、あるいは幅がある。

　ⅱ　自然災害の影響を受けるのは、原子力発電所だけではない。他のエネルギー源に基づく発電設備も原発と同一場所に立地していれば、同一の被害を受ける。であるにもかかわらず、原子力発電所に限って、その危険性が取り沙汰されるのは、**現在の原子力発電の原理の本質から発するその事故**

が起こった時の社会全体への被害の桁違いの甚大さ故である。

iii そこで、**原子力発電の選択についてはとりわけ**、その発電から得られる社会全体の便益と「その事故が起こった時の社会全体への被害の桁違いの甚大さ」の比較考慮が、深刻な社会的な課題としてクローズアップされ、**安全水準設定とその水準維持に行政が深く介在することが求められることとなる**。そのことは、単に科学技術上の領域における選択課題あるいは経営上の採算性領域における選択課題から、**政治領域あるいは社会領域における選択課題に転換**することを意味し、その選択及び安全水準設定とその水準維持には、広い社会的合意が求められることになる。

iv 一方、**安全対策設備投資自体がそもそも投下設備資本単位当たり発電効率を良化することは一切ない。常に同効率を悪化させる**。このことは、原子力発電所だけに当てはまることではない。他の電力のエネルギー源に基づく発電設備も同様である。したがって、**設定する安全水準の厳格化は、投下設備資本単位当たり発電効率を悪化させ、発電の採算性が悪化する。これは回避不可能な冷徹な経営事実である**。

v 上のような冷徹な経営事実を踏まえた上で、政治領域あるいは社会領域における選択課題となった原子力発電の安全対策を見るに、現行最先端に位置付けられる技術を使用した事故回避対策を施すにしても、前提になる自然災害についての科学知見に大きな幅があるので、事故回避対策にかかわる政治領域あるいは社会領域における決定メカニズムは、その見解相違に振り回され**論争状態**とならざるを得ない。

vi その**論争状態**においては、自然災害についての未成熟な科学知見のうち極めて楽観的な見解も完璧に否定することができない。そうすると、**電力会社は安全対策を軽視する設備投資決定をしても、一応の抗弁ができる立場にある**。ところがそれに加え、安全対策設備投資の額が原子力発電設備のみは、桁違いに巨額なものとならざるを得ない技術上の事実がある。その2つのことにより、**電力会社は常に科学知見のうち極めて楽観的な見解に安易に依拠して安全対策設備の投資決定をする誘惑に陥る**こととなる。電力会社に着目すると、そのような決定行動メカニズム解析の結論を採用

vii 政治領域あるいは社会領域における決定行動メカニズムは次のようなものとなる。

　すなわち、安全水準設定に社会的合意を得ようとしても、その安全水準が上の科学知見の見解相違に振り回されるので、その設定合意に困難が伴う。というより、社会的合意が極めて得にくいために、安全水準設定にかかわる**社会的合意紛糾**が生じる。

　次にそのことから、割り切りがなされ、安全性軽視に堕す恐れが生じる。恐れが生じる理由は、安全対策に巨額な資金がかかることから、設定する安全水準を厳しくすると、電力会社において、投下設備資本単位当たり発電効率を悪化させ、原子力発電の採算性を悪化させることを行政が斟酌する可能性である。もちろん**電力会社の政治力を見据えた上での斟酌可能性**である。

　上のviiは明らかに科学技術上の考察ではありません。いわば社会力学的な視点からの考察です。最大の問題は、原子力発電においてのみ、このような政治領域あるいは社会領域における安全水準設定にかかわる**社会的合意紛糾**、それも極めて深刻な社会を2分する紛糾が生じるという点です。

　他の電力のエネルギー源においては、ここまでの紛糾には至りません。この深刻な社会を2分する紛糾をも社会的コストとして捉え測定したいのですが、残念ながら筆者はそのような測定技術を持ち合わせていません。

(7) 改善レベルの技術進歩を注ぐ方向

　実は、確率的事象と見られていたものが、研究調査進展によってある程度の因果律で説明できるようになることもあります。例えば、抗がん剤の副作用があるものの、その副作用発現が人によって異なり確率的であったものが、DNAの相違により副作用発現が異なるというブレークスルー知識が得られれば、そのDNAの相違に対応して、その抗がん剤の使用を決めることができます。

　問題はこのようなブレークスルーが原子力発電の安全性確保で得られる可能性があるかという点です。しかし、現在の原子力発電は、暴走する恐れがある

核分裂連鎖反応を原理としているので、それを超えた原理的レベルでの革命的な技術革新はあり得ず、完璧な安全性確保は不可能であり、**残された道は、改善レベルの技術進歩のみである**と結論付けざるを得ません。

そうすると、改善レベルの技術進歩努力を、石炭ガス化燃料電地複合発電のように、効率の良化を目指す方向に注げば、数十％増しのレベルのそれなりの成果が得られるとしても、技術進歩努力といっても改善レベルのそれを、停止後に外部から冷却エネルギーを与えないと不安定になるという本質を抱えた原子力発電の安全性の確保に向けるのは、徒労である思われます。**どう創意工夫して安全性確保を試みても、五十歩百歩である**思われます。

例えば、**高温ガス炉原子力発電**が安全性を増すと期待されていますが、この発電設備が何らかの理由で真っ２つに破壊されてしまえば、破滅的な被害を周辺地にもたらすことは、従来の原子力発電炉と変わりはありません。従来の原子力発電炉に比べて、ただ少しだけ真っ２つに破壊される確率が低くなるということでしかありません。

11　求められる技術革新

(1)　**水素社会が来るというけれど**
　１）水素を他の電力エネルギー源を使って製造するのであれば、…
　　「これからは水素社会となる。電力のエネルギー源として水素が重用されることとなる。」との見解が最近流布しています。水素と酸素のもつ化学エネルギーを電気エネルギーに変換する発電が重用されるとの見解です。すなわち、従来の発電の仕組みは、次のようなものです。

　　　| 燃料の化学エネルギー | → | 熱エネルギー | → | 運動エネルギー | → | 電気エネルギー |

　　この場合、エネルギーが形を変えるそれぞれの過程でエネルギー損失が生じます。一方、燃料のもつ化学エネルギーを直接電気エネルギーに変換する方法があります、その場合は、電力を得るため、損失が非常に少なく

てすみ、発電効率が高いという科学的事実があります。燃料電池がその事例です。燃料電池は、水素と酸素のもつ化学エネルギーを直接電気エネルギーに変換する発電設備（電気生成設備あるいはスタックと称されています）です。水の電気分解とは反対の原理に基づく設備です。

　しかし、筆者はその発電の原料となる水素を**他**の電力エネルギー源を使って製造するのであれば、電力源としてはあくまで補完的なものに留まると考えています。理由は、水素を作るときに他の電力のエネルギー源を使うのであれば、製造コストに競争力があると思えないからです。また、水素ガスは他の化石資源由来の燃料と異なり、燃料電池に充てんする前に、圧縮し液化する必要があり、このコストも競争力を落とします。

　そのことは、メタノールや天然ガスから触媒によって水素を取り出す場合も同様です。そもそもメタノールや天然ガスの調達・保管にコストがかかることに加え、それらから水素を取り出すに際して、それなりの設備と何らかのエネルギーが必要だからです。やはり、製造コストに競争力があると思えません。

2）イミダゾリウム塩という特殊な物質を付けた金を触媒に使った実験成功事例

　もっとも、空気中にある二酸化炭素と水を原料として、イミダゾリウム塩という特殊な物質を付けた金を触媒に使って、その上で太陽光発電による電気を流して、ポリエステル繊維やPET樹脂の製造に使われるエチレングリコールを80％、水素を20％製造する実験成功事例が、（株）東芝によってもたらされています。この実験原理を使ってエチレングリコールと水素を大量生産できるとすれば、空気中にある二酸化炭素と水を原料とするので、メタノールや天然ガスを原料とするのと異なり、原料調達コストの低減が実現されます。

　したがって、その上で使用する電気の調達コストを安くできるか否かが、コスト競争力のポイントとなるところ、例えば、太陽光発電による供給電気を電力会社に接続拒否されたときのその拒否された余剰分のみを使うこと等によって、使用する電気の調達コストを極力低く抑えた上で、製造装

置の物理的耐用年数を長くする研究開発が進めば、設備コストをも少なくすることが可能となり、コスト競争力が確保されるかもしれません。

(2) 光エネルギーと水というどこでも手に入る2つの原料だけでの発電

また、その水素を太陽光で水を分解して直接製造できれば、すなわち、太陽光で水を分解して水素と酸素に分離する製法が確立できれば、全く新たな展開が見えてきます。その課題に取り組んでいるのが、太陽光エネルギーから水素、酸素、電気を作り出す人工光合成研究です。この研究は現実に植物で行われている光合成を人工的に起こそうとするものです。

ところで、現実に植物で行われている光合成は、1つの反応ではありません。多くの反応から構成されています。その反応を大きく見ると、太陽の光エネルギーを吸収して化学変化がおこる「明反応」プロセスと、その産出物に二酸化炭素を与えて糖質を合成する「暗反応」プロセスの2つの経路に大別されます。

「明反応」プロセス
　　光エネルギーで水を、酸素と**電子**、そして**水素イオン**（この場合は電子を失った原子）の3つに分離する、

「暗反応」プロセス
　　水素イオンと電子、さらに空気中の二酸化炭素を使ってでんぷんや糖をつくる。

「明反応」プロセスで放出する電子は、順々に幾つかのタンパク質にバトンタッチのように受け渡され（電子伝達といいます）、NADPHという物質に貯えられます。

もし、このプロセスを人工的に再現して、電子を取り出すことができれば、これを電気エネルギーとして使うことができます。すなわち、**光エネルギーと水というどこでも手に入る2つの原料だけで発電できる**ことになります。

また、「明反応」で分離した3つのうち、電子と水素イオンを合体させて本来の水素にすることができれば、水素原料として使用できます。すなわち、**光エネルギーと水というどこでも手に入る2つの原料だけで水素を製造できる**ことになります。

さらに、「暗反応」プロセスを人工的に再現して、メタノールを合成できれば、**光エネルギー、水及び空気中の二酸化炭素というどこでも手に入る３つの原料だけで、化石資源に代わる燃料を製造できる**ことになります。

(3) 研究の方向性と研究進展概況

人工光合成研究には３つの方向性があります。
 i 　植物の光合成の原理研究から人工光合成に向かう。
 ii 　半導体による水の光分解を発展させる。
 iii 　クロロフィルにヒントを得た金属と非金属の原子の化合物である金属錯体を用いて水の光分解を発展させる。

このうち i と iii の研究進展概況は次のようなものです。

１）植物の光合成の原理研究内容とその進展概況

　「明反応」は、植物がもつ葉緑体の中のあるタンパク質複合体が触媒の働きをすることによって、遂行されます。このタンパク質複合体は、光のエネルギーを利用して、自分自身の立体構造を変化させて水を分解し、そして反応を終えたあとは、再びもとの立体構造に戻るという不思議な性質をもっています。

　したがって、研究方向の１つは、自然界にある葉緑体の中のこのタンパク質複合体を精製し純粋結晶を製造すると同時に立体構造を解明し、その上でその構造を模倣して化合物を人工的につくりだす方向です。この方向性の現時点での具体的な成果は次のようなものです。

　すなわち、このタンパク質複合体には、水分子が入り込む「通路」と、その通路の先に、実際に水を分解する「触媒中心」と呼ばれる部分から成り立っていて、「触媒中心」は、４つのマンガン原子、１つのカルシウム原子、５つの酸素原子、４つの水分子によって構成され、歪んだイスのような形をしていることがわかってきました。このような不安定な構造のために、構造を柔軟に変化させることができ、触媒として働くことができることもわかってきました。

２）金属錯体を用いる研究内容とその進展概況

この方向性の研究課題は、水から電子を取り出すときの取り出し方です。
　すなわち、金属錯体を触媒にして、光子を電子に変換するにしても、現実の太陽光は光子速度密度が薄いというハンディがあります。すなわち、現実の太陽光における光子は秒単位の間隔を空けて１つずつ降りてきます。そうすると、金属錯体は、最初の降ってきた光子によって水の中の電子を放出させても、次の光子を待っている間に、その反応中枢における活性を維持できなくなります。一方、植物はいわば漏斗のような仕組みをいくつも備えており、光子を集めて反応中枢にまとめて送り込むことにより、光子速度密度の小ささを克服しています。
　しかし、この自然界に生存する植物による克服方向は産業化にはなじまないので、方向性を変えて、１つの光子で多くの電子を取り出す研究がなされてきました。それにつき、１つの光子で水から２電子を取り出す（１光子２電子酸化）反応の成果が近時得られています。そのことによって、光子速度密度の小さい現実の太陽光でも反応を維持できることができるようになってきました。

(4) 人工光合成を産業化するための必要条件
　１) 人工光合成の産出物の用途は極めて広い
　　上の(3)で説明したことからわかるように、人工光合成は基礎研究の段階です。人工光合成が産業化されるまでには、多くの年数がかかりそうです。それもあって、現時点では、コスト競争力がどうなるかは見えません。しかし、光エネルギー、水及び二酸化炭素というどこでも手に入る３つの原料だけで電子、水素あるいはエタノールを製造できるというのは魅力です。また、明反応が酸素を副産物として産出するのも魅力です。
　　しかしながら、水の中の電子を放出させる原理を利用する発電を採用した場合、化石資源を使わないという利点は、太陽電池使用及び風力利用という現実に産業化されている自然エネルギー発電もその条件を満たしているので、特に有利ではありません。しかも日々の天候に左右されるという短所も共有しています。

一方、人工光合成によって水素あるいはエタノールを製造するのであれば、その用途は発電だけではありません。ガソリン・軽油・重油を使用している現行の車・重機・船舶の原動力燃料としても使用されることになるでしょう。この場合は、人工光合成の産出物の用途は極めて広いものがあります。
２）特に水素の利点
　特に水素を使う利点は、次のようなものです。
 i 　電気生成設備（スタック）を使えば、化学エネルギーを直接電気エネルギーに変換できる。そのため燃焼系よりエネルギー変換損失が少ない。
 ii 　電気生成設備（スタック）は、現に車で産業化されている。そのため、他の分野（例：電力供給）での展開は、極めて容易である。
 iii 　水素は、燃焼によっても、電気生成設備（スタック）によって直接電気エネルギー変換するにしても、二酸化炭素を発生させないので、社会的負担支出が省ける。
 iv 　発電供給に限っても、水素の消費調整によって「６」にて触れた「発電出力の操作性が確保できる」の条件が満たされるので、太陽電池・風力利用の発電に比して明らかに有利。
 v 　燃焼系の場合は、大型化すればするほど燃焼温度が高くなり、「産出熱エネルギー／投下資源量」数値が大きくなる。一方、電気生成設備（スタック）は、そのような**技術面での**大規模化への誘因はない。したがって、発電供給に限っても、分散化が可能である。その分送電コストが省ける。
３）人工光合成の技術が産業化され普及するための鍵及び技術進歩課題
　以上のことを見ると、人工光合成の技術が確立されれば、特に水素を製造できる技術が確立すれば、その技術が即産業化されるとの印象を抱く向きもあるでしょうが、必ずしもそうではありません。水素を圧縮して液化する必要があり、その分だけ常温で保管できる化石資源由来のガソリン・軽油・重油・ガス等の燃料に比べて、コスト競争力が劣ります。また、新たに供給・保管設備網を整備するのに巨額な資金が必要となります。それ

らに要する事業化のための資金額が幾らになるかは、「3　コストが発生する局面及びコストを左右する要因」にしたがって、見積って積算する他ありません。

しかし、実はこの見積りがそれなりになされた上で、水素電気生成設備（スタック）を備えた車が販売され始めています。すなわち、車に限ると水素燃料は**将来**採算性が合うとの**見解**が取られているということです。もっとも、この車で使う水素燃料は、今のところ化石資源から製造したものです。

それらを踏まえた上で、人工光合成の技術が確立された場合、その水素を製造する人工光合成の技術が産業化され普及する鍵が何であるか考えるに、その鍵は次のことに尽きます。

　　「人工光合成による水素あるいはエタノールの製造コストが、化石資源由来のガソリン・軽油・重油・ガス等の燃料相場値及び化石資源由来の水素の価格に比較して有利になる。」

特に、原料は光エネルギーと水及び二酸化炭素であるので、基礎研究によって生産原理が確立した後は、「**触媒を含む生産設備の投下資金額×実際使用耐用年数」当たりの水素あるいはエタノールの産出量をいかに多くするかが技術進歩課題**となります。これは発電供給に限ったことではありません。水素社会到来のための条件です。

それを実現するためには、単なる技術革新努力に加え改善レベルの技術進歩努力の双方が求められます。その実現は、この分野にかかわる科学研究者と技術者双方の切磋琢磨にかかっていると思われます。

(5)　人工光合成が普及したときの社会に与える衝撃度は革命的

仮に、人工光合成による水素あるいはエタノールの製造コストが、原油・石炭・ガス等の化石資源の相場値に比較して有利になると、そのことによる社会への影響は衝撃的なものとなります。先進国の電力供給産業における一層の自由競争化の促進、産業構造の大きな変化をもたらすだけではありません。例え

ば、
- ・第一に、石油メジャーの凋落。及び経済が産油に大きく依存している国の凋落です。特に中近東の産油国、ロシアにとっては致命的なものとなる
- ・第二に、エネルギー資源を巡る争奪戦争及び外交軋轢は沈静化する
- ・第三に、二酸化炭素排出抑制を押し付け合う外交上のいがみ合いも不必要となる

等々、多々予想できます。

一方、「五」「3　コスト計算結果から読み取れること」からわかるように、実は、原子力発電コストと火力発電コストはほぼ互角か火力有利です。その中で、人工光合成による水素あるいはエタノールの製造コストが、化石資源の相場値に比較して有利となれば、水素あるいはエタノールを使う火力発電コストは低下します。となると、原子力発電より火力発電が有利になります。それは米国のシェールガス普及の疑似再現となります。電気生成装置（スタック）を使う発電であれば、さらに有利となるでしょう。

また、ウラン資源は後70年で枯渇することが見えています。しかも、現在の原子力発電は、どう創意工夫して安全性確保を試みても、制御が困難である核分裂連鎖反応を原理としています。

一方、人工光合成は無尽蔵にある光エネルギーと水を使う上に、本質的に安全な原理に立脚しています。

そうであれば、現在の原子力発電は、コストと安全面の2点で、人工光合成産出の水素あるいはエタノールを使用した発電に太刀打ちできません。電力供給源として使われることは、あり得ないことになります。もちろん、人工光合成による水素あるいはエタノールの製造コストが、化石資源の相場値に比較して有利となれば、の話です。

ところで、高速増殖炉「もんじゅ」を含めた使用済み核燃料再処理サイクル（実現すれば夢のような話です）にかかわる兆円単位の巨額開発費は、国家予算・消費者負担で賄われてきました。今後も兆円単位の資金が費やされる予定です。しかし、残念ながら、今もって実用化の目途は全くありません。この巨額開発費を、人工光合成の研究と産業化に向ければ、と思うのは筆者だけでしょうか？

読者諸氏はいかに考えますでしょうか？

七 ドイツにおける電力のエネルギー源選択決定思考

1 経済合理性判断思考がなじまない課題へのアプローチの仕方を示した好事例論考

　繰り返しになりますが、この論考は、電力供給のエネルギー源選択判定に有用な「思考の枠組み」を解説提供することに重点を置いています。そして、その「思考の枠組み」の1つとしてDCF法を取り上げ、そのDCF法を使用して、その選択判定の前段階としての「採算性比較」を論じました。このDCF法アプローチは、いうまでもなく、有用な実践的手法であるとしても、その有用性とは、あくまで設備投資意思決定あるいは経営意思決定に関する課題の解決に貢献するという意味でしかありません。より広く見ると、DCF法アプローチが有効な対象あるいは課題は、経済合理性の世界に属するものについてのみであるということになります。これは、原価計算アプローチも同様です。

　一方、「六」「1　DCF法・原価計算の矮小化した使い方の是正と限界及び別アプローチの必要性」「(3)　短期的な経済合理性の領域に属さない課題を扱う」の「2) 経済合理性の領域に属さない課題」にて、「なお、経済合理性の領域に属さない課題、すなわち経済合理性判断思考がなじまない課題についての解答を求める場合には、全く異なるアプローチが必要となります。経済合理性に属する課題の解答を求める視点とは、社会的便益のみに着目したものでしかありません。社会的便益量の多少で判断できない課題に属さないのであれば、全く異なるアプローチを取るほかありません。」と述べました。そうすると、次の疑問が湧き起こります。

　　ⅰ　この「経済合理性判断思考がなじまない課題」とはどのようなものであるか？
　　ⅱ　経済合理性に属するか否かを分ける分岐点（基準）はどのようなものであるか？
　　ⅲ　全く異なるアプローチとはどのようなものであるか？

　本来この3つは、哲学的かつ倫理的ともいうべき価値判断に属する課題であって、論者によって見解が異なり、結論的なものは引き出せないと思われま

す。しかし、DCF法アプローチの限界あるいは使用すべきでない課題を明確に認識するためには、この課題を避けるわけにはいきません。したがって、ある事例論考の解説をもって上のⅰⅱⅲの疑問点への回答と致します。

その事例論考は、ドイツにおいて連邦首相アンゲラ・メルケルによる委託により2011年4月4日から5月28日まで設置された「安全なエネルギー供給に関する**倫理**委員会」が作成した答申書「ドイツのエネルギー転換—未来のための共同事業」中の「4　倫理的立場」に記載されています。ご存じのように、首相メルケルはドイツにおける原子力発電事業の今後の全廃を決定しましたが、その根拠理由はこの答申書を尊重したことにあります。

以下、この答申書における判断思考アプローチの特徴の解説をもって、上のⅰⅱⅲの疑問点への回答と致します。なお、ここに抜粋した答申書からの日本語訳は、松本大理氏と吉田文和氏両人による暫定訳を使用しました。また、そこでの太字化、下線引き及び傍点等は筆者がなしました。

2　答申書の枠組み

(1)　倫理委員会のメンバー構成

同答申書を作成した「安全なエネルギー供給に関する倫理委員会」メンバーの構成は、次のようなものです。宗教者・哲学者の人数が一番多いのに、目を引かれます。

　　16人中
　　　宗教者・哲学者　4人
　　　自然科学者　3人
　　　リスク研究・環境研究学者　3人
　　　政治家　3人
　　　産業界　1人
　　　経済学者　1人
　　　労働組合　1人

(2) **問題意識と課題**

同答申書が抱く問題意識と課題は、「3 共同事業「ドイツのエネルギーの未来」」の8頁の次の文章から、読み取ることができます。

> 福島の事故は、原子力発電の「安全性」に関する専門家の判断に対する信頼を揺るがした。このことは、これまで専門家の判断を信頼してきた人々にも、そしてまさにそうした人々にこそ当てはまる。問われているのは、**制御不可能な大被害が根本的に発生し得るとすれば、どのようにその可能性を扱っていくべきなのか**、ということであるが、この問題に関しては、今や、**絶対的な原子力反対派のグループに属していない人々**も、もはやその答えを**専門家委員会に任せたくない**のである。

この一文から即、次のことを読み取ることができます。

原子力発電の「安全性」は、専門知（＊）で正解を出せる課題ではない。

さらに答申書全体を詳細に読むと、この委員会の参加者が自覚しているか否か別として、次の思想が背景にあると、筆者は読み取りました。

原子力発電の「安全性」は、価値観を異にする他者と共存する道を選ぶか否かの文明論的な選択に属する課題である。とても専門知（＊）で正解を出せる課題ではない。

> ＊ここでいう専門知とは、限定された専門知です。例えば、経済合理性のみに関わる専門知、科学技術的な専門知、あるいは確率論を踏まえたリスク管理に関わる専門知がこれに該当します。一方、倫理学、公共哲学は、科学技術視点、経済合理性視点のみならず法的な規範視点、宗教を含む人道視点、歴史文化視点等の多様な視点を含めた総合知です。したがって、総合知対応は、原発に限らず、環境問題を扱う場合においても、求められています。

(3) **課題に対する視点・態度**

同答申書が抱く課題に対する視点・態度は、その「2 発端と委託」の6頁の次の文章から、読み取ることができます。

> 連邦政府は、**責任倫理的な決断**の根拠とその帰結を全体的に考察するために、「安全なエネルギー供給に関する倫理委員会」を設けた。ドイツの安全な未来は、
> i　環境が損なわれていないこと、
> ii　社会において 正義 が成り立っていること、
> iii　経済が健全であること、
> という**持続可能性**の３つの柱の上に成り立つ。**これらの原理の上に整備された**エネルギー供給は、国際的競争力を持った経済や、また国内の雇用や生活水準や社会平和にとっての、長期的な基盤である。

　ところで、文中の正義という用語はどのような意味であるのか、理解が難しいところです。答申書全体を読んだのですが、当初正確な意味を、筆者には読み取れませんでした。

　この正義の意味については、後の「十三」と「十四」にて筆者なりの見解を解説します。

3　なぜ電力のエネルギー源選択が責任倫理的な決断であるのか？

　同答申書は随所に「倫理的に良いと判断される…」「倫理的な理由により…」のように、「**倫理**」という用語が使われています。しかも、小項目である「4.1　リスクとリスクの受け止め方」「4.2　リスクを統合的に判断すること」という原子力発電所のリスクについて検討する項目が、なんと「４　倫理的立場」という大項目に包含されています。われわれ日本人には戸惑うところです。「倫理」という用語の使われ方が、ドイツと日本とでは異なるのかもしれません。それとも、倫理観がドイツ人と日本人とでは異なるのかもしれません。

　そもそも、この答申書を作成する委員会の名称自体が、「倫理委員会」となっていることも解せません。また、委員会の構成員16名中４人が、宗教者・哲学者であることも解せません。

要は、「電力のエネルギー源選択がなぜ 責任 倫理的な決断であるのか？」との疑問が湧きます。そこで、その理由らしきものを説明する文章を探してみると、次の3つの文章（暫定訳の9頁、10頁、11頁）が目につきます。この選択が倫理的な事項であることを示しているのは、最初の太字にした文章です。また 責任 とは、人間の生態学的 責任 及び後の世代に対する 責任 の2つであることがわかります。

　なお、下の文章中の「社会的均衡」は、上の「1」で筆者が言う「社会的便益」に該当し、上の文章中の「経済的効率」は、上の「1」で筆者が言う「経済合理性」に、該当します。

　（9頁）
　　4　倫理的立場
　　原子力エネルギーの利用やその終結、他のエネルギー生産の形態への切り替え等に関する決定は、すべて、社会による価値決定に基づくものであって、これは技術的あるいは経済的な観点よりも先行しているものである。未来のエネルギー供給と原子力エネルギーに関する**倫理的な価値評価**において鍵となる概念は、「**持続可能性**」（筆者注：上の「2」のⅰ　ⅱ　ⅲのこと）と「**責任**」である。**持続可能性を理念としたとき、未来を見据えた社会を共同して作り上げるために、社会的均衡と経済的効率だけではなく、生態学的な配慮という目標も出てくる。**

　　進行中の環境破壊によって、生態学的な責任への呼びかけが声高に行われたが、これは原子力事故に始まることではないし、また、そうした事故をめぐる環境だけが問題とされているのではない。**問われているのは、人間の自然との付き合い、すなわち社会と自然の関係に関する問いである。**キリスト教の伝統とヨーロッパ文化からは、自然に対する1つの特別な、人間の義務が導き出される。自然に対する人間の生態学**責任**は、環境を保存・保護し、環境を自分たちの目的のために破壊することなく、有用性を高め、未来における生活条件の保障の見通しを保持することを目指すものである。したがって後の世代に対する**責任**は、とりわけエネルギーの保障や、**長期的もしくは全く無制限なリスクと負担の公平な分配**や、これらと結びついた行為の諸結果にまで及ぶものである。

(10頁)
4.2 リスクを統合的に判断すること
　安全なエネルギー供給を考えていくことは、社会発展の基本的な問いと結びついている。**人間は技術的に可能なことを何でもやってよいわけではない〔だから、倫理的判断が必要：訳注〕、という基本命題は、原子力エネルギーを評価する場合にも考慮されなければならない。**とりわけ、技術の結果が「**永続的な負荷**」という性格を持つならば、批判的な評価は特に重要である。短期的な利益を優先して未来の何世代にも負担を強いるような決定に対しては、社会が**責任**を負わなければならず、何が受け入れ可能で、何が受け入れ不可能と判断されるべきかを決定していかなければならない。

(11頁)
　可能な限りすべての視点から**責任**を負い得るようなエネルギー供給を展開していくためには、**全体的な考察**を必要とする。文化的、社会的、経済的、個人的、制度的な内容と共に、生態系や健康に関わる諸結果が考慮されなければならない。**リスクの問題を単に技術的な側面へと狭めてしまうことは、全体的な考察や包括的な考量という要求からすれば正しくない**であろう。ここにはまた次の基本命題も成り立っている。すなわち、負担は、たとえ気候変動の例に見られるように非常に頻繁に行われるとしても、それは決して一般公衆に押し付けられてはならない、ということである。果たすべき課題について**畏敬し、自分の考えと行動について謙虚である**ことは、非常に重要である。**問題の中心となるのは、イメージできるものではなく、むしろイメージできないようなものである。**

　上の11頁の文章の前半中に記されている「全体的な考察」は、この論考の各所で筆者が指摘した「全体最適解思考」に該当します。技術的な側面のみに着目するのは、明らかに「部分最適解思考」に陥っていることになります。
　この文章の後半において、畏敬あるいは謙虚という用語が使われていることからわかるように、この文章は、委員会構成員の宗教者・哲学者の意見が反映されたものと推測されます。「全体最適解思考」とは、これらの意見をも取り入れて初めて部分ではなく全体となります。特に、最後の文の「問題の中心となるのは、…むしろイメージできないようなものである。」とは**人間の知性の**

限界を指摘したものとも読めます。**専門知などは部分の部分であって、専門知のみで物事を決定するこことは、知性の限界をわきまえていない最たるもので**あるという主張です。

4　リスクの受けとめ方の変化

　答申書におけるリスクの扱いには興味深いものがあります。1つは、リスクの受けとめ方の変化の指摘です。

> (10頁)
> 　リスクの受けとめの変化において重要な点は、以下の通りである。
> 　第一に、原子力事故が、日本のようなハイテク国家において生じたという事実である。これにより、ドイツではそのようなことは起こり得ないという確信は消失した。このことは事故そのものについても言えるし、また、事故収拾の試みが長期にわたって手の出しようがないことについても言える。
> 　第二に、災害の収束を見通すことや、最終的な損害の算出や、被害地域エリアの最終的な境界づけが、事故発生から何週間の後にもまだ不可能なままだということである。もっと大きな事故の場合にも、その損害規模は十分に決定可能であり、限界のあるものなので、**科学的な情報をもとにして他のエネルギー源の欠点と比較衡量することができるはずだ**という、広く行き渡っていた見解は、説得力を大きく失った。
> 　第三に、今回の事故は、1つの過程を経て引き起こされたわけだが、しかしそのような過程がそのまま起こるということに対して、原子炉は「想定」されてこなかったという事実である。こうした事情から、**技術的なリスク評価の限界が明るみに出てくる**。福島の事故によって明らかになったのは、そのような判断が、地震に対する安全性や津波の最大の高さといった特定の想定に基づいていたが、しかし現実は、そのような想定を覆し得る、ということである。

5　答申書は原子力事故損害に関して2つの相対立するリスク見解を示す
　　A　相対的な比較衡量可能なリスク
　　B　絶対的で比較衡量できないリスク

　答申書は、原子力事故損害のリスクをどう扱うかについて、次のようなAとBの相対立する2つの見解があることを示しています。
　A　原子力事故損害は相対的な比較衡量できるリスクである。
　B　原子力事故損害は絶対的で比較衡量できないリスクである。
　A見解とB見解について触れた個所は次のようなものです。Bの見解に立つと即原発廃止の結論に結びつきます。Aの見解に立つと、比較衡量の上で原発維持か廃止かを決めることになります。

　　A　原子力事故損害は相対的な比較衡量できるリスク
　　(13頁) リスクの相対的な比較衡量
　　　リスク比較衡量という考え方は、次のような認識から出発している。すなわち、巨大技術施設の場合、リスクがゼロということはあり得ないし、石炭やバイオマスや水力、風力、太陽光熱ならびに原子力エネルギーの利用の際のリスクは、確かにそれぞれ異なっているが、しかし比較可能だ、ということである。リスクのないような代替エネルギーなぞないのであるから、受容可能かどうかの判断は、あらゆる利用可能な選択肢から、それぞれ期待され得る効果を、科学的な事実に基づいて、また同意され基礎づけられた倫理的な衡量規準に基づいて、比較衡量するところに成り立つ。その場合に、すべてのリスクとチャンスが、可能な限り科学的に見積られ、そして生態圏全体にわたる直接的また間接的な影響が算入されなければならない。その際、影響の規模だけではなく、それが生じる確率も考慮すべきである。それらの影響を見積った後で、**リスクとチャンスが、相互に比較衡量されなければならない**。倫理的な考察は、可能な限り合理的で公平な比較衡量を行っていく手助けをする。しかし最終的には、政治的な意志形成のプロセスが決定的であり、それによって、どの比較衡量の規準が、より高く、またより低く判定されるかが確定される。比較衡量は、つ

ねに初期条件と文脈条件に依存している。その限りにおいて、ある国において、あるいは別の時代においては、原子力エネルギーについて肯定的な総合評価が下され、別の国や別の時代においては、否定的に評価される、ということも正当化され得る。したがって、原子力エネルギーのリスクとチャンスと、代替エネルギー生産のリスクやチャンスとを、そのつどの時点に即して比較衡量することが必要である。

B　原子力事故損害は絶対的で比較衡量できないリスク
（12頁）

　福島の原発事故は、**安全性やリスクや危険といった概念を再考し、内容的に新たに規定しなければならない**ことを、見せつけた。原発事故の規模を発生率によって判定するという技術的なリスクの定義は、原子力エネルギーに関する評価に対しては十分ではないし、またそれは、**システム上、リスクを相対化するという、受け入れがたい結果を導くことになる**。1つに、確率は、事故の成り行きに関しては想定という枠内で、そして解釈の限界内という文脈においてのみ、有意味に計算され得る。とりわけ高い災害可能性を持った原子力エネルギーに対しては、福島によって実証されたように、事故や事故連鎖から、このような（設定された）限界を超えるような出来事が発生してくるのであって、**その経過を「残余リスク」として片付けることは、倫理的に受け入れることはできない**。

　原子力エネルギーの絶対的な拒否という立場によれば、**災害可能性や後の世代への負担や放射線による遺伝子損傷の可能性は、そのリスクを相対的に比較衡量してはならないほど大きなものだと評価**される。この観点によれば、**原子力事故による損害は、利益の比較衡量という枠組みから潜在的に衡量し得るようなものではなく、それを超えたものである**。扱われているのは、計画不可能で算出不可能な事故から生じる行動結果である。その理由は、システマティックである：

例えば交通や建築における安全性のような、限度のあるリスクを扱う際の標準的な戦略では、損害が実際に生じ、そこから**徐々にリスクへの備えをさらに学ぶことが前提されている**。これに対して、原子力施設の場合には、このような学習段階というものが除外されている。深刻な事態の前例というものが考察から除外されている限り、安全計画は、それを吟味し得る合理性を失っている。**原発のリスクは、実際に起こった事故の経験から導き出すことはできない**。な

ぜなら、原子力事故は、それが最悪のケース（worst case）の場合にどんな結果になるかは未知であり、また、評価がもはやできないからである。その結果は、空間的にも時間的にも社会的にも限界づけることができない。ここから当然の帰結として、被害事例を除去するために、原子力技術をもはや使用すべきではない、ということになろう。絶対的な判断の場合、比較衡量可能なものも、徹底して慎重に衡量される。しかし**比較衡量ができない場合には、絶対的な決断することが倫理的な責任である。リスクには、相対的な、比較によって衡量可能なリスク（またはチャンスとリスク）以外に、絶対的で、比較衡量できないリスクというものがある。**あり得ないと見なされていたことが実際に起こったとき、誰も望まないような、また誰も他の人に要求できないようなことが発生する。そのような事態を取り除くことが、予防的な準備の本質なのである。

6　ＡとＢのリスクの双方の立場からの共通の判断

　答申書は、上のＡとＢのリスクの双方の立場から検討を加えて、次のような共通の判断を掲げています。

　(14頁)
　4.4　倫理委員会における共通の判断
　　本倫理委員会は、その審議において、根底にあるリスク理解に特別な意義を認めた。倫理委員会は、２つの立場の衝突を根本的に解消することを要求するものではない。**どちらのアプローチ!!　絶対的なアプローチと相対的なアプローチ!!　にも良い論点と真剣に受け取るべき論点がある。**倫理委員会においては、どちらの見解も断固として主張されている。とはいえ、討論においては、歩み寄りも行われた。**絶対的な立場から学び得ることは、原子力問題において支持し得る決定では、単純にエネルギー政策上の選択肢の損害規模や損害率の見積りや誤算が問題になっているのではない、ということである。特に、利用可能な選択肢を選ぶ際に、考察者を、そのいわゆる期待値（損害規模×損害率）（注１）に立脚するように強いるような、合理的な行動指令などない。**

また、技術的なリスク公式に従って大損害をその小さな発生率と掛け合わし、こうして相対化した大損害を、より小さな損害事例とより高い発生率の積と比較して、より深刻であると評価することは、理に反したことではない。比較衡量の立場から導かれることは、社会には、原子力エネルギーを拒否した場合の結果も視野に入れる義務があるということである。その際、国際的な義務や他の国々のさまざまなリスク文化が考慮に入れられなければならない。さらに、リスク評価に際して、発生率と損害規模の積（Produkt）公式（注1）にこだわることなく、損害率を考慮していくことは、合理的である。

　　　（注1）「Produkt（積）」ということで、ここでは、与えられた2つの量の掛け合わせ（損害規模×損害率）を計算した結果を意味している。

　　実際的な観点から見るならば、原子力エネルギーに関するどちらの基本的立場も、同じ結論に達する。 すなわち、原子力発電からの電力が、生態学的、経済的、社会的な配慮の規準に即してリスクのいっそう少ないエネルギーによって代替される得る限りで速やかに、原子力発電の利用を終わらせる、ということである。こうした議論によって、原発反対側と賛成側の間の相互理解を仲介する道が開かれる。倫理委員会の判断に同意するために、原子力エネルギーに対して原則的な反対派であるという必要はない。ドイツにおいては原子力エネルギーを、リスクのより少ない技術によって、生態学的、経済的、社会的に配慮した仕方で代替できるのだという、倫理委員会の統一見解を分かち合えれば、それで十分である。

7　答申書の記載文の見解要約と疑問点

(1)　限定部分の答申書見解要約

　答申書から選んだ「1」から「6」までに記載した文例は、経済合理性判断思考がなじまない課題へのアプローチの仕方についてのものに限定しています。原発廃止理由そのものについては、答申書全部をお読みください。いずれにしても、この限定した事例の見解を要約すると次のようになります。

　　　　原子力エネルギーを使う発電の存続の可否を検討するときは、他のエネルギー源を使う発電のそれとは異なる次の3つの視点が求められる。

　　　　ⅰ　検討視点

その検討視点には、経済効率だけでなく、社会的均衡と生態学的な配慮目配りが不可欠である。
ⅱ　検討する際に使用する知識
　検討する際に使用する知識は技術及び経済性を含む専門知のみでなく、倫理も加えた総合知が求められる。
ⅲ　検討する際に使用するアプローチ
　検討する際に使用するアプローチは決して部分最適解思考ではなく、全体最適解思考が求められる。

(2)　確率と倫理観との関係

　なお、筆者には、答申書の記載文を読んでも、過酷事故をもたらすこともある原発のリスク評価をなすにあたっての確率の使い方と倫理観との関係がもうひとつわかりません。譬え話にすると次のようなものです。読者諸氏はいかに考えますでしょうか？

1）一定の発生確率とロシアンルーレット

　原発において稀であるとはいえ一定の発生確率で大事故が起こるのであれば、原子力発電は、金と命のやり取りをするくロシアンルーレット（＊）、それも何万発の弾倉数がある短銃に１発のみの実弾を装填し、運悪く実弾を込めた弾倉に当たると金と命を失うという確率何万分の一の賭け事をしているのと同じ。弾倉数がやたら多いのであれば、発生確率は極めて低くなる。しかし極めて低いとしても、このような賭け事を望む人は極めて少ない。

　　＊ロシアンルーレット
　　　　リボルバー式拳銃の弾倉に１発だけ実弾を装填し、目隠した上で適当に弾倉を回転させてから自分の頭に向け引き金を引く賭け。１人が引き金を引いた後、そのまま次の者が引き金を引く。弾が出た時点で賭け事は終わる。すなわち、運悪くその装填実弾に当たった者が、命を失う。ベトナム戦争を描いた米国映画「ディアハンター」に、このロシアンルーレットで、命と金を賭ける場面が、頻繁に出てきます。

しかし、そのロシアンルーレットと同一の発生確率であったとしても、原子

力発電となると希望する人がそれなりの割合で出てくるのは何故か？　それは、賭け事が特定の個人１人だけが儲けるだけであるのに対して、原子力発電は多くの人に社会的便益をもたらすからか、それとも賭け事は倫理に反する行為であるが、原発はそのようなものではないと捉えるからか？

　逆の考え方もある。ロシアンルーレットは１人が命を失うだけであるのに対して、原発における過酷事故は、それこそ多くの人に害を与え、多くの人々の人生を狂わせる。とすると、原発における過酷事故の方が、倫理に反するのではないか？

　２）自業自得と自由意思決定を認めないこととの対比
　もう少し深く考えると次のようになる。
　ロシアンルーレットは儲けるか命を失うかの選択を希望する人のみが行う、すなわち自己責任あるいは自業自得で言い表せる。選択を希望しない他の人を巻き込むことは決してない。

　しかし、原発は、そのロシアンルーレットと同一の発生確率であって、当たれば（＝過酷事故が起これば）、**賛成した人々だけでなく、もともと選択を希望しなかった他の人々（近傍住民・国民）をも、巻き込むこととなる。これすなわち個人の選択が及ばない運命共同体に、それも一定の発生確率で破綻する運命共同体に、望みもしないのに参加させることではないのか？**

　これは個人の選択意思決定である自由意思決定を認めない、すなわち、個人の存在の尊厳を踏みにじることに通じる。ここに倫理判断を持ち込まなければならない理由がある。

　３）発生確率概念の素性
　さらに深く考えると、そもそも発生確率という概念は、今でこそ科学分野の１つの考え方であるとの位置付けが与えられ、市民社会あるいは学問の世界でそれなりの支持者を獲得し、工学においても社会的な政策決定にも頻繁に使用されている。現にDCF法の根拠理論である資産価格理論は、リスクあるいは不確実性概念を理論支柱の１つとし、発生確率概念をも組み込んでいる。

しかし、発生確率という概念の原初の由来を見るに、賭け事をなすにあたって儲けるにはどうしたらよいか、失敗しないようにするにはどうしたらよいかという経緯あるいは局面から産みだされたものであるとする説もある（注1）。もしそうであれば、真理探究あるいは人類社会をより良くするにはどうしたらよいのかという発想とは対極の経緯あるいは局面から産み出されたものであるということになり、素性は決して高貴なものではないということになる。

> （注1）現代確率論は、18世紀末に数学者のラプラス（Pierre-Simon Laplace, 1749–1827）を創始者とするが、桃山学院大学安藤洋美氏は、同氏の論考である「古典確率論の歴史の諸問題」（数理解析研究所講究録1019巻1997年40-60）で、ラプラスの同時代に生を受けたモンチュクラが1802年に彼の『数学史』II巻380–381頁で、「確率のモデルは賭博であった。」及び「幾何学的精神が決定論に基づく近代合理主義の支柱とすれば、**賭けの精神**こそ**非決定論**の確率を生み出す支柱である。」と指摘しています。特にその論考の(3)にて、宗教的制約が16世紀まで確率計算の発展を妨げたとの見解を記しています。その論拠として、例えば、「賭事は時に身の破滅をもたらすため、多くの古代国家が禁止する処置をとった…」及び『キリスト教の伝道が広がるにつれアウグスティヌスの「すべては神の摂理に従う」[『神国論』V巻、11章] で random なものは何もないし、チャンス（偶運）なるものは存在しない[八十三問題集]という考え方は社会に浸透した。そして賭博は異教徒のものとされた。』等々を挙げています。これからすると、**確率論と倫理はもともと相性が良くないのかも**しれません。

　またその素性を知らなくとも、発生確率という概念にうさん臭さを感じるあるいはそこまでいかなくとも発生確率を伴う原発の安全性の説明に不信感を抱く人達が現に存在する。そこで、その感覚がなぜ起こるのかにつき、以下及び次の「八」で論を展開します。

4）確率論と倫理判断

　一方、素性が何であれ、確率論が有用であれば使えばよいという意見がある。もっともな意見である。しかし、そもそもその有用である、すなわち役に立つとは、どのようなことであるのか？

　例えば、地震研究において確率論のアプローチを使って、ある規模の大地震の発生確率が10万年に1回との結論が出たとする。真理の探究からすれば、有

用である。

　しかし、原発の建設にあたって安全設備をどの程度にするかの検討に、この発生確率を使うのは有用であるのか？　その上で答申書の次の文章に再度目を通すと、そもそも過酷事故をもたらすことがあり得る原発の安全性評価に限っては、有用という視点で確率論を使うのは、不適切ではないのか？

> 「例えば、交通や建築における安全性のような、限度のあるリスクを扱う際の標準的な戦略では、損害が実際に生じ、そこから徐々にリスクへの備えをさらに学ぶことが前提されている。これに対して、原子力施設の場合には、このような学習段階というものが除外されている。深刻な事態の前例というものが考察から除外されている限り、安全計画は、それを吟味し得る合理性を失っている。原発のリスクは、実際に起こった事故の経験から導き出すことはできない。なぜなら、原子力事故は、それが最悪のケース（worst case）の場合にどんな結果になるかは未知であり、また、評価がもはやできないからである。」

(3)　倫理を尊重する立場からの比喩を使った意見

　一方「四　DCF方式適用事例」の「4　問題点」「(2) 10万年にわたる負担支出額をどう見るか？〈DCF法を使用するのは適切か？（その2）〉」において、「10万年にわたってその支出が続く使用済み核燃料保管負担を伴う原子力発電事業にDCF法を適用することは、現実適合性を満たさないことは明らか」と述べました。

　また、原価計算アプローチも、事業採算性判断に使うにしても、原子力発電に限ってそれを用いることが、適合しないことを、「五」《筆者の私見》「4」以降で説明しました。しかし、これらは功利的な経済合理性視点からの判断における適合性についての見解です。それとは異なり、倫理を尊重する立場からすると、次のような比喩を使った判断となるのかもしれません。

> 「原子力発電事業を肯定した上で過酷事故対策を練る見解を支える基底に確率論がある。その確率論が荷っている原発過酷事故の発生確率算出機能

は、ロシアンルーレットにおける確率論が荷っている弾丸発射確率算出機能と同一である。そしてロシアンルーレットが**倫理的な視点**から見ると許されないとされるので**あれば**、原子力発電事業も同様に、倫理的な視点から見ると許されない。」

「しかも、ロシアンルーレットは儲けるか命を失うかの選択を**希望する人のみ**が行う、すなわち自己責任あるいは自業自得で言い表せる。選択を希望しない他の人を巻き込むことは決してない。しかし、原発は、そのロシアンルーレットと同一の発生確率であって、当たれば（＝過酷事故が起これば）、賛成した人々だけでなく、もともと選択を希望しなかった他の人々（近傍住民・国民）をも、巻き込むこととなる。これすなわち個人の選択が及ばない運命共同体に、それも一定の発生確率で破綻する運命共同体に、望みもしないのに参加させることとなるので、原子力発電事業は、ロシアンルーレットより一層倫理的な視点から見ると許されない。」

このことは、「六」「10 原子力発電の「安全性の確保」が特別である理由」の「(6) 原子力発電の「安全性の確保」を難しくする背景」示した次の見解を鑑みると、一層思いが強まります。

「**確率的に発生する**事象である自然災害の発生確率に関する科学知見に大きな幅があるので、事故回避対策にかかわる政治領域あるいは社会領域における決定メカニズムは、その見解相違に振り回され論争状態になる。その上で、安全水準設定にかかわる社会的合意紛糾が生じ、次にそのことから、割り切りがなされ、安全性軽視に堕す恐れが生じる。」

八

過酷事故の発生確率が
小さいことをもって
原発を是としてよいのか？
→リスク社会において
発生確率を
社会的文脈の中で
どう読むか？

1　確率論は没価値的な概念道具。その使用是非はそのときの社会的文脈によって決まる

　「七」の課題であるドイツの答申書中の「A　原子力事故損害は相対的な比較衡量できるリスクである。」という見解につき、「七」の「7」では、その見解を支える柱として確率論があるとして、その確率論が荷っている原発過酷事故の発生確率算出機能は、ロシアンルーレットにおける確率論が荷っている弾丸発射確率算出機能と同一であると見做しました。そしてロシアンルーレットが**倫理的な視点から見ると**許されないとされるのであれば、原子力発電事業は望まない人々をも巻き込む点で、より一層**倫理的な視点から見ると**許されないとの素朴な疑問が湧き起こることを述べました。

　それに対して確率論自体が倫理に反した存在ではなく、確率論は単なる概念道具であり、それ自体は倫理を含む価値観を内包していないのであって、確率論の使用が倫理に反するか否かを含め、その使用の是非は、確率論をどのような社会的文脈下において使うかによって左右されるとの見解があります。もっともな見解です。例えば、確率論・統計学の概念枠組みを使う良い例として、次の２つが挙げられます。

　ⅰ　医薬開発における治験段階における使用
　ⅱ　確率論・統計学の概念枠組みを使うことによって、生命・財産・健康を脅かす被害をもたらす可能性がある自然災害事象の発現**頻度**と**深刻度**を数値化することができます。異なる自然災害事象ごとにその発現頻度と深刻度の数値を算出すれば、それら異なる自然災害事象につき、序列を付けたり、比較したりすることができます。その結果、全体の被害額の最小化を志向するのであれば、その最小化対策をなすにあたって必要な資源（予算等）が限られるとき、発現頻度と深刻度につき高い数値を示す自然災害事象に重点的に資源を充当した被害額最小化対策を打つことによって、異なる自然災害事象の全体がもたらす被害額を最小化することができます。

　確かに、上のような社会的文脈の中で確率論・統計学の概念枠組みを使うの

であれば、ロシアンルーレットに役に立つのとは異なり、倫理に反することはありません。とはいえ、**統計的証明においては、検証すべき仮説・特に事前警戒的な結論を導く仮説に対して、否定的結論を作ることは容易です。したがって、人を欺くのに統計的証明を使うことが往々にして起こることになります**(このことの詳細と論拠を知りたいのであれば、「十二」「3」の後半部分参照のこと)。結局、確率論・統計学は没価値的な概念道具であって、確率論・統計学の使用是非は、そのときの社会的文脈によって決まるので、その社会的文脈をどう解するかが、課題となります。

2 過酷事故対策・原発の是非判断に確率論を使うことを社会的文脈の中で読み取る前に必要な知識

　それでは原発過酷事故対策あるいは原発の是非判断につき確率論を概念道具として使う場合は、社会的文脈の中でどう読み取ったらよいのでしょうか？この問いは、倫理に反するか否かも含めますが、それ以外の問題点の有無も含めた視点の多様性を確保した上での問いです。いわゆる全体最適解に到達することを志向した問いです。

　この問いに答えるためには、真摯な思索プロセスが求められますが、それだけでなく**少なくとも**次の3つの問に対する答えとなる知識が不可欠と思われます。

　ⅰ　原発安全評価に確率論が使用されることになった経緯はいかなるものであったのか？
　ⅱ　原発の安全性評価に確率論を使用するときの考え方は現行いかなるものであるのか？
　ⅲ　原発に限らず、リスクと確率論を扱う科学技術政策論にはいかなるものがあるのか？

　そこで、最初にこの3つの問に対する答えとなる知識を、以下「3」「4」「6」にて、確かめることとします。その途中で「5」にて、原発過酷事故対策に確

率論を使用して算出した「確率」につき、その信頼度がどうであるかの疑問と社会的な文脈下における 信用度 (注1) がどうであるかの2つの疑問を探り、最後に「7」にて、原発過酷事故対策に確率論を概念道具として使う意味を、社会的文脈下の中で読み取る試みをします。

 (注1) 確率論・統計学において使われる信頼度の用語の意味を含むも、それより広い意味。したがって、工学分野あるいは自然科学分野に限ったものではなく、**恣意的な使用あるいは作為的な偽造**をも含む社会的な文脈をも視野に入れます。

3　原発安全評価に確率論が使用されることになった経緯

(1)　原発安全評価の依拠理論の2つの流れ

 原発設置運営の前提となる安全評価の依拠理論には、「決定論的安全評価」と「確率論的安全評価」の2つがあるとされています。この後者が、文字通り「確率論」を使用した手法中の典型的なものです。それぞれの概要は次の通りです。

 i　「決定論的安全評価」

  ある事故が起きた際の原発施設や環境に対する影響を定量化し、それがある一定基準以下であるなら、安全性が確保されていると判断する評価です。**過去の経験を踏まえて予想される事態を想定**し、それを**設計に反映**させる考えに立ちます。その反映産物が多重防護設備です。このことによって、炉心が損傷し、大量の放射線物質が原発施設外に放出されるような過酷事故は起こり得ないという結論を導きます。逆に予想した事態を超える事態が起こると想定外と言うことになります。

 ii　「確率論的安全評価（PSA：Probabilistic Safety Assessment）」

  過酷事故をも含めた原発で発生し得る**あらゆる**事故を対象として、その発生頻度と発生時の影響を定量評価し、期待値（**損害規模×損害率**）の数値を算出し、その算出数値によって安全性の度合いを把握した上で、相対的弱点を明確化する手法であると一般的には説明されています。

(2) 原発に「確率論的安全評価」を導入したのは、ラスムッセン報告が嚆矢

「確率論的安全評価」とは、原発に限ったものではありません。他のプラント、船舶航行、鉄道運行等と現代においては、様々な場面に使われています。原発に限ると、日々起こる小事故から、福島第一原発レベルの過酷事故まで、その発生確率と事故時の災害評価との両者を行うものです。すなわち、過酷事故の発生確率が低くても、その過酷事故についての災害評価をも行うものです。原発にこのような「確率論的安全評価」を導入したきっかけは、1975年に最終版が公表された**ラスムッセン報告**（Reactor Safety Study（**WASH-1400**）Draft）です。

その報告の概要については、次の「4」で触れるとして、なぜこの報告書が作成され公表されるようになったかが重要であるので、その前にここでは原発に「確率論的安全評価」を導入することを促した時代背景をも含めた多様な理由につき説明します。

(3) ラスムッセン報告の当初の目的と本質

ラスムッセン報告のそもそもの作成目的及び本質は次のようなものであると言われています。

《この報告書のそもそもの作成目的》

原子力損害賠償保険の料率を適正に定めるため。そのために、原子力発電所の**総合的なリスク**を解析的に評価する最初の試み。ただし、結果的には原子力損害賠償保険の料率を得ることができるほどの信頼性のある数値は得られませんでした。

《本質》

本質は、**確率的意思決定論**。ベイズ統計学を使って偶発故障を**確率モデルの中に位置付け**、その母数の不確かさを確率分布の形で推定する手法。これにつき、具体的に理解したいのであれば、例えば、電力中央研究所報告「階層ベイズモデルを用いたデマンド故障確率推定の事前分布選択指針」原子力発電報告書番号L07005を参照のこと。

このことにつき、原発安全評価においての確率論の導入時期が、経済学にお

ける不確実性概念の本格的な導入の開始の時期とほぼ同一時期であって、そうした時期的な同一性が偶然のものではなく、原発に限らず決定論的判断から確率的判断への移行という時代思想背景があったことを示す論考があります。それが、「原発の確率論的安全評価とマクロ合理的期待理論」山崎好裕（福岡大学）氏の論考です。

(4) 原発に限らず決定論的判断から確率的判断への移行という時代思想背景があった

　繰り返しになりますが、山崎氏の論考は、原発安全評価においての確率論の導入と経済学における不確実性概念の本格的な導入の開始の時期がほぼ同一時期であって、そうした時期的な同一性が偶然のものではなく、原発に限らず決定論的判断から**確率的判断**への移行という時代思想背景があったと主張する見解です。その論考の骨子は下記のようなものですが、特にサヴェッジの学問的業績に焦点を当てると、同氏の主張が良く理解できます。

　なぜなら、原発安全評価において実際に使われている確率論とは、**主観確率論**（注1）であって、ベイジアン統計学に基づいています、その主観確率論の公理化を果たし、それに基づく統計理論を展開してベイジアン統計学の基礎を築いたのがサヴェッジだからです。

> 「原子力の平和利用と確率的安全評価
> 　原子力の発電への利用では1960年代になると軽水炉の開発が進み、その経済性にも見通しが立つようになって、現代に繋がる軽水炉時代が到来した。しかし、1960年代半ばまでの軽水炉の安全像は、頑丈な格納容器に原子炉を収容することにより、どんな事故でも放射性物質をこの中に閉じ込めておけるから公衆や環境を危険にさらすことはないという、実に**素朴なものであった**。だが、実際は、軽水炉の配管等が損傷すると高温高圧の冷却材が失われ、炉心の冷却ができなくなる危険性があったのである。1960年代後半になると、軽水炉で冷却材が喪失して炉心が溶融すると、この溶融物が格納容器を破壊してしまう可能性がアメリカで初めて指摘された。いわゆるチャイナ・シンドロームの問題であり、**格納容器万能主義の全面的な改定を迫る問題提起であった**。LOCA（冷

却材喪失事故）が発生した場合には炉心を冷却することが必要であることが認識され、原子炉の安全研究計画が作成されることになった。ECCS（非常用炉心冷却系）という用語が登場したのはこのときであった。」

「……。しかし、そうした技術的な内容をひとまず措けば、それまでは**決定論的なかたちで行われていた原発の安全評価が確率論的なものに取って代わるきっかけとなった**ことが、この報告（筆者注：ラスムセン報告のこと）がもたらした最も大きな変化である。」

「サヴェッジはシカゴ大学の経済学者グループと統計学者グループの双方に影響力を持ち、**主観的・個人的確率論の公理**を打ち立てた。これによって頻度説に代わる**確率が数学的に頑強なものであることが明確に示された**のである。また、サヴェッジは第2次大戦中に**フォン・ノイマン**（John von Neumann）の統計学アシスタントをしていたこともあり、**統計学的な意思決定論**にも大きく貢献した。」

「……私の報告は、シカゴ大学で学んだルーカスがサヴェッジの意思決定論に影響されてミュースの合理的期待仮説をマクロ経済学に導入したという仮説を提示したものであった。このサヴェッジは**ランダム・ウォーク仮説**（筆者注：金融工学でオプション評価に使われる二項モデルの前提仮説）の導入に関してサミュエルソンに直接的な示唆を与えており、ラスムセンのいたMITへの影響力も持っていたと推察される。そもそも、**1951年の主著『統計学の基礎』における主観確率論の公理化や意思決定論への確率の全面利用の試みが、原発の安全評価における確率的方法の導入に大きな影響を与えたであろうことを否定する方が不自然であろう。**」

（注1）主観確率は、ベイズ確率とも称され、**その時点で有する情報**をもとにした1回限りの確率です。
　〈対する客観確率〉
　　一方それに対する客観確率（＝**頻度**確率）は、生起・発生がランダムである事象を対象として、**無限回試行を前提**とした確率概念。したがって、客観確率の数値は、**観測された**頻度分布あるいは想定された母集団の割合から算出されると考えざるを得なくなります。すなわち、客観確率の数値を求めるためには、観測された頻度分布あるいは想定された母集団の割合数値が必要となります。
　〈主観確率定義〉
　　事象Aの起こる確率P（A）とは、事象Aが起こるということの確信度（**信念の度合い**）を0≦P（A）≦1で数量化したもの。このときのサイコロの1の目

の確率は1／6。対比する客観確率は、そのサイコロを無限回試行して得られた確率。この主観確率の定義につき、詳しく知りたいのであれば、『リスク解析学入門』（シュプリンガー・フェアクラーク東京（株）D. M. カーメン　D. M. ハッセンザール編集　中田俊彦訳）の112頁以降参照のこと。

〈特質〉

主観確率主義では、客観確率主義と異なる次の6つの特色のある考え方に立ちます。

 i 確率を考える主体によってその値が変わる可能性があると考える。
 ii 不確かさの定量化は、頻度確率主義は**ランダム性にのみに基づく**と考えるのに対し、主観確率主義では**情報が不足していることもその一因であると考え、新たな情報を得る事でその値が変わる可能性**があると考える。例えば、上のサイコロの1の目の1／6という値は、「出目の偏りについて何も情報がない」ことから暫定的に求められた値であると考える。実際にサイコロを振ってみて新たな情報を得ると、その値も変化していくと考える。
 iii 観測以外の情報からも確率推定ができると考える。
 iv 確率分布は個人の主観に基づくと考える。
 v 確率分布は新たな情報を得ることで変わる可能性があると考える。
 vi 主観確率の考え方の中では、頻度確率は主観確率の中の**信念の度合いが強いもの**として扱われると考える。すなわち主観確率は、頻度確率をも包含すると考える。

上の見解骨子の中で特に着目すべきは、サヴェッジがフォン・ノイマン（John von Neumann）の統計学アシスタントであったという点です。フォン・ノイマンは、第二次大戦末期の米国によるマンハッタン計画と称される原爆開発を荷った中心的な人物の1人である上に、経済学に属する一分野である「不確実性下の選択理論」としての資産価格理論を支える1つである「不確実な資産のペイオフ構造全体」にかかわるフォン・ノイマン＝モルゲンシュテルン（VNM）型効用関数（注2）をも、提唱した人物です。このことからしても、上の山崎好裕（福岡大学）氏の論考の骨子は、肯定できます。

（注2）ときわ総合サービス『現代ファイナンス分析　資産価格理論』55頁参照。

(5) 依拠理論が、「決定論的安全評価」から「確率論的安全評価」に移行した直接理由

原発安全評価の依拠理論が、「決定論的安全評価」から「確率論的安全評価」に移行した直接的な理由はどのようなものでしょうか？

その理由としては、既に上の(4)で掲げた山崎好裕氏の論考抜粋中の「原子力の平和利用と確率的安全評価」部分に記してある「格納容器万能主義の全面的な改定を迫る問題提起」に対応したものであることは、確かなようです。

4　原発の安全性評価に確率論を使用するときの考え方は現行いかなるものであるのか？

(1)　ラスムッセン報告書の手順概要

　ラスムッセン報告書の手順概要を、都甲泰正氏が、日本原子力学会誌のvol. 17. No. 2（1975）に解説しています。その要約は次のようなものです。
　1番目の手順
　　公衆にリスクを与える可能性のある原子力発電所の故障を決める。このために、プラント内の放射能の存在量を求め、次に放射能放出の原因となる可能性のある機器故障と人的過失の種々の組合せを求める。これを事故のシーケンスと呼び、主に Event tree（注1）により求める。
　2番目の手順
　　事故シーケンスの発生確率及びこのシーケンスにより放出される放射能の量の評価をする。**事故確率**の評価には、Fault tree（注2）と機器の**故障率データ**を用い、さらに共通モード故障の検討をする。放射能放出は、実験データの解析と事故後の燃料の状態から評価する。
　3番目の手順
　　放射能の環境放散の計算で、これに**確率論的モデル**を用いる。このモデルには、放散放射能による人体への影響と財産損害の計算を含める。
　4番目の手順
　　原子力事故リスクの全体評価と、これを原子力以外のリスク（天然現象や他の技術によるもの）と比較する。
　（注1）イベントツリー解析（ETA）
　　　　初期事象（Initiating event　この好例は配管破断）を出発点に、時間経過に従っ

て予めその事象に対処するために設計によって備え付けられた各機能が働くか否かに従って、起こり得る後続の事象を「枝分かれ図」によって明らかにし、そのことによって初期事象から最終状態に至るまでの事故シーケンスを解析する作業。この作業によって、予め備え付けられた各機能につき、設計通りに働くか否の確率が求められれば、**掛け合わせによってそれぞれの事故シーケンスの確率を求めることができる**という考え方。

具体例も含めて、詳しく知りたいのであれば、『**リスク解析学入門**』(シュプリンガー・フェアクラーク東京(株) D. M. カーメン　D. M. ハッセンザール編集　中田俊彦訳)の243頁以降参照のこと。

(注2) フォールトツリー解析 (FTA)
　　起こり得る望ましくない事象(頂上事象)から出発し、この事象の生起に寄与する原因事象を後ろ向きにたどり、頂上事象が生起する条件となる基となる事象の論理的組合せを明らかにする作業をなす。この FTA は ETA で抽出された各事象の**発生確率**を評価するために用いる。

これも、具体例も含めて、詳しく知りたいのであれば、『リスク解析学入門』(シュプリンガー・フェアクラーク東京(株) D. M. カーメン　D. M. ハッセンザール編集　中田俊彦訳)の243頁以降参照のこと。

(2) ラスムッセン報告書への肯定見解と否定見解

ラスムッセン報告書への評価は多様なものがあります。肯定的なものと否定的なものとがあります。

1) 肯定的な評価見解の代表例

ラスムッセン報告書への肯定的な評価の代表例が、財団法人 原子力安全研究協会理事長の佐藤一男氏による論考である「原子力安全研究のあゆみ」(放射線教育 Vo.l19、No.1に掲載されたもの)です。この論考は原発の黎明期から1999年のJCO事故に到るまでの原子力安全の考え方と対策を簡潔に扱っていて、一読の価値がありますが、その中でラスムッセン報告書については次のように論評しています。

> 「この研究の結論は極めて衝撃的なものであった。まず、原子力発電所のような巨大で複雑なプラントのリスクを、解析的・定量的に評価するなどは、到底不可能であると当時までは思われていたのであるが、技術的にはいくつかの問題点はあったものの、**とにかく可能であることを実際に示した**のである。また、

軽水炉プラントのリスクの大部分は、**設計の範囲を超えた**事故によるもので、これはそれまでの安全の考察の範囲を超えており、当然研究の対象にもなっていなかった。しかも、このような事故が起こる確率は、当時まで何となく信じられていたよりも2桁程度は高いこと、大破断 LOCA よりも小破断 LOCA やその他のトランジェントの方が全体のリスクへの寄与は大きいこと（これはすなわち**上限評価の考え方の否定**である）、しかし、事故が設計の範囲を超えても、その結果はそれこそ千差万別であること（したがって、**設計の範囲を超えた事故の研究が必要**なこと）、人間の信頼性が極めて重要なこと、など、今では常識となっていることがはじめて解析的に明確に示されたのである。WASH-1400はこのようなリスク評価の最初の試みであったから、技術的にはいくつかの問題点を抱えていたのはむしろ当然であるが、ここに述べた重要な結論は、今日のより進歩し改良された手法による解析結果でも、変っていないのである。

　ところで、WASH-1400の前から、事故が設計の範囲を超える可能性がある、ということは意識はされていた。たとえば、当時米国の環境保護法に基づく環境影響報告書の記載要領案では、事故は9つのクラスに分類され、そのうちクラス8までは設計の範囲として対応し評価するけれども、最後の設計の範囲を超えるクラス9事故は、「結果はより過酷であるがその可能性は極めて低く、したがってリスクも低いから評価に及ばない」とされており、これがすなわち1970年代半ばまでの軽水炉の**リスクプロファイル**だったのである。リスクが低く、かつ評価もしなくてよいというのであるから、当然研究の対象にはなっていなかった。だが、これに対する厳密な論証などはなく、逆にWASH-1400のような反証は既に存在していたのである。すなわち**WASH-1400は、このような「信仰」とも言うべき安全像を、根底から覆すものだったのである。**

　科学技術的な報告書で、WASH-1400ほど内容の理解が不十分な毀誉褒貶が多かったものはあまり例がない。これで原子炉の安全問題は全て解決した、とばかりに持ち上げる人もいる一方で、**この報告書が指摘している設計の範囲を超える事故などは、純理論的、思弁的産物で、実際には起こり得ない**として、これまでの安全像にこだわり続ける人も沢山いた。当時の NRC もそうで、1978年3月には、WASH-1400のいくつかの技術的問題点を理由として、**確率論的安全評価**に対して極めて否定的な政策声明を発表した。**このような混乱に終止符を打たせたのが、この政策声明の1年後の1979年3月に発生したスリーマイルアイランド発電所の事故、いわゆる TMI 事故であった。**」

「5．TMI 事故／シビアアクシデント

　TMI 事故は、軽水炉の歴史では今日まで最大の事故であるが、何より衝撃的であったのは、設計の範囲を大きく超えるいわゆるシビアアクシデントが、現実に発生し得ることを実証したことであった。また、この事故は小破断 LOCA の一種あるいは給水喪失と見ることができ、このような**小破断 LOCA やトランジェントの方が、大破断よりもリスクへの寄与が大きいという WASH-1400の結論の通りになった**のである。それまでの安全像を基本的に見直す必要があることが痛感され、当然のことながら安全研究にも大きな影響を与えた。」

「6．リスクを考慮した安全管理

　このような状況を見ると、先に紹介した WASH-1400の結論が、極めて正しかったことが改めて分かる。」

2）否定的な評価見解の代表例

〈その1〉

　ラスムッセン報告書への否定的な評価見解の代表例は、小出裕章氏の論考である「第97回原子力安全問題ゼミ　2004年6月9日（水）　原子力発電所の災害評価　原子力推進似非学者のレベルの低さと批判への回答」（この論考も一読の価値があります）に見られるものです。その主張の趣旨は、次のようなものです。

　　ラスムッセン報告書が批判する「決定論的安全評価」は、「重大事故」（注1）と「仮想事故」（注2）と言うあらかじめパターンを決めた事故についてだけ評価する格納容器万能主義であった。しかし、格納容器の安全性が完璧であることを、原発の危険性を指摘する論者に理論的に反訴証明できる筈がない。そこでやむを得ず一歩譲って、どのくらいの確率で格納容器が壊れるのか示すことで逃げているのが、「確率論的安全評価」という見方である。

　（注1）敷地周辺の事象、原子炉の特性、安全防護設備等を考慮し、技術的見地からみて、最悪の場合には起こるかもしれないと考えられる事故。日本では、原子力発電所の立地条件の適否を判断するための「原子炉立地審査指針」において、重大

事故とともに定義されています。
（注２）重大事故を超えるような、技術的見地からは起こるとは考えられない事故。

以下原文から引用します。

> 「……しかし、どんなに確率が低くても破局的な事故が起きる可能性は常にある。それを無視してよいという科学的な根拠は存在しない。その点に悩み続けてきた原子力推進派は、破局的事故が起きる確率が極めて低いことを示そうとした。そのために動員された手法が「確率論的安全評価」と呼ばれるものであり、それを初めて体系的に原子力発電所に適用したのは、米国原子力委員会が行った「原子炉安全性研究」（RSS、通称ラスムッセン報告）であった。その研究もまた、もし原子力発電所の大事故が起きれば、被害が破局的であることを示した。ただ、その一方で、そうした大事故の確率は**いん石が米国の人口密集地に落下して死者が出るのと同程度**」であり、原子力発電所で万一の大事故が起きた場合は、天災と考えればいいというのであった。
>
> ところが、その研究が公表されるやいなや、多数の批判が出、特に**事故確率の評価については、それを可能にするほどのデータも経験もない**ということが明らかになった。そのため、原子力委員会を引き継いだ**原子力規制委員会**（筆者注：米国の）**は1979年になって、原子炉安全性研究がはじき出した確率評価値**（筆者注：通称ラスムッセン報告のこと）**についてはそれを信用してはならないと声明を出すことになった。**」

〈その２〉

原発の高名な研究者であった瀬尾 健さんもその著『原発事故……そのときあなたは！』（風媒社刊）の156頁から159頁において、次のような否定論を述べています。非常に手厳しいものがあります。

●隠蔽の過程
《WASH-740》

原発事故が大惨事をもたらすということは、今から40年近くも前からわかっていた。当時は、原子力発電を商業用として大々的に進めようとしている時期

で、どの程度の規模の事故を考えておかなければならないかがまずは問題となったのである。破局的事故の研究をブルックヘブン国立研究所に委嘱した時、アメリカの原子力委員会は、たとえ大事故が起こったとしても大した被害は出ないということを科学的に証明しようとしたのに違いない。

　ところが結果が出てみると、腰を抜かすようなものだった。研究の対象となった原子炉は熱出力50万キロワット。これは電気出力に直すと17万キロワットくらいだから、今の標準的な原発と比べると、およそ六分の一くらいの小さなものである。この原子炉が大事故を起こせば、二億キュリー（740京ベクレル）の放射能が環境に放出され、最悪の場合、急性障害で死ぬ人は3400人、急性障害者４万3000人、要観察者380万人、永久立ち退き人口46万人、永久立ち退き土地面積2000平方キロ、農業制限等面積39万平方キロ、物的損害額２兆1000億円という数字が出てきたのである。

　当時の日本の国家予算が１兆2000億円だったことを思えば、災害規模のいかに大きいかが実感されるだろう。この研究結果は1957年３月に議会に提出され、「WASH-740」という名の公式報告書として残っている。

　六分の一の大きさの原子炉でこのすさまじさとすれば、今の原発が事故を起こしたらどうなるか。さらに、報告書には明示されていないが、急性障害者、要観察者の中から将来、何十万倍ものガンや白血病、遺伝障害などが出るはずだ。

　この結果に驚いたアメリカ原子力委員会は、計算をもっと精密にしたら、災害規模が小さくなるに違いないと期待して、新たな研究を同じブルックヘブン研究所に委嘱する。だが、研究の進行に伴って次々と入ってくる中間結果は、前よりも大きな災害規模を示唆するものであった。結局、期待を裏切られたアメリカ原子力委員会は、この「WASH-740」改訂版を公表しないで倉の奥にしまい込んでしまうのである。

《ラスムッセン報告　WASH-1400》

　そうしておいて、今度は作戦を変える。つまり、事故が起これば確かに大惨事になるけれども、そんな事故の起こる確率は実はきわめて小さいんだと、これを証明すればいいだろうと。かくして、確率計算まで含めた大がかりな災害評価の研究を、今度はマサチューセッツ工科大学のラスムッセンと言う人に委嘱することになる。

　ところがこの人物は、**原子炉の専門家でもないし、ましてや原子炉安全の専**

門家でもない。統計的手法や、枝分かれ解析法、信頼度解析など、今回の研究をする上で最も重要な確率論の分野でもまったくの素人だというわけで、事情通の人達にとっては理解に苦しむ人選であった。ただ一つ納得のいく点は、ラスムッセンが原子力業界と密接なつながりがある人物だということである。こういうわけで、新しく委嘱された、確率まで含めた災害評価の研究は、始まる前から結果のわかっている代物だったのである。

この研究は10億円以上の資金を投入し、三年半の歳月をかけて完成され、公式報告書［WASH-1400］として公表された。これはまたRSS（Reactor Safety Study＝原子炉安全研究）あるいは俗にラスムッセン報告とも呼ばれているものである。

「WASH-1400」は約200頁の本文と数千頁にのぼる付属文書、それに一般向けの要約書からなっている。本文と付属文書にも問題点が数多くあるが、一般向けの要約書にいたっては、自らまとめた本文、付属文書からも逸脱した、きわめて恣意的、政治的な作文であった。要約書の中でラスムッセンは、原発事故で1000人の死者が出る確率は、一基の原発につき1億年に一回、だから原発が100基あっても、隕石による被害と同じ程度だと述べたのである。彼はこの結論を持って各地で講演し、日本にまで来て原発の安全性を説いてまわった。

はたしてラスムッセン報告には、各方面から手厳しい批判が浴びせられ、独自の調査を行ったNRC（アメリカ原子力規制委員会）は、1979年1月18日、報告書の一般向け要約書は受け入れ難いとして、拒否してしまったのである。さて、1979年というのは何の年か覚えておられるだろうか。

まさにこの年の3月28日に、スリーマイル島2号炉であの大事故が起こったのである。NRCがラスムッセン報告の要約書を拒否してからわずか2カ月後のできごとであった。NRCは規制委員会として面目をかろうじて保つことが出来たというわけである。ラッキーな側面があるとはいえ、アメリカのシステムにはまだ健全性がそれなりに残っているという事実も否定できないであろう。日本ではとうてい考えられないことである。

このスリーマイル島2号炉事故は、ラスムッセンのあやしげな「確率」を吹き飛ばしてしまった。実際、ラスムッセン報告に出ている数字を使って、われわれのグループの小出裕章が試算したところによると、スリーマイル島のような事故の起こる確率は、一基の原発で3億年に一回程度になってしまうのである。この一例だけを見ても、ラスムッセンの「確率」がいかに過小評価であるかがわかる。

この種の計算に用いられるモデルは今なお粗雑なもので、原発のような複雑怪奇なシステムの確率計算をみたところで、確かな数値を出すなどということは、そもそもできない相談なのである。粗雑なモデルとはいっても、実際には膨大なデータをもとに、大型計算機を駆使して、気の遠くなるような計算をやっている。だがいくら大げさな計算をやったところで、モデルが粗雑であれば、結果の信頼性にも限界がある。問題は、それがまるで完璧なものであるかのように、宣伝するところにある。計算をやっている本人も、高度な数学的手法を駆使し、多量のデータを動員し、膨大な計算をやっているうちに、結果そのものが正しいという錯覚に陥ってしまうのかも知れない。

　ラスムッセンははじめから、原発は大丈夫だという結論を補強するためにこれらをすべての計算を指揮してきたわけだから、小さな確率が出てきさえすれば、その過程（あるいは仮定）がどうあれ、大歓迎というわけなのだろう。彼はだから最後の総仕上げのところで、もっと悪どいごまかしをやっている。

　例えば、一般向け要約書の中で彼は、急性死者だけを取り上げ、おびただしい晩発性の死者を全部切り捨ててしまっているのである。こんな風に災害規模を大幅に過小評価し、そうすることによって隕石と同じ程度の害だという結論を引き出したわけだ。もし晩発性の死者まで含めれば、その災害規模は数百倍にも跳ね上がってしまって、どんなに確率の数字の方を小さく見積もっても、隕石にまで減らすことはできなかったはずである。

　このように原発事故の場合は、急性死者より晩発性の死者の方が桁違いに多いという特徴がある。チェルノブイリ事故の場合、最近の新聞報道によると、ウクライナだけで6000〜7000人の犠牲者が出てきたと言われているし、隣接するベラルーシやロシアまで含めると一万人を超えると言われている。我々の研究グループでは、今回のチェルノブイリ事故で、将来全世界で70万人を超えるガン死者が出ると予測しているから、事故の影響の全貌が明らかになるのは、まだまだこれからなのである。

(3) ラスムッセン報告書における確率の使用の仕方

　確率自体の使用の仕方がいかなるものであるかの視点から見ると、ラスムッセン報告書の考え方は、次の如しです。

　「事故の危険源をイベントツリーとフォールトツリーを使って見つけ出し、その流れの中の分岐点における確率を推定し、次にそれらをつなげた事故

シーケンスの確率を、各分岐点における確率を**掛け合わせ**て求める。」

この考え方によって、原発のような巨大で複雑なプラントのリスクの解析的・定量的評価が可能であることは脇におくとして、軽水炉プラントのリスクの大部分は設計の範囲を超えた事故によるものであること、大破断冷却材喪失事故よりも小破断冷却材喪失事故やその他のトランジェントの方が全体のリスクへの寄与が大きいことが示されたことは確かであるので、上の「(2)」の「1)」の肯定的な評価見解はその限りにおいて一応頷けます。

(4) その後の確率論的安全評価の考え方

ラスムッセン報告書を受けて日本でも確率論的安全評価の研究事例があります。例えば、「国内 BWR プラントの確率論的安全評価について　昭和62年10月　東京電力株式会社　メモ 4-1 」です。そこにおいても、「事故シーケンスの確率を、各分岐点における確率を**掛け合わせて**求める。」という考え方は踏襲されています。

また『電力中央研究所報告「階層ベイズモデルを用いたデマンド故障確率推定の事前分布選択指針」原子力発電　報告書番号 L07005』は、ラスムッセン報告書の考えをより一層精緻化していますが、基本的な考え方は、踏襲されています。

なお、サヴェッジの統計学的な意思決定論は、その後批判を受けつつも、拡大発展し、現代では、"不確実性下の意思決定"論として、実務では多方面に使われています。しかし、その後の拡大発展の成果が、原発の安全評価に対しても、取り入れられているか否かについては、筆者の不勉強故に、不明です。

(5) 確率論的安全評価の考え方は、現場で使われているのか？
　　過酷事故回避に実際役に立っているのか？

確率論的安全評価の考え方は、原発の過酷事故回避に実際役に立っているのでしょうか？　この問は、ある施策を採用したことによってその効果がどの程度発現したかを、問う類に属するものです。この類の問いは、企業経営においては日常的に発せられるものであって、この類の問いが経営全般に関するもの

であれば、大体が管理会計、投資プロジェクト意思決定論に属する概念道具を使って解答を得ることができます。

一方、労働災害防止施策に資する安全対策の効果を問うのであれば、QC活動で使われる統計的な労働災害データ分析手法によって、解答を得ることができます。

しかし、確率論的安全評価の考え方を採用した場合、その採用が原発の過酷事故回避に実際どの程度に役に立っているかを測定するのは、過酷事故発生件数につき、採用する前と後につき比較する他ありません。その比較測定は、他の条件の変更による影響を差し引いて算出することになりますが、過酷事故発生件数がスリーマイル島、チェルノヴイリ、福島第一の3件のみであるので、比較結果の信用度が低いと思われます。

もっとも、米国においては実際に現場教育に使われ深く浸透しているが、日本においては安全性の確認のための道具として使われているに留まっているという見解があります(「確率論的リスク評価手法の導入及び高度化に係る日米協力実施可能性調査報告書」(株)三菱総合研究所　科学・安全政策研究本部　原子力事業グループ　2014年　60頁)。この見解が本当だとすれば、日本においては上の最初の問は的外れであることになります。

5　原発過酷事故対策に確率論を使用することへの素人が抱く素朴な疑問

原発の過酷事故が惹き起こす社会全体への被害が余りに深刻なため、その過酷事故発生確率に強い関心が集まることとなります。この確率を算出することに役に立つ確率論・統計学について、筆者は過去に初歩的なことを若干学んだに過ぎません。実務においても確率論・統計学の知識を使用したのは、二項モデルを使ってのオプション価格計算及び経営事象のボラティリティ計算に携わった程度の経験しかありません。

したがって、確率論的安全評価については全くの素人です。それでも、上の

「3」から「4」までの意味するところを頭に入れた上で原発過酷事故対策を考えるに、その対策に確率論を使用することにつき、素朴な疑問を数多く抱きます。その疑問は次の２つの分野に大別できます。
　A　確率論的安全評価手続きによって算出される「確率」そのものの信頼度は、どうであるのか？
　B　この「確率」の社会的な文脈における信用度（その意味は、「2」の（注1）参照）は、どうであるのか？
　上の掲げた２つの疑問点は原発の知識に重ねて確率論・統計学の知識にも属するインターフェイス課題であると思われます。したがって、両者の知識を身に着けたそれぞれの専門家の間の議論を経て回答が得られると考えるのが自然なのですが、この疑問の回答者には、原発に精通した専門家ではなく、特に確率論・統計学に精通したその分野の科学者がふさわしいかもしれません。なぜなら後者の科学者の方が、疑問点に対して立場上中立的であるからです。

(1) 算出される「確率」の信頼度への疑問

　「信頼性は不確定性が高い外部事象を視野に入れると劣化してくるのではないか？」

　原発過酷事故に限定すると、この確率への信頼性は、次の２つの要因を考慮すると、より劣化してくるのではないか？
　ⅰ　現実に適合する確率論的安全評価をなすのであれば、当然、炉心損傷あるいは格納容器損傷を惹き起こすプラント内部の事象に加え、その前段階事象である地震・津波・テロ破壊などの外部事象を考慮に入れざるを得ない。
　ⅱ　外部事象は、もともと不確定性が高い上に、再現実験がほとんど不可能である。一方、確率論的安全評価の計算基礎となる「確率分布モデル」は、もともと観測データの偏りあるいはパターンをうまく説明するためのものである。その「確率分布モデル」を現実に近づけるために、再現実験を繰り返しながら修正しつつ、構築する過程を必要とする。そうすると、再現

実験ができないとなると、現実に適合した確率モデルの構築が困難となる。すなわち確率モデルの現実適合性の信頼度が低下するのではないか？

(2) 算出される「確率」そのものの信頼度より社会的な文脈における 信用度 への疑問

「主観確率の信頼度が99％であっても、社会的な文脈における信用度は如何？」

疑問点の2番目は、次の点です。

「事故シーケンスの確率を、各分岐点における確率を掛け合わせて求める」という考え方における、この各分岐点での確率への信頼性はさておき、この各分岐点での確率の求め方を見ると、基本的には過去の同一事例から得られたデータに基づいて計算した客観確率（＝頻度確率）を使うという建て前になっているものの、そうしたデータが得られない場合は専門家の経験に基づく**主観確率（ベイズ確率）**を使わざるを得ないことになっています。

不確かさの定量化につき、頻度確率主義はランダム性にのみに基づくと考えるのに対し、主観確率主義では情報が不足していることもその一因であると考え、新たな情報を得ることでその値が変わる可能性があると考えるとされています。これは恐らく新たな情報によって想定する確率分布のパターンが変わってくるからと思われます。

その上で原発の過酷事故の過去の事例を見るとスリーマイル島、チェルノヴイリ、福島第一の3件のみであるので、未だに情報が不足しているのではないのかとの疑問が起こります。とすると、次のいずれかの疑問が湧きます。

 i 当初想定した確率分布の中で結論付けた確率の信頼度が99％であるにしても、想定した確率分布パターンが、新たな情報によって変わってくるのであれば、**社会的な文脈**における 信用度 は99％に達していないのではないのか？

 ii 確率分布のパターンの変化が落ち着くことが永久にないのであれば、新たな情報を得ることでその確率の値が変わるのであれば、この主観確率へ

の社会的な文脈における信用度はないに等しいのではないのか？
iii　確率分布のパターンの変化が落ち着くことがあるのであれば、新たな情報の出現が続くにしても、確率分布のパターンの変化が落ち着くのはいつになるのか？　→　**あと何件原発の過酷事故が続けば、情報が足りるのか？**そもそも情報が足りるという条件はどのようなものであるのか？

6　原発に限らず、リスクと確率論を扱う科学技術政策論にはいかなるものがあるのか？

(1)　アンディ・スターリング氏による知識の不定性の４類型

リスクと確率論を扱う科学技術政策論につき次のような問いを投げかける人がいます。

「一般にリスクとは、発生可能性のある有害事象（ハザード）とそれが実際に起こる確率の積として定式化されている（**リスク＝発生可能性のあるハザード×確率**）。そして発生可能性のあるハザードを摘出し、その発生確率を推定するために、科学技術の専門知が必要となる。その意味でリスク評価が科学技術の専門知に依存していることは間違いがない。ではその専門知とは、常に唯一解を与えてくれるような、安定的かつ決定的な知識なのだろうか？」（岩波書店『科学者に委ねてはいけないこと』の「科学技術の不定性と社会的意思決定　リスク・不確実性・多義性・無知」の吉澤　剛氏・中島貴子氏・本堂　毅氏による論考　93頁から94頁）

この問の核心は、「ハザードとその発生確率の２つに関する専門知が、現実に見解の相違がない安定的かつ決定的な知識として形成されているのだろうか？」と言うところにあります。またこの論考の他の部分と読み合わせると、この問が次の２つの見解を前提にしているという点に気が付きます。
i　リスクは、発生可能性のある**ハザード**とその**発生確率**という２つの構成要素からなる。
ii　ハザードとその発生確率という２つの構成要素それぞれを確定するため

には、それに関する科学技術の専門知が、現実に見解の相違がない安定的かつ決定的な知識として形成されていることが、求められる。

さらにこの論考を読み進めると、現行の科学技術の専門知が、上の2つの構成要素であるハザードとその発生確率両者の確定に貢献できるほど、見解の相違がなく安定的かつ決定的な知識を提供できるか否かによって、次のようなマトリックスが描けることに触れています。これは科学技術政策の理論家であるアンディ・スターリング氏が唱えている知識の不定性の4類型を示すものです。このマトリックスは、リスク評価をめぐる社会的意思決定の混乱が生じる理由に1つの説明を与えると同時に、その混乱に対して改善の処方箋を示す出発点となるものとして、近時多様な場面で頻繁に使用されているものです。ⅰは解釈要約版で、ⅱとⅲが直訳版です。

ⅰ　知識の不定性の4類型

		有害事象の発生可能性（発生結果）についての知識	
		定まっている unproblematic	定まっていない problematic
発生確率についての知識	定まっている	リスク状態 （例：毒性作用のある化学物質で、毒性作用内容が定まっていて、健康被害を及ぼすに至る化学物質の量も定まっている）	多義性状態 （どんな結果が起きるかについての知識が定まっていないが、ある程度の確率で起きるということはわかっている状態）
	定まっていない	不確実性状態 （例：地震や津波の被害の内容は定まっている。しかし、発生確率は定まっていない）	無知状態 （どのような種類のハザードがどの程度起こるかわからない状態）

ii　リスクを超えて
　　不定性の対照的な側面

		有害事象の発生可能性（発生結果）についての知識	
		定まっている unproblematic	定まっていない problematic
発生確率についての知識	定まっている	リスク状態 　　工学的要素 　　決定論的閉鎖系 　　高頻度の事故 　　良く知られた文脈	多義性状態 　　賛成・反対の定義 　　影響の対立 　　多様な視点 　　他の選択肢
	定まっていない	不確実性状態 　　動的開放系 　　低頻度の事象 　　人的要因 　　変化する文脈	無知状態 　　新規物資 　　サプライズの状況 　　新しい選択肢 　　わざと視野を狭める者

iii　切り開くための方法

		有害事象の発生可能性（発生結果）についての知識	
		定まっている unproblematic	定まっていない problematic
発生確率についての知識	定まっている	リスク状態 　　集約された確率 　　最適化アルゴリズム 　　統合的決定木 　　デルファイ／フォーサイト 　　予測モデリング	多義性状態 　　シナリオ／バックキャスティング 　　対話的モデリング 　　マッピング／Q 手法 　　参加型熟議 　　民主的手続き
	定まっていない	不確実性状態 　　根拠づける責任 　　説得の負担 　　不確実因子 　　決定ヒューリスティック 　　区間解析 　　感度試験	無知状態 　　応答型市民研究 　　好奇心モニタリング 　　証拠となる推定 　　柔軟性、可逆性 　　多様性、レジリアンス 　　敏捷性、適応性

　大事なことは、次の主張です。すなわち、

「発生可能性のあるハザードとその発生確率を問われている課題が、この4類型のどれには当てはまるかによって、使用する思考の枠組みを使い分けるべきであって、この思考の枠組みを取り違えると、混乱するだけである。」

例えば、不確実性状態下では、発生確率についての可能な解釈の多様性を認めるべきであって、**単一で集約的な発生確率があると思い込むのは、合理的でもなければ、「科学的根拠に基づいた」ものではない**ことになります。また、特に問われている課題が、無知状態に属しているにもかかわらず、リスク状態にあると、取り違えてしまうのは、最悪と言うことになります。

それでは、4類型におけるそれぞれにおいて適合する思考の枠組みは、どのようなものなのでしょうか？ 筆者の私見によると次のようなものです。

iv 対応についての思考の枠組みの要約

		有害事象の発生可能性（発生結果）についての知識	
		定まっている unproblematic	定まっていない problematicunproblematic
発生確率についての知識	定まっている	prevention （予防）	参加型熟議
	定まっていない	precautionary prevention （事前警戒的予防）	precaution （事前警戒）

（注）**知識の不定性の4類型が唱えられるに至った経緯←背景は狂牛病対策における専門家の大失敗か？**

サセックス大学科学政策研究所のアンディ・スターリング氏が知識の不定性の4類型説を唱えるに至った経緯はどのようなものでしょうか？ 筆者は専門家である科学者の意見に従ったばっかりに大失敗をした事例であるイギリスのBSE（狂牛病：牛海綿状脳症）問題に端を発していると推測しています。このBSE問題については、岩波書店『科学者に委ねてはいけないこと』における吉川肇子氏によ

る「リスク・コミュニケーションのあり方」における次の文章が、問題の所在を簡潔明瞭に示しています。
> 「イギリスのBSE問題においては、1986年に問題が発覚してから1996年に人間への感染を公式に（政府が）認めるまでの10年の対応の遅れが感染拡大を招いた。この10年の間に、問題を指摘する意見はマス・メディアも含めて多数あったのだが、イギリス政府は「リスクはあるとしても限りなくゼロに近い」と主張した科学者の意見に頼り、国民に**牛肉の安全を保証するキャンペーンを繰り返した**。イギリス政府のリスク・コミュニケーション上の最大の失敗とされる。」（強調点筆者加筆）

なお、同論考において吉川肇子氏は、この文の後に、次の文を添えています。
> 「今回の原発事故による食品安全のキャンペーンを見ていると、イギリス政府のそれと非常に手法が似ており、同じ様な結末になるのではないかと懸念される。」

(2) 不定性の４類型における発生確率は、ベイズ推定の主観確率を含むのか？

アンディ・スターリング氏が唱えている知識の不定性の４類型は、上で示した如きなのですが、そこにおける発生確率概念は、客観確率が求められないとき、ベイズ推定の主観確率を含むと考えてよいのでしょうか？

これにつき、アンディ・スターリング氏自身は、「客観確率（頻度分布関数・離散頻度確率）は確率に関する堅固な基礎がある。一方、主観確率（ベイズ分布関数・離散ベイズ分布確率）は確率に関する弱い基礎しかないとして区別をするも、それでも弱い基礎があるので、主観確率があれば、リスク状態に属する。」とする見解をもっています。（Risk, uncertainty and precaution : some instrumental implications from the social sciences.p.42）

しかし、主観確率を含むとする見解を採用すると、主観確率を含まないとする見解と異なり、問われている課題が表の下の方に属するのではなく、表の上の方に属することとなります。例えば、不確定状態からリスク状態に転移し、あるいは無知状態から多義性状態に転移することになります。これにつき、筆者の私見は、次の通りです。

> 問われている課題についての発生確率概念は、客観確率が求められないとき、ベイズ推定の主観確率を含まないと解するべきである。

その理由は、主観確率が、専門家の経験に基づくそれまでの情報に依存していて、新たな情報が獲得されると変わっていく点に問題があると思うからです。これを学究的に表現すると、次の通りです。
　先に主観確率論の公理化を果たし、それに基づく統計理論を展開してベイジアン統計学の基礎を築いたのはレオナルド・サヴェッジであると述べました。彼の業績は次のようなものです。

　　「人間の判断なり行動に必ず数値的な確率を与えることができる。よって、統計的に言って効率的な予想を形成したり、数値的確率に基づく定量的な判断をしたりすることは常に可能である。」

　原発に「確率論的安全評価」を導入したラスムセン報告も、その定理に乗っかった思考の産物と言えます。しかし、だからと言って、主観確率に基づく判断や選択が、**事後的に正しいことを保証するものではない。**

7　不確実性状態では、原発過酷事故の発生確率が小さいことを理由に原発を是とする見解は、非適合

　原発過酷事故という有害事象が、上のアンディ・スターリング氏による４類型のどれに該当するかを考えるに、有害事象が、どのようなものであるかは、定まっていると思われます。福島第一原発の事故を見れば一目瞭然です。一方、その発生確率については、どうでしょうか？
　毒性作用のある化学物質につき、生命を損なう摂取量が確立していて、論者によって差がないのと比較すれば、原発過酷事故という有害事象の発生確率は、論者によって大きく差があり、定まっていないと言えるでしょう。実際、過酷事故をもたらす要素の１つである地震や津波の発生確率でさえ、定まっていないのですから。ということで、原発過酷事故という有害事象は、「知識の不定性の４類型マトリックス」中の不確実状態に属すると思われます。
　一方「七」の課題であるドイツの答申書中の「Ａ　原子力事故損害は相対的な比較衡量できるリスクである。」という見解は、原発過酷事故の「大損害額

×極めて低い発生率」の数値を、「原発が提供する社会的便益」数値あるいは原発に起因するのではない他のこと（例えば、隕石落下）に起因する惨事における「損害額×発生率」数値と比較衡量する思考（＝**加減算思考**）の枠組みに立つものでした。過酷事故の発生確率が小さいことをもって原発を是とする見解は、このような加減算思考の枠組みに立っています。

しかし、このような加減算思考の枠組みを使用することが有効であるのは、私見では、「知識の不定性の４類型マトリックス」の区分においては、「有害事象の発生可能性（発生結果）についての知識」と「発生確率についての知識」の両者が定まっている**リスク状態のときに限られる**と思われます。それ以外の３状態に属する課題を、このような加減算思考の枠組みで処理することは、明らかに適合しません。

すなわち、過酷事故の発生確率が小さいことを理由に原発を是とする思考の枠組みは、リスク状態に属する課題を解決するときに限って有効であるにもかかわらず、現実に問われている原発過酷事故回避あるいは原発の是非の課題は、そもそも「知識の不定性の４類型マトリックス」で見る限り、不確実状態に属する課題であるので、課題を解決するための思考の枠組みとしては適合しません。**非適合**であって、論拠たり得ません。

このことは、「原発安全評価が確率で示されたとしても、その確率は、**人間の想像力に限界がある中**で計算されたものであるので、信用できないのではないか？」という素朴な疑問からも肯定できます。

すなわち、原子力発電事業における過酷事故は、原子力発電所だけで起こるとは限りません。高濃度放射性廃棄物の保管施設においても起こり得ます。人間の想像力は限りがあるので、10万年にわたる保管期間中に何が起こるか予測できるはずがありません。そもそも過酷事故の発生は、今まで述べたように歴史的・社会的文脈に依拠し、多岐にわたります。その発生確率についての知識が定まっているとはとても言えません。

またドイツの答申書における「B　原子力事故損害は絶対的で比較衡量できないリスクである。」という考え方は、ダメイジの地理的・時間軸上の広がりの余りの大きさからして、いわゆる**残余リスク**として原発過酷事故を位置付け

ること、すなわち、上の加減算思考の枠組みを使用することを、明確に拒否する点で、上の非適合論と共通するものがあります。

　それは、加減算思考ではなく、**乗算思考**を採用して、その計算要素中に０が１個でもあれば、他の計算要素の数値がどんなに大きくとも、計算結果は０であるということに、譬えられます。

九

低線量内部被曝がもたらす
環境・生命・健康への
危害の真実を知り、
それを巡っての
《良心的な科学者 × ICRP》
という対立構図を知る

1 低線量内部被曝がもたらすその危害の真実を解説した著作物

　核分裂生成物がもたらす生命・健康への危害、特に低線量内部被曝がもたらすその危害は、原発の是非判定に決定的に重要な位置を占めます。その危害の真実がいかなるものであるかによって、
　　第一に原発作業者の労働環境をどうすべきかが左右され、
　　第二に原発周辺住民の生命・健康・生活の行く末が、
　　第三に安全確保設備投資額の大きさによって原発の採算性が、
左右されるからです。
　次に、低線量内部被曝がもたらすその危害の真実を知るためには、学究的な調査姿勢と極めて深い専門知識を必要とします。したがって、その実態解明には、その分野の専門家の見解表明に頼らざるを得ません。
　ところが、原発産業あるいは原発推進国策に利害関係を有する自称専門家が、跳梁跋扈しているという現実があります。ということであれば、傾聴する相手は、その分野に造詣の深い専門家であるにしても、少なくとも、次の２つの条件を満たすことが不可欠です。
　　イ　原発産業あるいは原発推進国策に利害関係を有しない。
　　ロ　その道における先端の実務専門知識を身に着けている。
　一方、核分裂生成物による健康被害の実態解明には、次の順序と方法を備えた思考の枠組みを採用するのが、論理的です。
　　ハ　最初に**統計学的な相関関係**に基づいて疫学的に立証する。
　　ニ　次に、その相関関係をもたらすことの本質である**因果関係**を探って解明する。
　注意すべきは、統計学的な相関関係に基づいた疫学的立証は、因果関係を解明するための手がかりでしかないということです。疫学的立証に満足するだけでは、事の本質に迫っていないということです。
　そこで、上のイからニまでの４つの条件を満たす著作物を探すと、下記の

AからHまでの書物あるいは証言録は、それに該当することがわかりました。すなわち、これらの書き手、あるいは証言者は、何らかの権威におもねることもなく、自己保身や自己利益追求を第一とする精神構造の持ち主とは対極にある良心的な精神構造の持ち主です。そのうち、AからDまでの著者は科学者で、FからHまでは、故人となった1人を除き、現役の第一線の医師です。いずれも、真理を探究するバックボーンをもち、正義感と義務感に富み、その上でその道における先端の実務専門知識を身に着けている超一流の専門家です。

ということで、この「九」では、このAからHまでの著作物からの部分的引用と要約を掲げることをもって、低線量内部被曝がもたらす環境・生命・健康への危害の真実の記述とします。なお、読者の中で、さらに詳しく知りたいのであれば、筆者としては、これら著作物を精読することを、お勧めします。

A 『人間と環境への低レベル放射能の脅威』ラルフ・グロイブ／アーネスト・スターングラス（注1）著　肥田舜太郎／竹野内真理訳（あけび書房）

B 『低線量内部被曝の脅威』ジェイ・M・グールド著　肥田舜太郎他訳（緑風出版）

C 『死に至る虚構　国家による低線量放射線の隠蔽』ジェイ・M・グールド（注2）、ベンジャミン A・ゴルドマン著　肥田舜太郎／齋藤 紀訳（PKO法「雑則」を広める会）。なお、この著作の12頁から13頁、18頁、154頁から155頁にて説明されている「ペトカウ効果」は、**原爆症認定集団訴訟における2008年大阪高裁原告勝訴判決において、引用され、**原告勝訴の理由を構成している。なおこの判決につき、原告被告ともに上告しなかったので、この判決が確定判決となっている。

D 『放射線被曝の歴史　アメリカ原爆開発から福島原発事故まで』中川保雄著（明石書房）

E 被爆医師・肥田舜太郎さんの証言「―あなたは、内部被ばくのことを知っていますか―」アヒンサー第3号（PKO法「雑則」を広める会）

F 仙台日赤病院呼吸器内科　岡山博「放射能の影響とこれからのこと―知ろう、訊こう、考えよう―」アヒンサー第4号（PKO法「雑則」を広め

る会）

G　北海道がんセンター院長　西尾正道「みんな催眠術にかかっている。目、覚まして下さいよ！」アヒンサー第5号（PKO法「雑則」を広める会）

H　こだま医院院長　児玉順一「ペトカウ効果から学んだ内部被ばくの話」アヒンサー第6号（PKO法「雑則」を広める会）

《参考文献》

　　Dは、ICRP（国際放射線防護委員会）・IAEA（国際原子力機関）・UNSCEAR（国連科学委員会）の歴史と果たしてきた役割についての、詳細な報告書です。その報告書の内容を簡単に知りたいのであれば、山田 真著『水俣から福島へ　公害の経験を共有する』（岩波書店）の165頁から始まる《放射線の「許容量」の歴史》の部分を読むことをお勧めします。なお、山田 真氏は、現役の医師であり、水俣病、森永ヒ素ミルク事件における患者救済に奔走貢献してきた経歴を持ち、福島原発事故後の放射線による健康被害に不安を募らせる住民の現地での健康相談会に、今も従事している正義感に富んだ人物として知られています。

　（注1）著者紹介

　　　　アーネスト・スターングラス博士は、ピッツバーグ大学医学部放射線科名誉教授であるが、ウエスティングハウス社の月面基地研究プログラムを主導し、今も人工衛星で使われている画像装置を発明した人物で、その後原子炉の安全性に疑問を持ち始めてウエスティングハウス社を去ったという異色の経歴を有します。1960年代から核実験による死の灰と原子炉からの放射線放出物による人体の健康、特に発達中の胎児や幼児への影響について広範な調査を行った方です。

　（注2）著者紹介

　　　　ジェイ・M・グールド博士のもともとの専門は、経済統計学。1955年有名なブラウンシュー事件で司法省の専門家証人として雇われ、最高裁判所判決で勝訴に貢献したことから、統計学者としての地位を確立。その後30年以上反トラスト訴訟の専門家として活躍。

　　　　しかし、単なる専門家ではありません。同時期に、ノーベル経済学賞受賞者レオンチェフの産業関連分析表を商業利用するためのIBMが主導するプログラム開発の指導をなし、情報関連会社を設立して成功した企業家でもあります。米国環境保護庁の科学諮問委員にもなっています。

　　　　彼のB・C2冊の著書には、米国内での様々な政治的事件も描かれていて、興味深いものがあります。政治的事件とは、例えば、米国内で、アイゼンハワー大統

領時代に、**ダイナマイト代わりに原爆を使う**計画があったこと、核実験禁止条約に向けてのケネディ大統領の果たした役割等です。
　また、彼は、早くから原子力発電が経済的に成り立ちえないことを、指摘していました（B227頁）。これは、企業家でもある彼の経歴によるものとい思われます。

2　低線量内部被曝がもたらす危害の疫学的立証例

　低線量内部被曝がもたらす危害の疫学的立証例は、上のA、B、Cの著作物に数多く記されています。本書の紙数の都合から、ここでは、上のA、B、Cの著作物から、その多くの事例から無作為に選抜した事例を、次の3つの場合に分けて、結論を中心に、極簡単に紹介します。そのことによって、低線量内部被曝がもたらすその危害の真実を汲み取ってください。
・原発を含む核施設が周辺の住民にもたらした危害
・原発事故による放射線降下物がもたらした危害
・核実験に起因する放射線降下物がもたらした危害

3　原発を含む核施設が周辺の住民にもたらした危害の疫学的立証例

1）乳がん死亡リスクと核施設との統計学的な相関関係
　B『低線量内部被曝の脅威』は9つの章と付録AからDで構成されています。そのうち、第1章、第4章、第5章、第8章及び付録A、付録B、付録Dを使って、

　　「**全米3千余の郡のうち核施設に近い約1,300郡に住む女性の乳がん死亡リスクが極めて高い。**」

ことを、統計学的な相関関係に基づいて疫学的に立証しています。その立証の仕方は極めて論理的かつ精緻であり、反論の余地はないと思われます。したがって、そこに書いてあることが、真実の足掛かりになると思わざるを得ません。

２）インディアンポイント原発と体重の極めて少ない出生児との統計学的な相関関係

なお、Bは、「インディアンポイント原発からのヨウ素131放出が、体重の極めて少ない出生児をもたらしている（図2-14）」ことも、統計学的な相関関係に基づいて疫学的立証しています。

３）ビーチボトム原発が、運転開始してから乳幼児死亡比率が急激に上昇

C『死に至る虚構　国家による低線量放射線の隠蔽』は、その110頁の図8-2と図8-3において、ビーチボトム原発が、運転開始してから、ワシントンD.C.での米国全体と比較した乳幼児死亡比率が急激に上昇したことを、示しています。

４）マイルストーン原発とがん死亡率の58％以上の上昇との統計学的な相関関係

Cの115頁において、1970年から75年にかけて、ウォーターフォード・タウンシップにおけるマイルストーン原発が、運転開始してから、同地域でのがん死亡率が58％以上上昇したことを、示しています。

4　原発事故による放射線降下物がもたらした危害の疫学的立証3例

AからHの著作物においては、規模の小さい原発事故も含めて、原発事故による放射線降下物がもたらした危害事例が、多々記してあります。その中の数例を以下示します。

１）スリーマイル原発事故後、新生児死亡数、事故前より600％増加

スリーマイル原発事故後、近隣地域において新生児死亡数が顕著に増加したことを、第10図（A121頁）で説明。新生児死亡数増加率が、米国全体では、マイナス10％であったにもかかわらず、**16km**しか離れていないハリスバーグで

は、事故前より600％増加。

2）サバンナリバー核兵器工場の事故によって過剰死亡は、2,400倍に

サバンナリバー核兵器工場の事故は、1970年11月と12月に、炉心溶融を起こし、大量の放射能漏れ起こしています。その影響のうち、ごく一部を紹介します。

同工場のあるサウスカロライナ州の**乳幼児死亡率**は、1971年1月に前年1月に比べて24％上昇（C34頁　図4-3）、1971年5月から9月の5か月間は前年同期に比べて、15％上昇し、その後3年にわたって有意な上昇を続けた。先天性奇形による乳幼児死亡は、驚くほど高く、米国全体の25％高（C35頁）。

事故後の年間10万人当たりの死亡数も、その後3年にわたって有意な上昇を続けた（C45頁　図4-4）。結果的に、サバンナリバー核兵器工場の事故によって、過剰死亡は、2,400倍に以上の変化率となった（C35頁　図4-1）。

3）1986年4月28日のチェルノヴイリ事故の放射能が5月初めに米国に到達した際の米国の過剰死は、4万人

1986年4月28日のチェルノヴイリ事故の放射能が5月初めに米国に到達しました。それは、その後の夏の期間において、低年齢層・高年齢層そしてエイズなどの感染症にかかっている人たち（免疫系に脆弱な人々）の死を早めた（C2頁と第2章全体に詳細）。米国の過剰死は、4万人。

5　核実験に起因する放射線降下物がもたらした危害の疫学的立証3例

AからHの著作物においては、「核実験による放射線降下物がもたらす危害の疫学的立証」事例が、多々あります。その中で数例を以下示します。特に2）はわが国に関することであり、衝撃的な内容です。

1）放射線降下物の影響で、1968年までの間に、米国だけで40万人の新生児死亡

放射線降下物の影響で、1968年までの間に、米国だけで40万人の新生児が、死の灰の影響で生後1年内に死亡したとの結論を出した（A109頁）。この結論に至る**着目点**は、次のようなものである。

年ごとの乳児千人当たりの死亡率は、医学技術の進歩により毎年少なくなる推移線を描いてきた。すなわち、「減少傾向」にあった。ところが、核実験からの放射線降下物があった年次に限って、その「減少傾向」が緩慢になったことに着目したものである。

方法論としては、第5図（A110頁）参照。乳児死亡率について
「核実験がなかった場合の本来の減少傾向」
「核実験のために緩慢になった減少傾向」
を対比し、その差が40万人であることを説明している。

2）5歳から9歳までの日本の子供のがんによる死亡率が600％までに鋭く上昇

日本癌学会を代表する瀬木三雄の1972年の研究をベースにして、**最初の原爆実験後の日本全国で5歳から9歳までの日本の子供のがんによる死亡率が600％までに鋭く上昇**していることを発見した（A111頁）。

第6図（A112頁）は、縦軸に、日本の5歳から9歳までの子供のがんによる千人当たりの死亡率を、横軸に、1935年から1965年までの年次刻みを取ったものであるが、最初の原爆実験があった年次以降、その死亡率が異常に増加したことを説明している。

3）試験の成績の平均値の低下とミルク中のヨウ素131との相関

米国において18歳になった者は、全国規模での学力適性試験を受ける。スターングラスは、心理学者のスティーブン・ベルと共同で、この試験の成績の平均値の低下が、1950年代と1960年代のネバダとニューメキシコで行われた核実験からの死の灰、特にミルク中のヨウ素131と相関することを、示した（第11図（A127頁））。因果関係を橋渡しするこのヨウ素131は、甲状腺で蓄積され、脳の発達を制御する働きを果たす。また、ネバダ核実験場のあるユタ州は、教育熱

心な州であるにもかかわらず、下降点数が全国最高の落ち込みで、ミルク中のヨウ素131が最高濃度を示していたことも、解説。

6　統計学的な相関関係を手がかりにした因果関係の究明

(1) ペトカウ効果の役割

「1」にて、次のことを述べました。

ハ　最初に統計学的な相関関係に基づいて疫学的に立証する。

ニ　次に、その相関関係をもたらすことの本質である因果関係を探って解明する。

注意すべきは、統計学的な相関関係に基づいた疫学的立証は、因果関係を解明するための手がかりでしかないということです。疫学的立証に満足するだけでは、ことの本質に迫っていないということです。

一方、低線量被曝の危害についての統計学的な相関関係を、**従来の因果関係の理論**（外部からの放射線は、細胞核の中の**遺伝子**を直接損傷する作用を持つ。この放射線による遺伝子損傷が確率的に後遺症をもたらす。）で説明することは、無理がありました。そのため、「2」から「5」までの統計学的な相関関係事例を無視あるいは軽視する見解が唱えられても、十分に反論することができないという結果をもたらしていました。そこで、従来の遺伝子毀損理論に代わって、因果関係を解明する実証に裏打ちされた理論が求められていました。

その理論こそが、本書「序」（注3）にて解説した「ペトカウ効果」（体内に取り込まれた核分裂生成物が出す微弱な放射線によって、酸素が溶け込んだ細胞液の中で、活性酸素・フリーラジカルが作り出され、それが細胞膜を損傷・破壊するという間接的作用）理論です。

「1」で掲げた書物はDを除いて、全てこのことに言及しています。特に、「H　こだま医院院長　児玉順一「ペトカウ効果から学んだ内部被ばくの話」」は、その後の研究成果を取り入れて、内部被ばくが、身体の細胞を破壊する理由をわかりやすく説明しています。その中で注目すべきは、次の点です。

(H10頁)
- i 活性酸素には善玉の活性酸素と悪玉の活性酸素がある。
- ii 善玉の活性酸素は、生命維持に必要である。
- iii **その善玉の活性酸素を供給するためには、自然放射能をもったカリウム40が必要である。**
- iv **それ以外の核分裂生成物は、悪玉の活性酸素を作る。**

このiiiとivは、極めて大切な点です。というのは、原発推進の立場にある科学者の中には、カリウム40の存在を低線量被ばくの安全論の切り札としている人がいるからです。例えば、「体内のカリウム40の総放射線量はかなりのものである。したがって、セシウム同位体が体内に取り込まれても、たいしたことはない。」という具合です。

したがって、このような一見科学的に見える主張に惑わされないためにも、「ペトカウ効果から学んだ内部被ばくの話」は必読です。

(2) ペトカウ効果を補強するその後の研究成果（ホルミシス現象等の位置付け）

　v ペトカウ効果を補強するもの

として、次の記事があります。

　第13図（A135頁）プルトニウム238によるラットのがん
　第29図（A221頁）乳房細胞の線量率に依存する誘導突然変異
　第32図（A230頁）線量効果曲線：ヨウ素131中のミルク中への濃縮で起こる
　　　　　　　　　全死亡率増加の百分比

またペトカウ理論の承継者たちの最新の研究成果がA222頁に記されています。その中で注目すべきは、ロシアのブルラコーワ博士の研究成果です。

　「個体レベルとして身体に良い効果をもたらすホルミシス現象が、あくまでも一時的で永続性がないことを分子細胞レベルの研究で確かめた。」

この**ホルミシス現象**の位置付けも、極めて大切な点です。というのは、カリウム40とともに、原発推進の立場にある科学者が、しばしば唱えるものだからです。内部被ばくは、長期間にわたるものです。したがって、ホルミシス現象

があっても、一時的なものであるので、長期間においては、結果的には何らの良い作用を果たし得ないということになります。

7　原子力産業が被ばくの真実を隠蔽・歪曲してきた理由とその手口

　原子力産業は当初核兵器製造業として、米国で生まれました。その原発産業は、被ばくの真実を隠蔽・歪曲してきた歴史を負っています。これは、核兵器製造が高度の機密の塊であることから当然なことです。そのことは、1970年11月に起こったサバンナリバー核兵器工場の**炉心溶融という大事故**が、1988年に米国上院でジョン・グレン議員による公聴会で明らかになるまで、秘密にされていたことからもわかります。

　そこで、ここでは、被ばくの真実が隠蔽・歪曲されてきた理由とその手口を述べ、次に「8」で、そのような隠蔽と歪曲に、身を挺して抗ってきた良心的な科学者のことを述べます。その理由と手口は、上の一連の著作の記述から次のようにまとめることができます。

　ⅰ　原発が出す核分裂生成物が生命・健康へ損害をもたらす作用メカニズムとその結果の後遺症についての知識は、核兵器使用がもたらすそれと同一であるので、もともとは高度な**軍事機密**そのものである。

　ⅱ　実際、米国において原発を所轄する部署である米国エネルギー省は、核兵器をも所轄している。ちなみに、同国の通常兵器の所轄部署は、国防省。

　ⅲ　米国はソ連に比べて通常兵器の分野で劣っていた時代があった。東西冷戦中のアイゼンハワー大統領のときであった。しかし、核兵器の分野では優っていた。そこで優位に立っていた核兵器を通常兵器と同じく容易に使う軍事方針を採用した。しかし、**核分裂生成物が出す放射線が低線量であっても、生命・健康を損なうことが、世界に周知のものとなると、核兵器使用の障害となるとの、強い懸念が米国政府で存在していた。**

　ⅳ　そこで、米国の国益維持のために、核分裂生成物が惹き起こす健康被害

を小さく見せる情報操作が必要であると目論み、その目論みを実行する団体として**米国放射線防護委員会**を高名な科学者等を顔にして設立し、さらには国際版の国際放射線防護委員会（ICRP）をはじめとした国際機関を設立した。
v 原発産業資本も、放射線が低線量であっても、生命・健康を損なうことが周知のものとなることは、原発の建設と維持に障害となることを恐れて、その目論みに追随し、それら国際機関に、影響力を持つに至った。
vi したがって、その知識は、公開された環境で、科学者が中立公平な立場で、議論の対象とする知識分野に属するものではない。
vii 現在、国際放射線防護委員会（ICRP）をはじめとした核分裂生成物の生命・健康への損害作用メカニズムとその影響程度を公表している国際機関のほとんどは、米国エネルギー省と米国を中心とした原子力産業の強い影響下にある。

8　被ばくの真実の歪曲に抗した良心的な科学者の烈伝

被ばくの真実の歪曲に抗した良心的な科学者は、多々いますが、その中で名の通っている学者は、次の人達です。
① アリス・スチュアート博士による小児白血病とがんの疫学的研究
1958年（D128頁）
イギリスの10歳以下の子どもたちの間で白血病が異常に急増していることに注目し、その原因は母親が妊娠中にレントゲン診断を受けて胎児期に放射線をあびたことにあると推測した。彼女はレントゲンの枚数が増えるとともに、小児がん・白血病も増加することを1958年に発表した。同様の事実は、アメリカのマクメイアンによっても見いだされた。
スチュアートらの発見は、重大な意味をもっていた。ICRP はじめ BEAR 委員会や国連科学委員会がそろって採用してきた見解を真っ向から否定するものであったからである。原子力推進派の科学者たちは、がん・白血病

は100レム（1シーベルト）以上の高線量では発生するが、それ以下では不明で、しきい値があるかもしれないと主張し続けていた。しかし、スチュアートらの結果は、100レム（1シーベルト）どころか放射線に敏感な胎児ではレントゲン写真数枚の低線量被曝、すなわち数百ミリレム(数ミリシーベルト)でがん・白血病が発生することを示したのである。

　…しかしICRPは、…それらの証拠を無視してしまった。

② ゴフマンとタンプリン両博士によるローレンス・リバモア 核兵器 研究所内部からの反乱

1969年（D130頁から引用、A83頁にもこの2人の業績について解説あり）

　ゴフマンとタンプリンは、核軍拡と原子力開発の要である**原子力委員会**傘下の**核兵器研究所であるローレンス・リバモア研究所**の中心的科学者で、ゴフマンは同研究所の副所長の1人で生物部の責任者であった。彼らによる、原子力委員会批判は、いわば内部からの反乱であり、原発推進派にとっては大変な脅威であった。

…

　彼らは、放射線のリスク評価が10～20倍も過小評価されていることを論証するとともに、もしもアメリカ国民が**連邦放射線審議会**の勧告した年間0.17レム（1.7ミリシーベルト）被曝させられるなら、年間3万2千人ものがん・白血病が発生する、と多くの人びとに訴えた。そのうえでゴフマンらは、年0.17レムの基準を一桁以上引き下げるべきである、と強く主張した。さらに2人は、原子力委員会をはじめとする原発推進派の科学者たちに、公開の討論会をやろう、と提案したが、もちろん推進派は逃げてしまってその討論会は開かれずに終わった。

（A102頁）

　…ゴフマン教授は、原子力のための**放射線防護法**を「殺人免許書」と呼んだ。…

③ 原子力委員会からの圧力に抗したトーマス・マンキュソー博士

1974年から1976年（D166頁）

アメリカの原子力委員会は、自分たち独自のデータを用いて**許容線量**以下の低線量被曝の「安全性」を証明しようという、…計画を立てた。アメリカの核兵器の製造工場で働く原子力労働者が、何よりのデータを提供しており、それらの被曝労働者の間では、放射線の被害など皆目ない、と原子力委員会はことあるごとに力説してきた。そこでその建前に従って、原子力委員会の生物・医学部は、…長期的な疫学研究を、ある研究者（**トーマス・マンキュソー博士**）に委託して1965年から開始した。

　ところが、…ハンフォードの核施設をかかえるワシントン州の社会保健サービス局の医師で、人口研究班の責任者であったミラムが1950年から1974年の間にワシントン州で死亡した30万7,828人を調査して、重大な事実を発見した。そのうちハンフォードの核施設で働いていたことのある労働者の死亡率が、他より25％も高かったのである。ミラムから情報を得た原子力委員会は、彼の研究結果が外部に漏れないようにするために急いで工作を開始した。
…

　原子力委員会はミラムの調査結果を否定するためにとハンフォードの被曝労働者には放射線の有害な影響はなんら認められない、という報告を急いで発表するように委託研究者（トーマス・マンキュソー博士）に圧力をかけた。…その研究者（トーマス・マンキュソー博士）は、科学者の良心にかけていまだ完成していない研究の成果を発表することを頑として拒否した。
…

　マンキュソーは、原子力委員会の圧力に屈することなくハンフォードの被曝労働者に関する調査結果をまとめ、イギリスのスチュアート等の協力も得て十数年におよぶ研究の結果を、1976年に発表した。およそ２万８千人を対象としたその調査から得られた放射線のリスクは、ICRPなどの評価のおよそ10倍であった。…ハンフォードのデータは、原爆被爆者のデータと異なり被曝線量が測定されていた。

上の①から③以外にも、人間と環境への低レベル放射能の脅威についての調査が、真理を探究する良心的な科学者によって数多くなされました。そして、彼らはその調査結果を社会に対して公表し、注意を促す働きかけをなしたことから、次のことが明らかになりました。

（D188頁）
　原子力推進の研究者たちは長崎の白血病データを唯一の根拠にして、**100レム（1シーベルト）以下の被曝なら、がん・白血病は発生しない、すなわち線量─影響関係に「しきい線量」があるという金科玉条を作り上げていた。…しかし、…その金科玉条は根底から瓦解し、「しきい線量」存続論は最大の疫学的な根拠を失ったのである。**

9　議論形成の場の中心に、国際放射線防護委員会（ICRP）という団体が存在

　核分裂生成物が生命・健康に損害をもたらす作用メカニズムについての知識が定まっているか否かにつき調べると、その議論形成の場が、他の様々な有害な物質が損害をもたらす作用メカニズムについて、議論が形成される場と、大きく異なることがわかります。それは、議論形成の場の中心に、**国際放射線防護委員会（ICRP）という団体**が存在しているという異色点です。

　その議論は、学術問題を扱うのであるから、本来であれば、1人ひとりの科学者が、真理の前にはお互い対等であるという心構えをもって虚心坦懐に、その議論形成の場に参加しなければなりません。なぜなら、その議論形成の場は、利害を調整する場でもないし、1人1票を持つ政治的課題を扱う場でもないからです。

　結局、異色点とは、議論形成の場の構成者が、多数の個人としての科学者とは別に、ICRPという団体が加わっているという点です。要は、**ICRPそのものが、学術団体としての、議論の場そのものでない**ということです。これは誤解してはならない点です。

「1」で掲げたAからHまでの著書は、程度の差はありますが、全てこのICRPという団体の歴史、創設意図、果たしている役割等について触れています。その中で、ICRPそのものに焦点を当てて、調査したのが、工学博士でもあり科学史の研究家でもあった故中川保雄氏の著作である『放射線被曝の歴史　アメリカ原爆開発から福島原発事故まで』です。それらのICRPに言及したすべてをまとめると次のようになります。

> 国際放射線防護委員会（ICRP）をはじめとした核分裂生成物の生命・健康への損害作用メカニズムとその影響程度の公表に関与している国際機関のほとんどは、米国エネルギー省と米国を中心とした原子力産業が**世論を情報操作するために使える便利な道具**である。

10　ICRPが勧告する被ばく線量基準をどう解釈するか？

(1)　**医師によるICRP（国際放射線防護委員会）・IAEA（国際原子力機関）・UNSCEAR（国連科学委員会）の組織実態の解説と勧告内容の解説**

ICRPは、被ばく線量についての基準を設定し勧告しています。しかし、上のような役割をもった団体であるならば、その勧告基準にどう対応したらよいのでしょうか？

その疑問に、わかりやすく明瞭に答えているのが、北海道がんセンター院長西尾正道医師による「みんな催眠術にかかっている。目、覚まして下さいよ！」（アヒンサー第5号　PKO法「雑則」を広める会）の中の次のような講演録です。なお、同氏は、年間1,500人ほどの患者に対する**放射線治療**に、39年間従事してきた現役の医師です。

> ⅰ（1頁）
> 　最後の、3.11以降の2年間は、いわゆる放射線関係の先生方とのたたかい

でした。そういう先生方は、みなさん ICRP 中心なんです。ちょっと根本的なことを考えると、いかにウソかということがすぐにわかるんですけれど、考えられない。みなさん鵜呑み度が高い。特にお医者さんは。自分が最高だと思っている人種です。そういう中で、彼らとのたたかいになりました。

ii （6頁）　**3つの被ばく体系**

　世界で作られている放射線の管理は、国際的な仕組みで行われている。牛耳っているのは、ICRP です。**IAEA（国際原子力機関）は具体的な基準を出し、UNSCEAR（国連科学委員会）は放射線の研究結果を ICRP に報告し、ICRP は勧告を出しています。**

　日本の放射線体系は ICRP の1990年勧告が元になっています。その中で、

　　医療被ばく　　職業被ばく　　公衆被ばく

の３つに分けられています。福島で事故が起きてから「CT 検査で何ぼ浴びるから、今回の福島の量なんて大したことはないよ」といっています。冗談じゃない。医療被ばくには限度がありません。医療被ばくというのは、診断や治療をするときに、個人の利益を優先するために、必要であれば、いくら使ってもよい。ただあまりでたらめな使い方をしてはいけないので、正当な理由があって使うとしてもできるだけ少ない量で最適に使いなさい。そういうきちっとした縛りの中で、病院が必要があれば自由に使う。

　ところが、原発で働く人も医者もそうですけど、放射線を扱う放射線業務従事者は職業被ばくとされ、年間20ミリシーベルト、５年間で100ミリまではいいということになっているんですが、今回さらに250ミリに上げました。…

　一般の公衆被ばくは１年１ミリシーベルトということになっています。しかし、それを今回20倍の20ミリシーベルトにしました。みなさんは20倍放射線に抵抗性を持ったんです（笑い）。持つわけないんだけど、法律で決めたんです。…

iii （6頁）　**ICRP 勧告は「物語」に過ぎない**

　はじめにちょっと言いましたけど、先生方の考えが ICRP 中心だと。それは今の**医学の教科書、看護師さんの教科書、診療放射線技師さんの教科書、すべて ICRP の内容で書かれている。**ここが重大な問題なんです。文科省が事故が起きてからも、放射線について小学生、中学生、高校生向けに副読本を作って教育しました。その内容はすべて ICRP からのものです。ですから日本国民全部で ICRP の催眠術にかかっているんです。…

ICRPの放射線防護学というのは、一体なんぞやと言ったら、あれはもう科学じゃないんです。まったく科学ではありません。あれは物語です。原子力政策を進めるために作っている物語でしかない。それを教科書にして、みんなを洗脳している。

iv （8頁）　**内部被ばく委員会を作って潰したICRP**

　ICRPというのは1950年にできたんですけれども、最初は第一委員会が外部被ばく委員会、第二委員会が内部被ばく委員会と、二つ作りました。ところが、2年後の1952年に内部被ばく委員会を潰ました。なぜか。そこから都合の悪い報告が出てきたら、原子力政策が全然すすめられなくなる。困るというんで、内部被ばく委員会を廃止しちゃったんです。要するに内部被ばくを隠蔽しなければ、原子力政策は進まないということですよ。そういうバックグラウンドの中で、内部被ばくが隠される歴史が始まっているわけです。

　実際のICRPの数値がどうやって決められているかというと、1970年代にICRPの基準を作った委員の一人で、チャールズ・マインホールドさんが告白しているですが、「**基準が引き上げられると施設の安全対策に膨大な金額がかかる。核開発や原発を担う人たちの要請で、原発や核施設の労働者の基準を甘くしたんだ、低線量のリスクは科学的根拠はなかったが、ICRPの判断で勝手に決めたんだ**」と。この勝手に決められたICRPの基準を、みなさんはこれが真実だと思っています。催眠術にかかっています。これが現実です。なにも科学的根拠はありません。

v （8頁）　**放射線のものすごいエネルギーのことを考えていない。**

　放射線が体の中に入って水H_2Oに当たると、H_2Oは$H+$と$OH-$との分裂する。HとOはたった5から7エレクトロンボルトの電位差でくっついているんです。水だけでなく、体の中の分子がすべて、そういうわずかな電位差でくっついています。そうやって人間の体は作られている。ところが、放射線は数十万から数百万エレクトロンボルトというものすごいエネルギーをもっている。体を作っているエネルギーの百万倍なんですね。だから放射線が体に当たるということは、わずかなエネルギーでくっついている体の中の分子同士の結合を壊して、めちゃめちゃにしてしまうことになるんです。放射線は電離作用があるから危険なんです。…

　我々病院の放射線医師は医療用のたった厚さ0.25ミリくらいの鉛のエプロンをして、X線を90％以上カットしているんです。これは低エネルギーの場合です。僕がやっているようなセシウムの放射線針は、5センチ鉛の衝立を

介してやっています。それほどエネルギーの高い放射線だから。ということは、内部被ばくして、ドーンとすごいエネルギーをもった放射性核物質が体の中に入ってきたら、人間のからだはどうなるのか。つまり**計算なんてできない**ということです。ICRPの物語では、こういうことは全く考慮されていない。

vi（9頁）　**全身換算して内部被ばくをごまかしている。**
…

　人間は約60兆個の細胞で出来ている。内部被ばくすると、数ミリしか飛ばないベータ線ではその周辺にある約10億個の細胞にしか当たっていません。内部被ばくは10億個（１センチの塊）の細胞の影響を考えればいいのに、60兆個の人間全体、全身の細胞に当ったように考えて60兆個でわっちゃう。全身換算をしているんです。だから被ばく量が６万分の一になっちゃうんです、計算上。そして内部被ばくなんて、何も問題ないというふうにいっている。…

　だから先ほど言ったように、実際にセシウム137が100ベクレル出たら、体の中ではセシウムからベータ線とガンマ線の２本の放射線が出ていますから、本当は200ベクレル当たっています、２倍です。これを100ベクレルだとして全身換算すると、1.3マイクロシーベルトにしかならない。しかし、**実際に当たっている10億個の細胞で換算すると６万倍の78ミリシーベルト浴びている**ことになる。ものすごい過小評価です。こういうふうにして、内部被ばくの線量というものをすごく少なくしているんですね。そして、「そんな少ない量なら全然問題ないよ」というふうに、めちゃめちゃにごまかしてしまう。おかしいでしょう。

vii（11頁）　**インチキな原爆調査を元にして勧告している。**
　ABCC※という原爆の健康被害を分析したアメリカの機関、1975年に日米共同の放射線影響研究所というところに引き継がれたんですけれど、みなさん、被爆者の定義ってご存知ですか？

　被爆者の定義というのは、爆心地から２キロ以内にいた人です。原爆の放射線は２キロ以上は飛ばないことにしている。実際には２キロより離れた人も被ばくしていて、放射線の障害がたくさん出ているんですよ。でも２キロから離れたら被爆者じゃない、非被爆者だとしている。そういう実際には被ばくしている非被爆者と２キロ以内にいた被爆者を比較するもんですから、原爆の被害がすごく過小評価されているんです。

本当だったら被曝ばくした全員と、例えば隣の全く被曝していない岡山県の人とを比較するなら話は分かるけれど、爆心地から2キロを境にして被爆者と非被爆者に定義して比較している。
　それから、原爆の研究で徹底的に問題なのは、実は1950年の10月1日以降に生きていた人だけを調査対象にしたんです。原爆が落ちて5年間にどんどん死んじゃった人は調査されていないんです。死んじゃった人は調査しようがないかもしれないけど。そういうでたらめがある。
　もう一つは、がん以外の障害を一切軽視している。だから奇形が生まれるとか、内部被ばくをしているとか、残留放射線があるということは一切研究しない。研究していたかもしれないけれど、一切公表しないで、とにかくがんだけを一つの分析対象にした。原爆被爆者の調査は、こういう非常にインチキな調査なんです。このインチキな原爆の調査のデータを元に、ICRPの勧告は行われているんです。
　しかし、こういったデータを元にICRPは、がんのリスクは1シーベルト浴びると5.5％アップしますと。最新の2007年勧告で。これで計算していくと、日本人1億人がもし20ミリシーベルト浴びたら、11万人の過剰発がんになるんですよ。とても大したことはないという話じゃないですね。
　ところが、去年、放射線影響研究所の比較的に良心的な学者が書いた論文が、「ラジエーション・リサーチ」というアメリカの雑誌に載りました。ここでは1950年から2003年まで50年間の経過を実際に見たんだそうです。ICRPの理論値じゃなくて。
　そうしたら30代で1シーベルト浴びたら、70歳になった時にがんで死ぬ確率は42％増えていたと。それから20代で浴びた人は54％増えていると。これ結構重要な論文ですけれども、ほとんど報道されることないんですよね。ICRPの5.5％という話ではなくて、実際には約50％ですから9倍です。警戒するべき過剰な発がんが起きているんですよ。
　今はみなさん、何の異常もないかもしれないけれど、50年先、どうなるか、わからないでしょ。

　西尾正道医師のこの講話は、2013年2月3日に福島市で行われた「市民が学ぶ甲状腺検査の会」が主催した「福島原発事故から2年、今何を考え、何に備えるべきか」というテーマにおいてのものです。したがって、「甲状腺検査の

場合、スペクトロサーベイメーターというような特殊な検出器を使ってエネルギーのスペクトルを見て、ヨウ素とかセシウムとかを、区別しなきゃいけない、それをしないで、簡単な検出器を使って、これだったら、全然少ない量だよといって切り捨てている。…どうにでもごまかしが効く。」等の大切な話が続くのですが、それらはICRPには関係がないので、省略します。

(2) ICRP勧告での焦点

なお、いずれにしても、ICRP勧告で焦点となるのは、体内に取り込まれた核分裂生成物が出す微弱な放射線によって、酸素が溶け込んだ細胞液の中で、活性酸素・フリーラジカルが作り出され、それが細胞膜を損傷・破壊するという間接的作用（ペトカウ効果）を認めるか否かということになります。筆者の私見では、この内部被ばくについてのICRP勧告の問題点を表で示すと次の通りになると、思われます。

		急性障害	晩発性障害
外部被曝の脅威	高線量	ICRPも認める	ICRPも認める
	低線量	ICRPは、認めない	ICRPは認めない
内部被曝の脅威	高線量	ICRPは、内部被曝につき、当初言及しなかった。その後外部被曝と内部被曝は、**その生物学的効果は同等であるとの見解**に移行。体内からの被曝は外部被曝より被曝集積が高く、かつα線やβ線が体内で発生すれば、そのエネルギーの大半は生体内の狭い範囲で消費され、γ線被曝に比較して格段に危険が増すということは、認めていない。低線量内部被曝による晩発性障害を、福島第一原発事故後も、ほとんど認めていない。	
	低線量		

大事な点は、内部被ばくの因果関係を説明できるペトカウ効果を認めると、原子力産業が成立しない事態を招くので、ICRPは決して認めないという点です。だからこそ、福島第一原発事故後に、鼻血が出ること、血便が出ることを認めない動きがあることも、理解できます。それらを認めると、このペトカウ効果を認めることに、通じるからです。

また被ばく量を巡るICRPの勧告見解の底に横たわっているのがどのようなものであるかは、ジカ熱を巡る世界保健機構事務局長マーガレット・チャンの次の言明と対比すると、よくわかります。

　すなわち彼女は、小頭症児が次々と生まれていた2016年2月、**ジカ熱と小頭症の因果関係が明確でなかったにもかかわらず**、ジカ熱が小頭症を惹き起こす強い疑いがあるとして世界に緊急事態を宣言しました。その宣言時までに、統計学的疫学調査がなされていたかどうかは不明ですが、仮になされていなっかったとすれば、事態は、「八」「6」で解説したアンディ・スターリング氏による知識の不定性の4類型中の「無知状態」に該当します。無知状態における有害事象への取るべき対応は、事前警戒であるとアンディ・スターリング氏は、唱えていますが、彼女はそれに沿った行動を起こしたということになります。

　この緊急事態宣言で、困る産業は全くありません。むしろ製薬業界は歓迎するでしょう。だからこそ、事前警戒ができたと言えるでしょう。それに対して、被ばく量を巡るICRPの勧告見解が、ペトカウ効果という因果関係立証があるにもかかわらず、無視しているのは、ひとえにICRPが原子力産業の代弁者であるからということです。

労働災害・労働疾病の深刻度と発生頻度から電力のエネルギー源を選ぶ

1　視点の多様性の確保の必要性

　この論考は、電力のエネルギー源選択について、「採算性判定」を含むも、それを超えた日本国全体における、本来求めるべきいわゆる全体最適解に到達する道筋を、示すことにあります。したがって、眺める目が視野狭窄となることを回避する、すなわち、木を見て森を見ず状態に陥ることをできる限り避けるために、視点の多様性を確保することに重点を置いています。そこで、ここからは、「一」から「八」までの記述で漏れたその他の視点から、電力供給のエネルギー源選択を検討します。その他の視点とは、次の3つです。
　1．特に原発で働く**放射線業務従事者**が被る業務上疾病の深刻度と頻度から見た労働環境
　2．軍事外交（次の「十一」にて論述）
　3．日本国のエネルギー自給（次の「十一」にて論述）
　この3つの視点で、電力供給のエネルギー源の選択の検討をすると、この「十」以降で触れるように、特に原子力においてのみ、特異なかつ複雑な事情が浮かび上がってきます。
　ところで、「序」の「2」において、「電力供給のエネルギー源選択は自由競争経済体制下であれば、経済合理性に基づく市場の判断に任せれば足りることであるにもかかわらず、社会全体の大きな関心事となるのはなぜであるのか？」という趣旨の疑問を掲げました。これにつき、即思い当たるのは、事故が起こったときの被害が原発においてのみ他のエネルギー源に比べて桁違いに大きいという点です。
　しかし、それだけではありません。その上で、上の3つの視点から検討すると、原子力においてのみ、特異なかつ複雑な事情があるという点が加わります。そうすると、結局上の趣旨の疑問の一応の表面的な回答は、「**電力供給のエネルギー源選択の中で原子力だけが、事故が起こったときの被害が桁違いである上に、特異なかつ複雑な事情を孕んでいるから**」ということになります。

2　放射線業務従事者が被る業務上疾病の知識の必要性

ところで、原発推進論者であれ原発廃止論者であれ、電力供給のエネルギー源選択を検討するに際して、原発の採算性の視点と原発の事故が起こった時の深刻な被害の視点の2つの視点と並んで、「1」に掲げた3つの視点の中で軍事外交視点とエネルギー自給視点が、必ず取り入れなければならない視点であることは、識者の中では共通認識となっているようです。

一方、原発で働く放射線業務従事者が被る業務上疾病を含めた労働環境課題の視点は、軽視されがちな面があります。しかし、この**原発特有な業務上疾病は、「十二」の「1」「(4)」で示した広島原爆による被爆者の後遺症、あるいは「(5)」の第五福竜丸事件における被爆者の症状とほぼ同一です**。これらは放射線が遺伝子を傷つけること、あるいは内部被ばくのペトカウ効果に起因します。

したがって、この原発特有な業務上疾病を知ることは、電力供給のエネルギー源中の原子力の扱いを決めるにあたって、不可欠です。そこで、この「十」において、原発特有な業務上疾病の実態と疾病対策の法規制を示し、次に、原発で働く放射線業務従事者の労働環境の実態を見て、その視点から電力供給のエネルギー源選択を論じます。

3　放射線業務従事者とその死亡者遺族による係争事件

放射線業務従事者の業務が原因で死亡した者の遺族が起こした係争事件から、原発特有な業務上疾病がいかなるものであるかを、知ることができます。以下著名な事件を列挙し、それでもって原発特有な業務上疾病の実態の解説とします。なお、異論はあるでしょうが、**労災支給事件は、原発特有な業務上疾病の実態の氷山の一角を示すに過ぎない**と認識するのが常識的な思考であると思われます。

・嶋橋 伸之
　1993年5月、静岡県労働基準局磐田署に労災申請。実名での最初の認定（認定2件目）。中部電力浜岡原発勤務、計測装置点検作業。81年3月から89年12月まで8年10か月勤務して、**50.63ミリシーベルト**被曝。慢性骨髄性白血病により91年10月20日死亡。29歳。94年7月労災支給。

・大内 久
　1999年9月30日、JCO東海事業所（**原発そのものではない**）臨界事故。**16〜20シーベルト**（16,000〜20,000ミリシーベルト）被曝。35歳。死亡。

・篠原 理人
　同上。**6〜10シーベルト**被曝。39歳。死亡。

・長尾 光明
　2003年1月、福島県富岡署に労災申請。福島第一、浜岡原発、ふげんで被曝労働。
　77年10月から82年1月まで4年3か月従事。**70ミリシーベルト**被曝。多発性骨髄腫。2004年1月労災支給。
　すべての情報開示と完全な補償を求め雇用主の石川島プラントや東電に話し合いを申し入れたが拒否され、労災支給とは別に04年10月7日、**「原子力損害の賠償に関する法律」**に基づき4,400万円の損害賠償を求める裁判を東京地裁に提訴。2007年12月死亡。82歳。2010年2月、最高裁上告棄却。敗訴確定。

・喜友名 正
　淀川労働基準監督署に労災申請。泊、敦賀原発など全国7か所の原発で97年9月から6年4か月間、非破壊検査に従事。**99.76ミリシーベルト**被曝。悪性リンパ腫により2005年3月死亡。53歳。
　2005年10月、遺族は労災を申請。2006年9月却下。2007年、不服申し立てにより厚生労働省で「りん伺」（上級官庁に伺いを立てる）決定。2008年10月労災認定。

4 法規制

　原発での作業は、法規制上は放射線業務と称されます。「3」で見られるように、その放射線業務に起因して、原発作業員は常に特有な疾病（業務上疾病）を被る恐れがあります。そこで、法治国家である日本においては、放射線業務に従事する者（放射線業務従事者）を保護するために、法規制が存在します。代表的なものが労働安全衛生法と電離放射線障害防止規則です。

　原発での作業は、労働安全衛生法施行令別表第二の「六」にて放射線業務とされます。また、電離放射線障害防止規則は、平成25年7月8日厚生労働省令第89号で見ると、（施設等における線量の限度）中の「第四条第1項」において、「**事業者は、管理区域内において放射線業務に従事する労働者**（以下「放射線業務従事者」という。）**の受ける実効線量が五年間につき百ミリシーベルトを超えず、かつ、一年間につき五十ミリシーベルトを超えないようにしなければならない。**」と定めています。詳しくは下記の規則抜粋をお読みください。なお、この規則中の用語である「実効線量」は、外部被ばくと内部被ばくの合計値であると読めるのですが、その「実効線量」と「等価線量」の詳しい定義は、規則第2条（定義等）中には、書かれてありません。

　それはそれとして、ここで、認識すべき大事な**事実**は、次の点です。

「この「第四条第1項」を超えない実効線量下の放射線業務であっても、その業務に従事する者が、最終的に死亡することとなる健康障害を被り、その健康障害が労災認定されている事実がある。」

(注) このことの詳細は、「D　中川保雄著作『放射線被曝の歴史　アメリカ原爆開発から福島原発事故まで』（明石書房）」の279頁から始まる「15か国被曝労働者調査—平均20ミリシーベルト集団でもガン死が増加」参考のこと。

労働安全衛生法施行令別表第二（最終改正：平成二六年一〇月一日政令第三二六号）
　放射線業務（第六条、第二十一条、第二十二条関係）
……

六　原子炉の運転の業務

電離放射線障害防止規則（最終改正：平成二五年七月八日厚生労働省令第八九号）

第一章　総則

（放射線障害防止の基本原則）

第一条　事業者は、労働者が電離放射線を受けることをできるだけ少なくするように努めなければならない。

（定義等）

第二条　この省令で「電離放射線」（以下「放射線」という。）とは、次の粒子線又は電磁波をいう。

一　アルファ線、重陽子線及び陽子線

二　ベータ線及び電子線

三　中性子線

四　ガンマ線及びエックス線

……

3　この省令で「**放射線業務**」とは、労働安全衛生法施行令（以下「令」という。）別表第二に掲げる業務（第五十九条の二に規定する放射線業務以外のものにあつては、東日本大震災により生じた放射性物質により汚染された土壌等を除染するための業務等に係る電離放射線障害防止規則（平成二十三年厚生労働省令第百五十二号。以下「除染則」という。）第二条第七項第一号に規定する土壌等の除染等の業務、同項第二号に規定する廃棄物収集等業務及び同項第三号に規定する特定汚染土壌等取扱業務を除く。）をいう。

……

（管理区域の明示等）

第三条　放射線業務を行う事業の事業者（第六十二条を除き、以下「事業者」という。）は、次の各号のいずれかに該当する区域（以下「管理区域」という。）を標識によつて明示しなければならない。

……

（施設等における線量の限度）

第三条の二　事業者は、第十五条第一項の放射線装置室、第二十二条第二項の放射性物質取扱作業室、第三十三条第一項（第四十一条の九において準用する場合を含む。）の貯蔵施設、第三十六条第一項の保管廃棄施設、第四十一

条の四第二項の事故由来廃棄物等取扱施設又は第四十一条の八第一項の埋立施設について、遮蔽壁、防護つい立てその他の遮蔽物を設け、又は局所排気装置若しくは放射性物質のガス、蒸気若しくは粉じんの発散源を密閉する設備を設ける等により、労働者が常時立ち入る場所における外部放射線による実効線量と空気中の放射性物質による実効線量との 合計 を 一週間につき 一ミリシーベルト以下にしなければならない。

2　前条第二項の規定は、前項に規定する外部放射線による実効線量の算定について準用する。

3　第一項に規定する空気中の放射性物質による実効線量の算定は、一ミリシーベルトに週平均濃度の前条第三項の厚生労働大臣が定める限度に対する割合を乗じて行うものとする。

(放射線業務従事者の被ばく限度)

第四条　事業者は、管理区域内において放射線業務に従事する労働者(以下「放射線業務従事者」という。)の受ける**実効線量が五年間につき百ミリシーベルトを超えず、かつ、一年間につき五十ミリシーベルトを超えない**ようにしなければならない。

2　事業者は、前項の規定にかかわらず、女性の放射線業務従事者(妊娠する可能性がないと診断されたもの及び第六条に規定するものを除く。)の受ける実効線量については、**三月間につき五ミリシーベルト**を超えないようにしなければならない。

第五条　事業者は、放射線業務従事者の受ける等価線量が、眼の水晶体に受けるものについては一年間につき百五十ミリシーベルト、皮膚に受けるものについては一年間につき五百ミリシーベルトを、それぞれ超えないようにしなければならない。

第六条　事業者は、妊娠と診断された女性の放射線業務従事者の受ける線量が、妊娠と診断されたときから出産までの間(以下「妊娠中」という。)につき次の各号に掲げる線量の区分に応じて、それぞれ当該各号に定める値を超えないようにしなければならない。

一　**内部被ばく**による実効線量については、一ミリシーベルト
二　腹部表面に受ける等価線量については、二ミリシーベルト

(緊急作業時における被ばく限度)

第七条　事業者は、第四十二条第一項各号のいずれかに該当する事故が発生し、同項の区域が生じた場合における放射線による労働者の健康障害を防止する

ための応急の作業（以下「緊急作業」という。）を行うときは、当該緊急作業に従事する男性及び妊娠する可能性がないと診断された女性の放射線業務従事者については、第四条第一項及び第五条の規定にかかわらず、これらの規定に規定する限度を超えて放射線を受けさせることができる。
2　前項の場合において、当該緊急作業に従事する間に受ける線量は、次の各号に掲げる線量の区分に応じて、それぞれ当該各号に定める値を超えないようにしなければならない。
　一　実効線量については、百ミリシーベルト
　二　眼の水晶体に受ける等価線量については、三百ミリシーベルト
　三　皮膚に受ける等価線量については、一シーベルト
3　前項の規定は、放射線業務従事者以外の男性及び妊娠する可能性がないと診断された女性の労働者で、緊急作業に従事するものについて準用する。

（線量の測定）
第八条　事業者は、放射線業務従事者、緊急作業に従事する労働者及び管理区域に一時的に立ち入る労働者の管理区域内において受ける外部被ばくによる線量及び**内部被ばくによる線量**を測定しなければならない。
2　前項の規定による**外部被ばくによる線量**の測定は、**一センチメートル線量当量及び七十マイクロメートル線量当量（中性子線については、一センチメートル線量当量）**について行うものとする。ただし、次項の規定により、同項第三号に掲げる部位に放射線測定器を装着させて行う測定は、**七十マイクロメートル線量当量**について行うものとする。
3　第一項の規定による外部被ばくによる線量の測定は、次の**各号に掲げる部位に放射線測定器を装着させて行わなければならない。ただし、放射線測定器を用いてこれを測定することが著しく困難な場合には、放射線測定器によつて測定した線量当量率を用いて算出し、これが著しく困難な場合には、計算によつてその値を求めることができる。
　一　男性又は妊娠する可能性がないと診断された女性にあつては胸部、その他の女性にあつては腹部
　二　頭・頸部、胸・上腕部及び腹・大腿部のうち、最も多く放射線にさらされるおそれのある部位（これらの部位のうち最も多く放射線にさらされるおそれのある部位が男性又は妊娠する可能性がないと診断された女性にあつては胸部・上腕部、その他の女性にあつては腹・大腿部である場合を除く。）

三　最も多く放射線にさらされるおそれのある部位が頭・頸部、胸・上腕部及び腹・大腿部以外の部位であるときは、当該最も多く放射線にさらされるおそれのある部位（中性子線の場合を除く。）

4　第一項の規定による**内部被ばくによる線量の測定は、管理区域のうち放射性物質を吸入摂取し、又は経口摂取するおそれのある場所に立ち入る者について、三月以内**（一月間に受ける実効線量が一・七ミリシーベルトを超えるおそれのある女性（妊娠する可能性がないと診断されたものを除く。）及び妊娠中の女性にあつては一月以内）**ごとに一回行うものとする。ただし、その者が誤つて放射性物質を吸入摂取し、又は経口摂取したときは、当該吸入摂取又は経口摂取の後速やかに行うものとする。**

5　第一項の規定による**内部被ばくによる線量の測定に当たつては、厚生労働大臣が定める方法によつてその値を求めるものとする。**

6　放射線業務従事者、緊急作業に従事する労働者及び管理区域に**一時的に立ち入る労働者は、第三項ただし書の場合を除き、**管理区域内において**、放射線測定器を装着しなければならない。**

（線量の測定結果の確認、記録等）

第九条　事業者は、**一日における外部被ばくによる線量が一センチメートル線量当量について一ミリシーベルトを超える**おそれのある**労働者については、前条第一項の規定による外部被ばくによる線量の測定の結果を毎日確認しなければならない。**

2　事業者は、前条第三項又は第五項の規定による測定又は計算の結果に基づき、次の各号に掲げる放射線業務従事者の線量を、遅滞なく、厚生労働大臣が定める方法により算定し、これを**記録し、これを三十年間保存しなければならない。ただし、当該記録を五年間保存した後において、厚生労働大臣が指定する機関に引き渡すときは、この限りでない。**

一　男性又は妊娠する可能性がないと診断された女性の実効線量の三月ごと、一年ごと及び五年ごとの合計（五年間において、実効線量が一年間につき二十ミリシーベルトを超えたことのない者にあつては、三月ごと及び一年ごとの合計）

二　女性（妊娠する可能性がないと診断されたものを除く。）の実効線量の一月ごと、三月ごと及び一年ごとの合計（一月間に受ける実効線量が一・七ミリシーベルトを超えるおそれのないものにあつては、三月ごと及び一年ごとの合計）

三　人体の組織別の等価線量の三月ごと及び一年ごとの合計
　　　四　妊娠中の女性の**内部被**ばくによる実効線量及び腹部表面に受ける等価線量の一月ごと及び妊娠中の合計
　3　事業者は、前項の規定による記録に基づき、**放射線業務従事者**に同項各号に掲げる線量を、 遅滞なく 、知らせなければならない。

5　原発過酷事故を火山噴火に譬えれば、原発の業務上疾病は前兆である微動地震

　当然なことながら、業務上疾病は他の原因でも起こります。化学物質やアスベストに起因するがんがその例であって、あってはならないことなのですが、他の産業においても多々発生しています。したがって、業務上疾病は、放射線業務従事者だけに起こるものではありません。

　しかし、放射線業務従事者が被る業務上疾病は、他の産業で起こる業務上疾病と大きく異なる点があります。いったん原発に過酷事故が起こると、この原発特有な業務上疾病と同一の疾病被害が、職場の外の極めて広範な範囲に広がることです。化学物質やアスベストが拡散したときに与える被害とは比較になりません。そのことは、チェルノヴイリ原発の過酷事故に起因する疾病被害が事実として示しています。福島第一原発も同様な疾病被害をもたらす恐れが、あります。

　ところで**発生確率の大小**につき、業務上疾病と過酷事故を比較すると、次のことは明らかです。

　　　放射線による業務上疾病の発生確率　＞　原発の過酷事故の発生確率

　これは、放射線による業務上疾病の発生の方が、原発の過酷事故より日常的に発生するというのは誇張となりますが、発生頻度が高いということです。

　一方、被害総量は、上とは逆です。

　　　放射線による業務上疾病の被害総量　＜　原発の過酷事故の被害総量

このことから、次のことが言えます。

「原発における放射線による業務上疾病は、原発の過酷事故の前兆である。」
「原発の過酷事故は、原発における放射線による業務上疾病の延長線上にある。」

　原発における過酷事故を火山の噴火に譬えれば、原発における放射線による業務上疾病は、噴火の前兆である微動地震であると言えます。
　また、放射線による業務上疾病は、核兵器使用がもたらす後遺症とほぼ同一です。被害総量を見ると、次のようになります。

　　業務上疾病　＜　原発過酷事故　＜　核兵器使用がも
　　被害総量　　　　の被害総量　　　　たらす被害総量

6　労働災害・労働疾病の深刻度と頻度から電力のエネルギー源を選択する

⑴　常識的な発想。しかしその深刻度と頻度につき公式統計が必要

　次の「7」で示すように、原発での作業が危険であって、そこで発生する被曝による労働性疾病の恐ろしさを主張する記事がしばしば見られます。しかし、原発以外の火力・水力・地熱・他の自然エネルギーによる発電については、環境への悪影響を問う記事が見られるものの、そこでの作業自体が危険である、あるいは労働性疾病の発生を伴うことを憂えると言った内容は見られません。
　一方、社会全体にとって労働災害・労働疾病は少ない方が良いに決まっています。これは経済合理性に基づく選択の問題ではありません。要は、「十三」の「9」「10」「11」で述べるように、倫理に反するか否かの倫理判断問題です。そのことは従来許されていた断熱材用途のアスベストの使用が法的に禁止され、他の健康被害の小さいグラスファイバーウールに代替されるようになった事実からも、明瞭です。

そうすると、アスベスト使用の法的使用禁止の考え方に倣って、電力のエネルギー源選択を労働災害・労働疾病の深刻度と頻度をもって決めるというものの見方を主張することは、奇異ではありません。常識的な発想と言えましょう。
　しかし、今の日本国において、電力のエネルギー源選択を労働災害・労働疾病の深刻度と頻度をもって決めるという見解は、一般に流布していません。流布していない理由の１つは、電力のエネルギー源別に労働災害・労働疾病の深刻度と頻度の公式統計が、**周知される形で発表されていない**ことがあります。その公式統計において、その深刻度と頻度が原発においてのみ高い事実があると明示されれば、電力のエネルギー源選択を労働災害・労働疾病の深刻度と頻度をもって決めるという見解を持つ人々が増える可能性は、あります。

(2)　労働性疾病の発症度合を常に軽視あるいは過小評価するモウメントが働く

　一方、深刻度と頻度についての真実に迫るためには、電力のエネルギー源別に労災発生件数比率と労働性疾病発生件数比率の２つの比率を調査することが必要です。労災発生件数比率の把握は届け出が適正になされていれば、容易です。

**労災発生件数比率＝
　　ある期間での労災発生件数／ある期間での従事者の総労働時間数**

　一方、**労働性疾病発生件数比率**の把握は難しいものがあります。なぜなら労働性疾病は、労働時に発生するのではないからです。最近になって判明した「印刷会社でのインクの洗浄剤に起因する胆管がん症例」がそのことを如実に示しています。
　とりわけ、原発で放射線を浴びたことから発症する労働性疾病の場合は、何十年後に発生することもあるので、その比率を求めるのは工夫がいります。というより、「被曝」→「放射線がヒトの遺伝子に傷をつける」→「がん等の後障害」の道筋については、科学的な事実であるとの共通認識が確立しているものの、浴びた放射線の量が「がん等の後障害」の発症**度合**に与える影響を、確

率によって表現せざるを得ないことから、発症**度合**を常に軽視あるいは過小評価するモウメントが、あらゆる議論において働くからです。その理由は、「十二」の「2　確率論が隠れ蓑になっている」で掲げた理由と同一です。

いずれにしても、「労働災害・労働疾病の深刻度と頻度が高いエネルギー源は選択すべきではないとの見解」、すなわち「**労働環境の良否によってエネルギー源選択を決めるという思考の枠組み**」自体は、貴重な見解です。

一方、この「思考の枠組み」自体を使用することに反対する見解論者もおられるかもしれません。しかし、その反対見解を倫理的にどうであるかと突き詰めて考察すると、人の命や健康を軽んずる発想が根底にあることは確かであるので、その反対見解は倫理に反するとの誹りを免れないでしょう。

7　ニュークリア・ノマド

(1)　冷徹な事実

原発での作業が危険であって、そこで発生する被曝による労働性疾病の恐ろしさを主張する記事がしばしば見受けられます、その中で、人道的な立場から、ニュークリア・ノマドと称される原発作業者が置かれた状況の過酷さを知って欲しいとして、強く訴える記事があります。ニュークリア・ノマドとは次のような作業員の人達です。

> ニュークリア・ノマドとは、原発の放射線量の高い最も危険な現場で作業して、**事故が起こらなくとも平時において**軍人並みに自己の生命・健康が侵食される可能性があることを覚悟で賃金を得る人達である。別名原発ジプシーとも称される**非正規というよりも日雇い的な雇用下**にある人達である。

その記事は次の点を強調して訴えています。

> **原子力発電はニュークリア・ノマドの存在抜きでは成り立たない。というより原子力発電を選択すると、このような生命・健康が侵される可能性があることを覚悟して働く人達を必ず雇わざるを得ないという事実がある。**

このことについても、電力のエネルギー源別に労働災害・労働疾病の深刻度と頻度の公式統計が、周知される形で発表されていないのと同様に、公式統計はありません。**事実であれば**、「事実の中でも冷徹な事実であり、電力のエネルギー源選択をなすにあたって、最重要なことである」と考えざるを得ません。

(2) 労働環境の良否を確かめるために必要なデータ

「労働環境の良否によってエネルギー源選択を決めるという思考の枠組み」を適用するにあたっては、過去に遡って次のようなデータを収集しなければなりません。原発作業者であれば、存命か既に死亡しているかを問わず、過去の原発作業に携わった者全員につき名簿を作成し、以下その者1人ひとりについて、次のデータを記録することが必要です。

　ⅰ　作業した原発名
　ⅱ　作業年月日ごとの被曝量と累積被曝量
　ⅲ　死亡しているか存命かの区別
　ⅳ　死亡者の場合は死亡原因、過去の病歴（病名・発生年月日・重篤度）
　ⅴ　存命者の場合は、現在抱えている疾病と過去の病歴（いずれも病名・発生年月日・重篤度）
　　（注）重篤度とは、生命・健康の侵食の程度である。

上のデータ収集が、日本国で原子力発電が開始されてから携わった全ての作業員についてなされれば、ベストです。それが不可能であれば、**ランダム**サンプリングで収集して統計学を利用して推計することになります。どちらにしてもデータ自体の信頼性確保問題を処理することが求められます。例えば、以下の「10」「11」のことから窺えるように、「ⅱ　作業年月日ごとの被曝量と累積被曝量」については、偽造と隠蔽の可能性があるので、真実との誤差を何らかの形で考慮した修正作業が求められます。

(3) ニュークリア・ノマドを想定する意義

それでは、ニュークリア・ノマドと称される作業員がどの程度いるのかを統計的に把握するには、どうしたらよいでしょうか？　ニュークリア・ノマドの

定義を「自己の生命・健康が侵食される可能性があることを**覚悟で**賃金を得る人達」のように「覚悟で」の用語を入れる定義にすると、上のⅰからⅴに加えて次のⅵのデーターが必要となります。

ⅵ　死亡か存命かの区別なく作業員本人が原発作業に伴う労働疾病の恐ろしさを知った年月日（死亡の場合は遺族聴き取り）

上の「覚悟で」は主観的なものであるので、このようなデータを求めざるを得ません。一方、ニュークリア・ノマドの定義を「本人が自覚しているか否かにかかわらず、**結果的に**自己の生命・健康が侵食された人々」とすれば、このⅵは必要ありません。しかしその定義であれば、必要とするデータは、上の「労働環境の良否」を把握するための必要とするデータと同じとなります。

そうすると、一見すると上の「覚悟で」は不必要な用語に見えます。しかし、ニュークリア・ノマドの定義に「覚悟で」を入れた場合は、次のような課題が浮かび上がります。すなわち、「自己責任あるいは自業自得という言葉で切り捨ててよいのか？」と問う哲学的な課題です。この課題が浮かび上がる背景は次のようなものです。

「七」の「7」の「(2)　確率と倫理観との関係」で次のことを述べました。

「原発は、そのロシアンルーレットと同一の発生確率であって、当たれば（＝大事故が起これば）、賛成した人々だけでなく、もともと選択を希望しなかった他の人々（近傍住民・国民）をも、巻き込むこととなる。これすなわち個人の選択が及ばない運命共同体に、それも一定の発生確率で破綻する運命共同体に、**望みもしないのに**参加させることではないのか？」

一方、上の定義におけるニュークリア・ノマドは、原発の危険な場所での作業というロシアンルーレットを自分の意志で選択した人達です。このことを自己責任あるいは自業自得という言葉で切り捨ててよいのかという課題が浮かび上がるということです。

原発がその課題を浮かび上がらせたという面はあるものの、この自己責任あるいは自業自得という言葉で切り捨ててよいのかという課題自体は、原発の是非を問う課題を含むものの、それよりもさらに大きい課題であって思想家あるいは哲学者の取り扱う課題であると思われます。したがって、その問題意識は

貴重であると認めざるを得ませんが、この「十」では、「覚悟で」の視点を取り入れず、あくまで「本人が自覚しているか否かにかかわらず、結果的に自己の生命・健康が侵食された人々」が原発に限って多いのか否かの視点で、以下論考を進めます。

(4) 以下、傍証推論

「労働環境の良否によってエネルギー源選択を決めるという思考の枠組み」を適用するとき、本来であれば上で掲げたⅰからⅴまでのデータを収集して、その収集データを基に、判断をなすべきことは確かなのですが、残念なことに、筆者の力量不足故に、上のデータを収集できません。

そこでやむを得ず、原発に絞って、以下のような労働環境中の安全面にかかわる知られている事実あるいは主張されている見解を収集し、それらを基に「労働環境の良否」を推し量って見ます。すなわち傍証推論をします。同時に原発の労働環境中の安全面に焦点を絞ってその可否を見ると、原発そのものの安全性の可否も自動的に明らかになるので、その点にも言及します。

8 日本国の原発における現場作業の労働環境についての周知の異論のない事実

最初に、原発推進論者であれ廃止論者であれ、**日本国での原発における現場作業**の労働環境にかかわることの中で見解の相違がないことを以下掲げます。すなわち、これらは原発に関心のある人にとっての周知の異論のない事実であることになります。

(1) 雇用力

発電所1基の雇用人数は水力、火力、原子力の順に多くなる。原子力は雇用力がある。ただし、1KWH当たりの雇用者数となると別である。

(2) **組織構成・専門知識・熟練度及び下請会社・非正規雇用の活用度**
　i　原子力発電所における作業現場（管理部門及び制御部門を除く）は原則分業体制。水平に担当部署が分かれる。
　ii　各担当部署の作業現場における課員構成は、指示をなす**作業指示管理者**と指示に従い作業をなす**現場作業者**の上下2つに大きく区分される。後者の現場作業者は、分業体制の担当部署の中でさらに上下の層で構成されている。
　iii　現場作業者の中の上層と下層の区分は、通常の製造業と同じく、専門知識の程度あるいは熟練度によってなされ、特殊な人を除けば下層になればなるほど専門知識の程度あるいは熟練度が劣ると同時に、単純作業に従事することが多くなる
　iv　作業指示管理は、ほぼ電力会社の正社員が荷う。一方、作業現場における「下請会社の社員数／（電力会社の正社員数＋下請会社の社員数）」の割合は、層構成上の下層になればなるほど、高くなる。
　v　電力会社の雇用下にあるか下請会社の雇用下にあるかの区別とは別に、層構成上の下層になればなるほど、「非正規雇用・臨時雇用形態下の員数／（正社員数＋非正規雇用・臨時雇用形態下の員数）」の割合が、高くなる。
　vi　単純作業をなす頻度は、電力会社の雇用下にある正社員よりも、下請の社員の方が多い。また同頻度は、下請の中でも、下層になればなるほど、正規社員に比べて非正規雇用、すなわち臨時雇用形態下の人達の方が多い。
　vii　上の単純作業は、例外もあるが、大体が原発における多様な労働環境の中でより被曝しやすい労働環境の中で、なされる。

(3) **他のエネルギー源との比較**
　i　作業現場における「下請会社の社員数／（電力会社の正社員数＋下請会社の社員数）」の割合を見ると、火力発電所あるいは水力発電所に比較して、原子力発電所の方が大きい。
　ii　電力会社と下請業者を合計して、作業現場における「非正規雇用・臨時雇用形態下の員数／（正社員数＋非正規雇用・臨時雇用形態下の員数）」の

割合見ると、火力発電所あるいは水力発電所に比較して、原子力発電所の方が大きい。

(4) 線量計管理

放射能被曝が強く見込まれる可能性のある区域で働く人達は、累積被曝許容量が一定以下の数値になるべく、線量計によって労働時間が管理される**建前**になっている。

9 推論されること

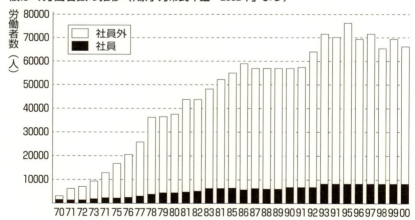

被ばく労働者数の推移（「原子力市民年鑑　2002年」より）
原子力安全・保安院発表資料より

上の「8」の「(2)」のことから、次のことが推論されます。
　「原発作業員中の非正規雇用即ち臨時雇用形態下の人達は、例外もあるが一般に、組織構造中の下層に位置し、単純作業に従事し、許容累積被曝量に達する時間が、上層の人に比べて早くなる労働環境にある。」
一方「被ばく労働者数推移」についての上のデータは、被ばく労働者数に占

める社員外人数と社員人数の対比を示しています。あくまで電力会社の正社員数と下請の社員数の対比であるので、必ずしも上の推論そのもの自体の正当性を証するものではありません。

　しかし、下請の社員であっても、その下層になればなるほど単純作業に従事することになり、その上で「8」「(2)」「ⅵ」により、下請の社員の中でも、単純作業をなす頻度は、その正社員数に比べて非正規雇用、すなわち臨時雇用形態下の人達の数の方が多いのですから、一応上の推論の正当性の補強材料に値するでしょう。

10　事実であるか否かにつき認識が対立する証言

　原発の現場作業に従事した人が著した書籍あるいは原発の現場作業に従事した人達による証言を報道するメディアには、次のⅰとⅱが、記されています。これらのことの真偽あるいは頻度は、公式な統計的なデータがないので、不明です。問題は、この種の報道に接すると、原発廃止論者は事実であるとの認識に傾き、一方、原発推進論者は捏造であるとして事実であると認めない傾向にある点です。

　もっとも、原発推進論者であっても、ⅰとⅱについては、頻度は少ないが、たまには現実にあると認める人もいます。しかし、ⅲはどうでしょうか？

　ⅰ　線量計は、作業員各人がそれぞれ携帯し、各人が累積許容被曝量を管理することになっているにもかかわらず、棒心（職長）の地位にある作業長のみが線量計を携帯することがある。

　ⅱ　線量計をカバーで覆う等をして操作し実際の被曝量を少なく見せかけることを指示する下請業者が存在する。

　ⅲ　原子力発電所で働く作業員1人が1年間で働く被ばく許容量は、放射線管理区域内において放射線業務に従事する労働者を対象とする労働安全衛生法によって、法的に規制されている。その第四条は、（放射線業務従事者の被ばく限度）について次のように定めている。

第四条　事業者は、管理区域内において放射線業務に従事する労働者（以下「放射線業務従事者」という。）の受ける**実効線量が五年間につき百ミリシーベルトを超えず、かつ、一年間につき五十ミリシーベルトを超えない**ようにしなければならない。

　したがって、電力会社はこの条文に従う義務を負うべきであるにもかかわらず、現実には電力会社は、放射線業務従事者の受ける実効線量がこの許容量を超えることを、黙認あるいは放置している現状がある。

11　実効線量が許容量を超えることが、黙認あるいは放置されているのか？

(1)　実効線量が許容量を超えることを黙認・放置しているとの主張

　「10」の「ⅲ」が事実であると主張する論者の言い分は次のようなものです。

　原発の下請業者中の下層に位置する業者は、建設現場でしばしばみられるように、路上生活者・生活困窮者を臨時あるいは日雇い形態で雇って、原発内の単純作業に、従事させている。路上生活者・生活困窮者の人集めは懇意の手配師（場合によっては暴力団系）を使えば容易にできる。この労働形態の最大の問題点は、次の点にある。

　それら路上生活者・生活困窮者の雇用は、最大値の放射線を浴びるまでであって、測定がいい加減であるにしても**一応許容量の限界**になれば、臨時あるいは日雇い形態であるので、簡単に解雇できる。しかし、その同じ作業者が、さほどの月数が経過しないうちに、偽名で再応募して原発内の単純作業に従事して、累積で見ると許容量の限界をはるかに超える放射線を浴びる。

　偽名で再応募する理由は、大量の放射線を浴びたことを知られると、他の労働者に替えられ失業することを怖れるからである。電力会社もその下請業者も、そのことを黙認・放置し、積極的にそのような許容量限界を超える作業者を排除することはしない。

(2) テロ対策のために本来なされるべき作業者の身元管理が法的に強制されていない

　このことの真偽について考えるに、日本国の原発においては、**テロ（破壊活動）対策のために本来なされるべき身元管理、すなわち、下請の派遣者を含めた現場作業者の身元管理を法的に強制されていないという事実**が参考になります。

　身元管理が強制されていれば、各原発を渡り歩く作業者につき、一連の放射線許容量管理が個人単位で可能となります。というより、国が作業者１人ひとりにつき把握しなくてはいけないことになります。

　このような身元管理がなされていない現状においては、電力会社あるいはその下請業者が、許容量の限界をはるかに超える放射線を浴びることを奨励することはあり得ないとしても、黙認・放置し、わざわざ積極的にそのような許容量限界を超える作業者を排除することはしないと推測されます。

(3) 反論　放射線管理手帳／再反論　ノマドの命名所以

　一方、そのことにつき、**放射線管理手帳**が作業者１人ひとりに手渡されるので、あり得ないとの反論があります。しかし、住民票や戸籍謄本での確認がされるわけではなく、放射線管理手帳に偽名で記入しても咎められることはありません。したがって、同一の原発であっても、同じ労働者が、生活費を稼ぐために、数か月後、偽名で再契約し、許容値を遥かに上回る放射線にさらされることは、排除できません。

　また現行の原発において、底辺の単純作業者募集の一部につき路上生活者・生活困窮者の人集めに慣れた手配師（場合によっては暴力団系）を間接的に頼っていることは確かです。そのような作業者労働構造からすると、同じ労働者が、他の原発に赴くことによって、許容値を遥かに上回る放射線にさらされることは、排除できません。

　ところで、「7」の「(1)　冷徹な事実」において掲げた「ニュークリア・ノマド」の「ノマド」とは、直訳すると遊牧民という意味ですが、その命名の所以は、原発から原発へと動き回ることを、哀調をもって比喩したものです。

(4) 現行法規制の盲点

　現行法規制には、盲点があります。それは、放射線業務従事者が、放射線管理手帳に偽名で記入までして、放射線許容量限界を超えて健康被害を覚悟して、自らの意志で働かざるを得ない選択をすることを想定していないという点です。この法規制の盲点がある限り、生活困窮に直面している者がその選択をする他ないという可能性を排除することができません。そのことだけは確かでしょう。

12　下請多重構造下での最底辺での放射線業務従事者は使い捨ての消耗品

　なぜ原発運営の現場が、火力や水力に比べて、より強く非正規雇用すなわち臨時雇用形態下の作業員を必要とするのでしょうか？　その理由は次のように極めて単純なことです。

ⅰ　電力会社を含む放射線業務を行う事業の事業者は、放射線業務従事者である原発の現場作業者１人ひとりについての実効線量を許容量以下とする法規制に従わざるを得ない。中には一部その法規制から漏れて、許容量を超える者が出るにしてもである。

　　事業者は、当然従事者が上限である累積許容量を超える前に、その従事者を雇止めせざるを得ない。

ⅱ　上限である許容される累積被曝量が上限水準に達するまでのスピードが速い現場において作業する者については、初めからそのことを見越して短期間後に解雇することを前提に雇うこととなる。

　上で掲げた理由の意味することは、事業者にとって、下請多重構造下での最底辺での放射線業務従事者は、使い捨ての消耗品であるということです。しかし、**人間を使い捨ての消耗品として扱うということは、倫理上あってはならないことはいうまでもありません。**

　したがって、このことが本当であれば、「労働環境の良否によって電力のエ

ネルギー源選択を決めるという思考の枠組み」を適用して判断するまでもなく、**国家ではなく市民社会そのものが電力のエネルギー源として原発を選択することは、倫理上許されない**ということになります。

13　下請多重構造が原発の安全確保に与える悪影響

(1)　安全衛生教育

　企業内の諸活動の中で安全衛生教育という分野があります。この分野の教育が軽視されると、単に作業員の死傷や健康被害が増えるだけでなく、近時の連続して起こった化学製品工場の爆発事故が示すように、生産ラインの破壊や近隣地域への被害をも、もたらすことになります。したがって、製鉄・重電・自動車・化学製品等のメーカーのような大設備を擁する業種が特に力を入れて実施している分野です。

　その狙いは主に作業員の労働災害と労働性疾病をを防ぐためであるのですが、結果的に製造設備の保全（安全性維持）と製造品の品質維持にも役に立つので、良心的な製造会社であれば熱意を込めて取り組んでいる分野です。

　この安全衛生教育の視点から原子力発電所の運営に問題があるか否を、以下検討します。

(2)　法が定めている原子力発電所における最低限の労働安全教育

　労働安全衛生規則（昭和47年労働省令第32号）第39条の規定に基づき、安全衛生特別教育規程（昭和47年労働省告示第92号）その他の告示は、原子炉施設の管理内において、事業者等に次の義務を負わせています。すなわち、事業者等は、核燃料物質若しくは使用済み燃料またはこれらによって汚染された物を取り扱う業務に従事する者に、5時間(以上)の特別教育をなさなければなりません。その内容は次のようなものです。

　1．核燃料物質若しくは使用済み燃料又はこれらによって汚染された物に関する知識

2．原子炉施設における作業の方法に関する知識
3．原子炉施設に係る設備の構造及び取扱いの方法に関する知識
4．電離放射線の生体に与える影響
5．関係法令
6．原子炉施設における作業の方法及び同施設に係る設備の取扱い

現場の職長には、より詳しい特別教育をなさなければならない決まりになっていますので、これは最低限の知識となります。

(3) **原発で安全訓練教育がおろそかなると、どのようなことが起こるか**

原発で安全訓練教育がおろそかなると、どのようなことが起こるかの代表的な例は、次のようなものです。

> 「原子炉の中に針金を落としたまま、あるいは配管の中にボルトを残し忘れたまま運転すれば、大事故になる。しかし、針金を落としたりボルトを残し忘れた本人が、そのことをを知っていたにもかかわらず、それが大事故を招くとの認識が全くない事態が起こる。」

このことを銘記して、原子力発電所において安全訓練教育が貫徹される労働環境にあるか否かを、以下検討します。

(4) **原子力発電所における作業命令に伴う安全訓練教育**

上の(2)で掲げた教育しなければならない知識は、あくまで最低限のことであって、この知識を身に着けただけでは、原子力発電所での安全性を確保するには全く不十分です。次のような事情があるからです。

すなわち、原子力発電所の組織は巨大なシステムであるので、その稼働にあたって細分化された数多くの業務を必要とします。そしてその業務は多数の作業員を必要とします。**日本の**原子力発電所の運営においては、その多数の作業員は、今まで説明したように、組織形態の上で、下請を含めた上下の多重構造のどこかに配置されています。このような組織体制下においては、作業員は下層に位置すればするほど、自ら命じられた作業が原子力発電所全体の中でどのような役割を果たしているか、理解することが困難となります。

したがって、本来であれば、原子力発電所の円滑な運営と安全性を維持するためには、作業員の上下間において、作業命令が発せられた場合、組織の中で次の4つの趣旨の安全訓練教育をなすことができる機会や時間的余裕があることが求められます。

　i 自分が作業命令に従って扱う予定の設備等が、原子力発電所全体の中で果たしている役割を理解する。その設備の特性と扱いの注意点も理解する。
　ii 原子力発電所全体の組織にあって、その命令作業がもつ目的と機能の理解
　iii その命令作業がどのような条件下を想定しているのかの理解に加え、想定外は異常事態であることを感知する態度を心がける。
　iv 作業手順の中で特別に注意すべき点の理解

一方、その知された下の地位の作業員には、そのことを**理解する素養が不可欠**です。

(5) 安全訓練教育は、短期間の就労者相手を想定していない

上で説明した安全訓練教育は、意識改革の性質を帯び、かつ徒弟制度的な教育面を有するので、成果を挙げるまでに**濃密なコミュニケーションと長い期間**の2つが求められます。この2つの条件が成立しないと、安全訓練教育がおろそかになる傾向があります。すなわち、もともと**安全訓練教育は、短期間の就労者相手を想定していません。**

そこで、日本の原発作業者の環境でこの2つの条件の成立を阻害する要因を探すと、いままで示した事実から、明らかに次の2つの要因が、安全訓練教育の充実を阻害する要因であることがわかります。

　i 分業体制の上に多重下請構造である。→ コミュニケーションが煩雑になり、コストが発生すると同時にコミュニケーションミスが起こり易い。
　ii 下層になればなるほど命令される作業が単純作業となり、その命令にしたがって、作業する者は短期間の就労者が中心である。

一方、一般に原発であれ高速道路であれ、建設する段階においては、安全性を確保するためには、設計が優れていてかつ優れた技量を持った熟練の職人が施工することの2つが絶対条件といわれています。どちらかが欠けては、安全

性確保ができないということです。

　これは原発運転開始後の安全性確保中の一番重要なことである設備保全についても当てはまります。短期間の就労者は、**全くの素人が経験不問という形の募集に応じた**のであって、優れた技量を持った熟練の職人とは対極にある存在です。

　したがって、今の原発の労働環境は明らかに原発の安全性の確保を阻害する要因を有していると思われます。

14　原発を熟知している現場監督（故平井憲雄さん）の実態告白から真実を知る

　原発作業現場についての今まで書き連ねた傍証推論は、隔靴掻痒の類でしかありません。原発作業現場の実態の真実は、それでは、つかめません。真実をつかむには、そこで長年働いてきた作業員、それも一作業員ではなく、多くの作業員を指示監督する立場にある現場監督にあった人物に聴くのが、一番信憑性があります。

　その人物こそが故平井憲雄さんです。同氏の遺稿「原発がどんなものか知ってほしい」（アヒンサー第2号　PKO法「雑則」を広める会刊）から抜粋した次の引用文を読んで、読者は、原発作業現場の実態の真実を推し量ってください。なお、「六」「10　原子力発電の「安全性の確保」が特別である理由」「(5)　原発の脆弱性」においても、同氏の他の抜粋引用文を掲げてありますので参考にしてください。

> **アラームメーターが鳴ると**
> 　原発は一年くらい運転すると、必ず止めて検査をすることになっていて、定期検査、定検といってます。原子炉には70気圧とか、150気圧とかというものすごい圧力がかけられていて、配管の中には水が、水といっても300℃もある熱湯ですが、水や蒸気がすごい勢いで通っていますから、配管の厚さが半分く

らい薄くなってしまう所もあるんです。そういう配管とかバルブとかを、定検でどうしても取り替えなくてはならないんですが、この作業には必ず被曝が伴うわけです。原発は一回動かすと、中は放射能、放射線で、いっぱいになりますから。

また、安全靴といって備え付けの靴に履きかえます。この靴もサイズが自分の足にきちっと合うものではありませんから、大事な働く足元がちゃんと定まりません。それに放射能を吸わないように全面マスクを付けたりします。そういうかっこうで現場に入り、放射能の心配をしながら働く訳ですから、実際、原発の中ではいい仕事は絶対にできません。普通の職場とはまったく違うんです。

そういう仕事をする人が95％以上まるっきりの素人です。お百姓や漁師の人が自分の仕事が暇な冬場などにやります。言葉が悪いんですが、いわゆる出稼ぎの人です。そういう経験のない人が、怖さを全く知らないで作業をするわけです。

例えば、ボルトをネジで占める作業をするとき、「対角線に締めなさい、締めないと漏れるよ」と教えますが、作業する現場は放射線管理区域ですから、放射能がいっぱいあって最悪な所です。作業現場に入る時はアラームメーターを付けて入りますが、現場は場所によって放射線の量が違いますから、作業の出来る時間が違います。分刻みです。

現場に入る前にその日の作業と時間、時間というのは、その日に浴びてよい放射能の量で時間が決まるわけですが、その現場が20分間作業できる場所だとすると、20分たつとアラームメーターが鳴るようにしてある。だから、「アラームメーターが鳴ったら現場から出なさいよ」と指示します。でも現場には時計がありません。時計を持っていると、時計が放射能で汚染されますから、腹時計です。そうやって、現場に入ります。

そこでは、ボルトをネジで締めながら、もう10分は過ぎたかな、15分はたったかな

頭はそっちの方ばかりで、アラームメーターが鳴るのが怖いですから。アラームメーターというのは、ビーーーーーッと、とんでもない音がするので、初めての人はその音が鳴ると顔から血の気が引くくらい怖いものです。これは経験した者でないと分かりません。ビーッと鳴ると、レントゲンなら何十枚もいっぺんに写したくらいの放射線の量に当たります。ですから、ネジを対角線に締

めなさいと言っても、言われた通りには出来なくて、ただ締めればよいと、どうしてもいい加減になってしまうのです。するとどうなりますか。

「絶対安全」だと5時間の洗脳教育

　原発など放射能のある職場で働く人を放射線従事者といいます。日本の放射線従事者は今までに約27万人ですが、そのほとんどが原発作業者です。今も9万人くらいの人が原発で働いています。その人達が年一回行われる原発の定検工事などを、毎日、毎日被ばくしながら支えているんです。

　原発で初めて働く作業者に対して、放射線管理教育を5時間かけて行います。この教育の最大の目的は、不安の解消のためです。**原発が危険だとはいっさい教えません**。国の被ばく線量で管理しているから、絶対大丈夫だ。安心して働きなさい。世間で原発反対の人達が、放射能でガンや白血病に侵されていると言っているが、あれは（真っ赤な大ウソ）だ。国が決めたことを守っていれば絶対に大丈夫だと、5時間の洗脳教育します。

　こういう「原発安全」の洗脳を、電力会社は地域の人にも行っています。有名人を呼んで講演会を開いたり、文化サークルで料理教室をしたり、カラー印刷の立派なチラシを新聞折り込みしたりして、だから、事故があって、ちょっと不安に思ったとしても、そういう安全宣伝に洗脳されてしまって、「原発がなくなったら、電気がなくなって困る」と思い込むようになるんです。

　私自身が20年近く、現場の責任者として働く人にオウム真理教の麻原以上のマインドコントロール、「洗脳教育」をやって来ました。何人殺したかわかりません。皆さんから現場で働く人は不安に思っていないのかとよく聞かれますが、放射能や被曝が危険だとは一切知らされていませんから、不安だとは大半の人は思っていません。体の具合が悪くなっても、それが原発のせいだとは全然考えもしないんです。作業者全員が毎日被ばくするんですが、それをいかに本人や外部に知られないように処理するか、それが責任者の仕事です。本人や外部に被ばくの問題が漏れるようでは、現場責任者は失格なんです。これが原発の現場です。

　私は、このような仕事を長くやっていて、毎日がいたたまれない日も多く、夜は酒の力をかり、酒量が日ごとにまして行きました。そうした自分自身に、問いかける日も多くなりました。一体なんのために、誰のために、このようなウソの毎日を過ごさねばならないのかと、気がついたら、20年間の原発労働で、私の体も被曝でぼろぼろになっていました。

15 再びニュークリア・ノマドについて

「7」で掲げたニュークリア・ノマドにつき、その定義を「生活の糧を得る手段を過酷な環境下の原発作業にしか見出すことができない人達で、被曝後遺症を身に受ける恐れを対価として賃金を得る人々」とすると、ニュークリア・ノマドは、原発というロシアンルーレットを選択する他に生きる道がない人達ということになります。**他に選択が多々ある環境下にあるにもかかわらず、好きこのんでロシアンルーレットをわざわざ選ぶという人達とは異なります。**

すなわち、この日本国においてある一部の人々を、ニュークリア・ノマドとしてしか、存在せざるを得ないことをもたらすのは、経済社会の底辺の経済的貧困です。したがって、ニュークリア・ノマドは、他に選択が多々ある環境下にある人達ではありません。しかも、日本国の原発にとってニュークリア・ノマドの位置付けは、買い替えが効く価格の安い使い捨ての消耗品でしかありません。

本来これは原発そのもの自体の問題ではありません。しかし、そのような存在を許す社会のありよう自体は、非人道的であると思われます。そして原発はその非人道的な作業環境を提供するという点で、同罪であるとの見方は一理あります。

十一

エネルギー自給・外交・軍事・国家財政から見た原発

「序」において、スウェーデン政府が、原発の是非を非政治問題化することを狙った国家政策を採用したことを、掲げました。非政治問題化とは、電力供給エネルギー源選択につき、経済合理性に基づく市場の判断に任せるということでした。このことは、とりもなおさず、原子力が他のエネルギー源と異なり、もともと政治問題として扱われる性質を帯びていることを、暗に示しています。

そこでここでは、原子力が政治問題として扱われる理由を、政治問題の代表格であるエネルギー自給・外交・軍事・国家財政の４つの視点から探ります。同時にその探索によって原発の是非を検討します。

1 エネルギー自給から見た原発

エネルギー自給の観点から、原子力発電を推進すべきであると主張する識者がいます。これは、恐らく高速増殖炉「もんじゅ」を含めた使用済み核燃料再処理サイクルを前提とした見解に立っているものと推測されます。この再処理サイクルは、使用済み核廃棄物が再び核燃料として使えるようになるので、実現すれば夢のような話ではあるのですが、このプロジェクトにかかわる巨額開発費が、国家予算・消費者負担で賄われ、既に兆円単位の累積額となり、今後も兆円単位の資金が費やされる予定されているものの、残念ながら、今もって実用化の目途は全くありません。

この再処理サイクルの実現は、技術的に実現が危ぶまれているだけではありません。国家予算の逼迫による今後の財政負担が危うい上に、電力会社の経営の悪化を考慮すると、その２点からして、不可能であるということです。

その上で、ウラン鉱床が、日本でも岡山県・鳥取県の人形峠鉱床や、岐阜県土岐市の東濃で発見されたものの、資源量過少により商業ベースに見合わないとして採掘されていないという事実に加え、国内の原子力発電所で用いるウランは全量が海外から輸入されている事実の両者（右の図「図３」参照）を鑑みると、エネルギー自給の観点から、原子力発電を推進すべきであると主張するこ

とは、論理の帰結が間違っていることは明らかです。説得力が全くありません。
「日本国は安全保障上エネルギー自給を高めるべきである。」と主張するのであれば、地産地消である自然エネルギーの推進を選ぶというのが、自然な論理の流れというものです。

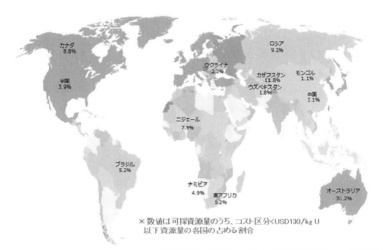

※数値は可採資源量のうち、コスト区分<USD130/kg U
以下資源量の各国の占める割合

(2011年1月1日現在、100トン未満は四捨五入)　(単位:トンU)

国　名	発見資源量のコスト区分				未発見資源量	
	<USD 40/kg U	<USD 80/kg U	<USD130/kg U	<USD 260/kg U	予測資源	期待資源
オーストラリア	0	1,349,400	1,661,600	1,738,800	—	—
カザフスタン	47,100	485,800	629,100	819,700	500,000	300,000
ロ シ ア	0	55,400	487,200	650,300	191,800	772,000
カ ナ ダ	350,800	416,800	468,700	614,400	150,000	700,000
ニジェール	5,500	5,500	421,000	445,500	13,000	51,300
南アフリカ	0	186,000	279,100	372,100	110,300	1,112,300
ブラジル	137,900	229,300	276,700	276,700	300,000	500,000
ナミビア	0	6,600	261,000	518,100	—	—
米 国	0	39,100	207,400	472,100	1,273,000	1,340,000
中 国	58,200	135,000	166,100	166,100	3,600	4,100
ウクライナ	6,400	61,500	119,600	224,600	22,500	375,000
ウズベキスタン	71,300	71,300	96,200	96,200	24,800	0
モンゴル	0	0	55,700	55,700	21,000	1,390,000
ヨルダン	0	0	33,800	33,800	15,000	50,000
そ の 他	3,400	36,800	164,000	612,500	215,700	1,000,000
合　計	680,900	3,078,500	5,327,200	7,096,600	2,841,300	7,595,300

・低コスト区分の資源量は高コスト区分の資源量の内数。
・可採資源量(Identified resources): 発見済みの資源。鉱床の規模・品位・形状が明らかな「確認資源」(Reasonably assured resources)と、鉱床の規模・特性に関するデータが不十分な「推定資源」(Inferred resources)に分類される。
・未発見資源量(Undiscovered resources): 既存鉱床の地質的延長に存在が間接的事実をもとに推定される予測資源(Prognosticated resources)と、特定の地質鉱床地帯の中に期待される期待資源(Speculated resources)に分類される。

図3　世界のウラン資源量の分布

下記の出典をもとに作成した。
[出典]OECD/NEA, IAEA:URANIUM 2011: RESOURCES, PRODUCTION AND DEMAND、2012年7月、p.17-18、p.29

2 外交から見た原発 → 日本国の原発の出自

日本国の原発の出自は興味深いものがあります。第二次大戦後の東西冷戦の産物だからです。そのことは、次の2つの公文書の記述を読めばわかります。

- i 米国の国家安全保障会議（NSC）1953年3月会合の次の議事録
「大統領とダレスは**原子兵器の使用をめぐるタブー**がなんらかの方法で解消されねばならないとすることで完全に意見の一致をみた。ダレス長官は、現在の世界世論の状況下において、われわれが原爆を使用することはできないと認める一方、われわれはこうした**感情を消滅させるため**、いまあらゆる努力を払うべきであろう」（「Memorandum of Discussion at a Special Meetinng of the NSC on Tuesday, March 31, 1953」Foreign Relations of the United States, 1952-1954 Volume 2, Part 1 : U.S. Department of State Office of the Historian)
- ii アイゼンハワー大統領図書館に保管されている国防総省の心理作戦コンサルタント、ステファン・ポッソニー（39）が1952年10月にまとめた報告書での助言
「原子力が平和と繁栄をもたらす建設的な目的に使われれば、原子爆弾も受け入れやすくなるだろう」（『日米同盟と原発』65頁　中日新聞社会部編　東京新聞出版。なお、太田昌克著『日本はなぜ核を手放せないのか』岩波書店の第4章にも、同様なことの詳しい記述があります。）

iにおけるダレスとは、当時の国務長官であって、東西冷戦下における瀬戸際外交政策を荷った政治家です。一方、大統領とは軍人出身のアイゼンハワーです。アイゼンハワーは、原爆などの核兵器を通常兵器として扱う大量報復軍事戦略（ニュールック）を採用したことで有名です。

しかし、米国の同盟国においては、原爆投下による広島・長崎の惨劇を経験した日本のみならず、戦地となったヨーロッパにおいては、核兵器を使うことを強く拒否する世論が主流でした。そこで、この核兵器を強く拒否する世論を変えることが、当時の米国政府の外交政策の課題となっていました。

したがって、上のⅰ、ⅱは、当時の米国政府が、原子力が平和と繁栄をもたらす建設的な目的に使われる事例を創り上げることによって、同盟国の世論が核兵器を通常兵器として扱うことを容認するよう仕向けることを意図したことを示す証拠であるということです。もちろん、この米国政府の意図は隠されていて、表面的には平和のための原子力（アトムズ・フォ・ピース）として表明されました。

　原発の日本への導入は、米国のこのような要望に沿った受諾を日本国政府がなして初めて可能となりました。いずれにしても、原発は、日本国世論における核兵器に対する強い抵抗感を除去するための材料であったということです。それが原発の出自ということになります。

3　軍事から見た原発

　「2」の背景の下、原子力発電は日本国の歴代政府の関与の下に強力に推し進められてきました。その国策意図がどのようなものであったかを見るに、多様なものがありました。その当初の国策意図の中で、次のような見解があったことは、事実として確かなようです。すなわち、「原発の技術は核兵器開発製造に転用することが容易である。原発を持つことは、将来日本国が潜在的に核兵器を開発・保有する選択肢を持つことに、等しい。したがって、軍事外交上有利となるので、原発を推進すべきである。」という見解です。

　日本は核兵器拡散防止条約に加盟しているので、核兵器を開発・保有することは今すぐ現実にはできないとはいえ、福島の原発事故後においても、「原発の採算性が悪くとも、あるいは事故のリスクがあるにしても、将来にわたって核兵器を開発・保有の選択肢を捨てないためには、原発は推進すべきである。」という見解を主張する政治家・論者もいます。この見解は、軍事外交政策視点に基づくものです。

　核武装の是非、すなわち**軍事外交政策上の現実妥当性あるいは有効性が、この見解に備わっているか否か**の議論を脇に置くとして、コストパフォーマンス

の視点に**限定して**、この見解の是非を検討して見ると、次のような結論になります。

i 核分裂原理を使用する原子爆弾には、濃縮度60％以上のウラン235あるいは濃縮度は94％以上のプルトニウム239（＊）が原料として使われる。核兵器を製造するためには、この濃縮度の高さが命であるので、その濃縮度が原子力発電所においてどうなっているかを見るに、軽水炉で使用されるウラン235は、濃縮度3％から5％程度の低濃縮であるので、核兵器向けの軍用にするためには、別途のウラン濃縮装置を使って、さらなる濃縮が必要。また、軽水炉で核分裂反応の結果得られるプルトニウムの濃縮度は60％であって、これも核兵器向けの軍用にするためには、さらなる濃縮が必要。もっとも、高速増殖炉である「もんじゅ」で作ったプルトニウム239は、濃縮度は97.6％で、「常陽」では濃縮度が99.4％となるとのデータがある。

　このような技術上の事情からすると、核兵器を製造するためには、発電用ではないウラン濃縮装置を別途1基**探知しにくい**場所に建設するか、濃縮度の高いプルトニウム239を製造できる炉（これも発電用ではない）を1基建設するかのいずれかを選択すれば、核兵器の原料は製造できるのであって、原子力発電所は、たまたま放射性物質を扱う技術を維持する場としての存在価値があるだけで、核兵器生産のコストパフォーマンスの視点からすると、無用の長物。

＊なお、核融合原理を使用した水素爆弾も、重水素・三重水素が核融合するための起爆剤エネルギー源として原子爆弾を使用するので、水素爆弾製造するためにも、この2つを純度の高い濃縮された形で、製造できることが、不可欠です。

ii 軍事は秘密の塊である。その軍事の最たるものである核兵器製造を民間会社に委ねるとしても、本来兵器生産会社ではない電力供給会社にその任を荷わせるのは、次に述べるように、いろいろな面で無理がある。

iii 軍事上は原子力発電所自体が攻撃目標である。特に日本の原子力発電所は海沿いにあるので、敵国からすれば、内陸にある場合に比べて、僅かな特殊部隊のみで、攻撃して破壊ができる。また、敵国が、原発作業員の中

に破壊工作員を紛れ込ませることも、現状極めて容易である。特に後者の原発作業員による内からの破壊工作は、日本のように開かれた社会では実行が容易である上に、当該破壊工作を主導した敵国が、自らが主導したことをカモフラージュして隠すことも容易である。

いずれにしても、この2つは、僅かな犠牲で驚異的な戦果を得ることができる故に、軍事力に劣る弱小国が採用する誘惑に駆られ易い軍事戦術である。

iv この種の攻撃によって原発が破壊されたとき、日本国は広汎な領土を喪失すると同じである深刻な被害を受けることになるので、この種の攻撃を防ぐにあたって完璧性が求められる。

しかし、原発を営む電力供給会社は、あくまで民間の営利企業であって国の軍事部門ではないので、採算優先思考の下にあり、経営陣がこの種の攻撃への防御態勢を取る思考体質に馴染むことは不可能。特に原発作業員による内からの破壊工作を防ぐためには、作業員全員の身元調査の徹底が求められるが、そのことは下請構造の廃止あるいは臨時雇いの正社員化の道に通じるので、経営陣が拒否することが目に見えている。

一方、外からの攻撃の防衛のために、国が原発周辺の防衛体制を整備するにしても、防衛予算には優先順位があり、原発防衛が手薄になる可能性が強い。したがって、完全に撃退することは困難。

v とすると、原子力発電所が破壊されたときの損害の深刻度と範囲の広さを考慮すると、むしろ原子力発電所の建設は防衛上好ましくない。

(注) 以上は、立場を変えると次のような発想に至ります。

察知されにくい潜水艦に、「敵国の原発・再処理施設・核兵器工場を破壊することができるような同一目標を連続して攻撃できる通常弾頭型の**ステルス巡航ミサイル**」を装備すれば、日本が核兵器を保有しなくとも、その通常兵器の装備と編成で、核武装したと同一の抑止力を潜在敵国に与えることができます。特に再処理施設への反撃は、相手に致命的な打撃を与えることができます。

4 　国家財政から見た原発

　福島第一原発の廃炉・賠償費につき、経産省はあくまで推定であるとしていますが、20兆円を見積っています。さらに新たな過酷事故が起これば、明らかに国家財政は破綻します。原発は日本国の財政にとって潜在的な脅威であることは、確かです。国の財政から見れば、原発をどう扱うかは明瞭です。

十二

被爆と被曝の比較から
原発事故の本質を見極め、
確率論が隠れ蓑に
なっていることを知る

1 原発過酷事故における被害の本質は、どのようなものか？

(1) 原発過酷事故がもたらす被害の実態を核兵器使用がもたらす惨状から推し量る

　ドイツの答申書は、福島第一原発の事故を例にとって、原発の過酷事故が社会全体へ桁違いに甚大な被害をもたらすとして、そのことを受けて論を展開し、原発の是非の決定は、国家が決めなければならない倫理的課題であるとしています。しかし、「社会全体への被害の桁違いの甚大さ」そのものについては、自明であるとしているようで、その自明なこと故、詳しい分析はしていません。

　一方、核兵器使用が非人道的である、すなわち倫理的課題であるということは、そのことにつき各国政府代表が参加する国際会議が数回開催されている（＊）ことからわかるように、ほぼ先進諸国の世論において、一部の政治家と識者を除いて定着しています。そして、核兵器も、原発と同様に核エネルギー利用の産物であるという点は、同一です。

　そこで、核兵器使用がもたらす惨状が非人道的であるとされる理由を探り、その理由から、原発過酷事故が惹起する「社会全体への被害の桁違いの甚大さ」の実態を推し量ってみます。すなわち、原発過酷事故がもたらす惨状がいかなるものであるかを、核兵器使用がもたらす惨状から、推し量ってみます。もちろん、核兵器使用がもたらす惨状は、原発過酷事故がもたらす被害に比べてより深刻であるので、その点の斟酌をする必要があります。そうであるからこそ、逆に過酷事故の被害の本質が炙り出されることとなるからです。

　　＊「核兵器の**人道**的影響に関する会議」2013年第1回オスロ、第2回メキシコ、第3回ウィーンで開催。

(2) 核兵器使用が非人道的とされるのはなぜか？

　「十一」「2」において、米国政府が日本に原子力発電を指導して建設運営することを促した事実及びその背景にある米国政府における政策意図を掲げまし

た。それは、外交文書から窺える事実であって、日本国内に核エネルギーの平和利用のイメージを流布させて、日本の世論に核兵器使用が決して非人道的なものではなく、通常の兵器使用と何ら異なる点はないことを植え付け、核兵器を使用し易くするためであったという政策意図でした。

しかし、核兵器使用が非人道的なものではないという見解に同意する人は、今の日本においては、一部の政治家と識者を除き少ないと思われます。では、核兵器の使用が非人道的であると言われる理由は、どのようなものでしょうか？

それは、核エネルギーの放射と放射性物質の拡散がもたらす惨状結果に基づきます。その惨状については、通常兵器の使用によってもたらせる惨状結果に比べて、規模が極めて大きい上に、長期にわたる、あるいはその惨状の質が特異である等、多様な角度から指摘がなされています。その指摘を、次の(3)と(4)で述べます。

(3) 核兵器使用がもたらす深刻な惨状（戦闘員と非戦闘員の無差別等）

核兵器使用がもたらす惨状悲劇が、通常兵器と異なる（特異性）ことについては、多様な見解があります。1つには、戦争時に適用される国際法（戦時法）における次のようなものです。

i 戦闘員と非戦闘員の区別なく無差別に敵側の陣営に属する人々を広範に殺傷する。
ii 核兵器使用時に殺傷されずに生き残った人々の健康を長く損なう（**戦後後遺症**）。
iii 敵側が居住する地域の環境を物理的に損なうだけでなく、**戦後も**長期にわたって居住困難地域とすることがある。
iv 生き残った人々の遺伝子損傷を通して、**子々孫々**まで健康被害が及ぶ。
v 人間以外の他の生物へ遺伝子損傷を与え、**生態学的**な環境を激変させる。
vi 数多く用いれば、iからivにおいては、ジェノサイド（民族消滅）をもたらし、vにおいては、**地球規模**の生態学的な環境変化をもたらす。
vii さらに多量報復攻撃が重なれば、地球全体に核の冬（**地球全体規模**の気

候変動）をもたらす。**人類文明**の滅亡の引き金となる。

(4) もう1つの核兵器使用の非人道性の訴え

　上とは異なる別の理由に基づき、核兵器使用の非人道性が、訴えられることがあります。それは、医学的見地からものです。そのことについての証言者としては、故肥田舜太郎さんほどの適任者はいないと思われます。自身が医師であったときに被爆し、その時点で数多くの死者を看取り、その後被爆の後遺症で苦しむ多数の患者を診察してきたからです。そのことは、肥田舜太郎さんの証言「―あなたは、**内部被ばく**のことを知っていますか―」アヒンサー第3号（PKO法「雑則」を広める会）に詳しく書かれています。特に、同氏は「体の外から浴びるのと全く違うメカニズムで放射能が人間を破壊する。」（22頁）というペトカウ効果を強調しています。

　一方、公益財団法人 広島原爆被爆者援護事業団理事長の鎌田七男氏による「核兵器の非人道性―医学的エビデンス」に、同氏は、次のことを記しています。

> 「原爆エネルギーの50％は爆風であり、当時、打撲や裂傷などの直接的な被害を与えた。エネルギーの35％は熱線で、後影響としてケロイド症状が出た。残りの15％は放射線で、これがヒトの遺伝子に傷をつけ、**後障害としてがん、小頭症、成長遅滞、白内障、血管障害などを生じせしめた。**」

と指摘した上で、東京大空襲の犠牲者との比較をなし、

> 「東京大空襲は広島と同様に約10万人余の死亡者を出したが、広島爆弾では放射能が含まれていたため、**10年、50年、60年後でも身体的・精神的苦痛となり被爆者を悩ませており、これが非人道性の根源といえる。**」

としています。そして次のような医学的エビデンスから、その非人道性の詳細を簡潔明瞭に説明しています。

　　ⅰ　原爆エネルギー源ごとに異なる病気の種類
　　ⅱ　被爆時年齢によって異なる身体的影響とその苦痛
　　　　胎内被爆の場合、幼少期被爆の場合、成人期被爆の場合
　　　　被爆時年齢と係わりなく、被曝の刻印と見做される染色体異常とケロ

　　　　イド
　iii　精神的苦痛
　iv　社会的な苦痛
　v　人生に投影された非人道性
　特に成人期被爆の場合の身体的影響を要約すると、次のようなものです。
　　がんや血管障害の多発。白血病、甲状腺がん、乳がん、肺がん、胃がん、結腸がん、皮膚がん、髄膜腫（脳腫瘍の一種）。特に1995年頃より２つ目のがんを発症する被爆者が増え始めた。
　核兵器使用が非人道的なものであることの理由は、他にも多々あげることができます。いずれにしても、核兵器使用が非人道的なものであるからこそ、核兵器使用が倫理的な課題とされることは言うまでもありません。

(5)　第五福竜丸事件

　戦時でなくとも、核兵器使用が非人道的なものであることを示す事件があります。それは、戦後1954年３月１日に起こったビキニ環礁における米軍による水爆実験の被害を受けた第五福竜丸事件がそれです。
　同船の乗組員23人は、ビキニ環礁の爆心地から160km以上離れた場所で、放射能を帯びた「死の灰」を浴びました。乗組員の１人久保山愛吉さんは、その年の９月30日に急性放射能症と肝炎による多臓器不全で亡くなりました（＊）。また他の乗組員のうち７人が60歳前に肝臓がんなどで死亡（＊＊）しています。それらは、(4)のⅱにおける成人期被爆の場合が示唆する症状とほぼ同一であって、その非人道性は広島爆弾による惨状の非人道性と同一です。

　　＊当時同氏を診察した東京第一病院（現国立国際医療研究センター）の熊取敏之医師がまとめた「ビキニ放射能症の臨床並びに血液学的観察」によると「同氏の被曝線量は少なくとも５シーベルト。一般の人が１年間に浴びる許容線量の５千倍」（「日米同盟と原発」中日新聞社会部編　76頁）
　　＊＊「日米同盟と原発」中日新聞社会部編　77頁

(6)　放射線が確率的に後遺症をもたらすのは、被爆と被曝とで同一

　被爆の場合の身体的影響の医学的エビデンスは、未解明な面があるにしても、

上記のようにある程度明確な部分があります。その中で被爆後に発症する後障害こそが、非人道性の根源であるとの上記2人の医師の指摘は、2人が後遺症に苦しんできた多くの人々を診察して深い共感をもって得た体験的な結論と思われます。その後遺症とは、放射線を外部からも内部からも浴びることに起因するがんをはじめとした広範な諸症状です。

　一方、福島原発事故での被曝とは、広島原爆の被爆と同じく放射線を外部からも内部からも浴びることであるので、その被曝者は、被爆におけるのと同一の被害の**可能性**を身に受けたことになります。したがって、その被害によってその被曝者は、広島原爆の被爆者が被ったと同様ながんをはじめとした広範な後障害を、今後長期間にわたって被ることが危惧されています。

　とすれば、核兵器使用が非人道的であるとの見解に立つのであれば、福島原発事故と同程度の過酷事故（ただし、原発事故そのものは、核兵器使用と異なり**確率的な事象**）を起こすことを常に孕んでいる原発につき、その是非を論じることは、核兵器使用と同じく、倫理的課題であるということになります。

　もっとも、放射性物質の臓器への蓄積は核種によって異なる等々様々な理由のために、後遺症であっても、被爆の場合と被曝の場合とでは、完全に同一であるとは限りません。しかし、被爆した場合であれ被曝した場合であれ、放射線を浴びることによって生命と健康が危うくされる**可能性**があることは同一であって、そのことによって、**確率的**に後遺症を起こす**可能性**があることに、変わりません。

2　確率論が隠れ蓑になっている

　原発事故が倫理的課題であるか否かを議論するにあたって、核兵器使用と比較するとき異なる点は、次の点です。

　　「原発事故は過失であって、意図的である核兵器使用と異なり意図せずして起こる**確率的な事象**である。」

　その上に、次の問題点があります。

被爆した場合であれ被曝した場合であれ、「被曝」→「がんをはじめとした広範な諸症状」の道筋については、統計学的疫学調査に加え、外部被ばくはもちろん、内部被ばくについても、ペトカウ効果を含めた科学的な因果関係理論が確立しているものの、浴びた放射線の**量**が「がんをはじめとした広範な後障害」の発症**度合**に与える影響を、確率によって表現せざるを得ないことから、発症**度合**を常に軽視あるいは過小評価するモウメントが、あらゆる議論において働く。

この問題点が現れる理由は、次の通りです。

ⅰ 同一の被曝放射線量であっても、がん等の後障害の発病有無が、人によって異なる。

ⅱ がん等の後障害は、被曝とは別の他の原因で発病することもある。

ⅲ がん等の後障害は、被曝とは別の他の原因と相乗効果で発病することもある。

その上に、その確率を求めるためのデータ採取と分析の信頼性を損なう次のような可能性があります。

ⅳ データ採集に限界がある。

ⅴ データ採集に恣意性が働くことがある。

ⅵ データ分析に恣意性が働くことがある。

結局上のⅰからⅵまでのことが、浴びた放射線の**量**が「がんをはじめとした広範な後障害」の発症**度合**に与える影響という科学的な事実を調査研究する場において、原子力発電の安全性そのものについての社会的紛糾状態（＊）と酷似した事態を招いています。

  ＊「六 超長期視点で電力のエネルギー源別の採算性比較をなす」「10 原子力発電の「安全性の確保」が特別である理由」「(6) 原子力発電の「安全性の確保」を難しくする背景」

結局、原発事故による「がんをはじめとした広範な後障害」の発症について、社会的共通認識を打ち立てようとするとき、発症度合を常に軽視あるいは過小評価したい立場の人々にとっては、発症度合が確率的な事象であることが都合の良い隠れ蓑になっています。それは、確率論を使えば、常に一応の**抗弁**がで

きる立場にあるからです。

それは、常に科学知見のうち極めて楽観的な見解に安易に依拠して安全対策設備の投資決定をする誘惑に陥っている電力会社を見れば明らかです。その上に、原発産業と電力会社の**政治力**を見据えると、怖いものがあります。

3 リスクが現存しても、研究上はその存在の統計的有意性を検出できない事態がある

より怖いのは次の点です。すなわち、低線量被曝による健康障害についての検証すべき仮説（例えば、被曝住民における鼻出血・下痢症状の発生）に対して、科学的に証明できないとして、否定する科学者が必ず出てくるという点です。人間の健康を損なう危険性について限定すると、その危険性を調べるための科学的証明方法としては、実験と統計的証明（疫学調査を含む）の2つがあります。そのうちの後者の問題点については、次のような見解が確立しています。

i **統計的有意性**の有無は、科学的証明の1つであるとして、尊重されている。しかし、仮にリスクが現存しても、リスクの程度に応じたサンプル数を得られない場合は**統計的有意**な結果を得ることは困難となる。これにつきそのような小さなリスクは無視してよいという主張は、一理はある。しかし、無視するか否かの可否は科学で決めることではない。社会的文脈で決めることである。

ii さらには、**統計的有意**は、研究の質の高低でも左右される。研究の質が低いあるいは粗雑であればデータのばらつきが大きくなる。そうすると、リスクが現存しても、研究上は、**統計的有意性**を検出できない事態が起こる。このように科学的証明ができるか否かと、リスクが現存するか否かの関係には、注意深い解釈を要することになる。したがって、サンプル数と研究の質の詳細検討が求められることとなる。

iii ここで極めて重要なことは、「**検証すべき仮説（例えば、被曝住民における鼻出血・下痢症状の発生）に対して否定的な結論、すなわち統計的有意性**

に達しない研究結果を作ることは容易である。」という点である。さらに重要なこととして認識すべき点は、「**未解明の潜在的リスクが社会的に問題となる場合に、そのリスクの厳密な証明があるまでリスクを不在とみなしてよいかどうかは科学自体では決まらない。**」という点である。

(注) 上の i と ii の失敗事例を具体的に知りたければ、ジェイ・M・グールド博士が著した『低線量内部被曝の脅威』の第6章「国立癌研究所はなぜ、原子炉周辺での発癌リスクの増大をみのがしたのか」を読むことをお勧めします。また同書の他の部分にも、低線量内部被曝を認めない政府側の統計疫学調査について、サンプル数が少ないことを指摘する文章もあります。

以上の見解は、岩波書店　論考集「科学者に委ねてはいけないこと」の尾内隆之氏・本堂　毅氏の『御用科学者がつくられる理由』25頁からの抜粋引用して**まとめた**ものです。尾内隆之氏・本堂　毅氏のそこでの記述は強い説得力があり、一読の価値があります。

「2」にて、浴びた放射線の量が「がんをはじめとした広範な後障害」の発症度合に与える影響を、確率によって表現せざるを得ないことから、発症度合を常に軽視あるいは過小評価するモウメントが、あらゆる議論において働くと述べました。それに加えて、上の両氏の見解からすると、**「科学的」**という触れ込みで、発症度合を常に軽視あるいは過小評価することが容易であること、そして場合によっては**潜在リスクを心配する人々を騙すことも、容易である**ことがわかります。ICRP が打ち出す勧告内容は、まさしくその典型例です。

十二

原発の対立構造を、市場メカニズムを使って解決する

「七」におけるドイツの倫理委員会答申書の解説で述べたように、原発問題は、経済合理性だけで語れるものではありません。一方、市場メカニズムが有するダイナミックスと選択淘汰機能を信じ、原発の是非を市場メカニズムに任せて決めさせるという見解があります。この見解を検討するに、この見解を間違っているあるいは意義がないと断定できるほどの確証あるいは根拠は現在ありません。したがって、一考の価値が十分にあります。

そこで、市場メカニズムが持つダイナミックスと選択淘汰機能を信じて、原発の是非をその機能に委ねた国があるか否かを探すに、「序」の「1」にて掲げた原発の是非を 非 政治問題化することを狙ったスウェーデンの国策が目につきます。

前述のように、原発問題は経済合理性だけで語るのは基本的に困難であることは確かです。したがって、このスウェーデンの国策を分析することは、その困難を踏まえて、あえて市場メカニズムの淘汰機能を信じ、経済合理性視点の土俵に留まって、原発の是非を決める仕方を浮き彫りにするということでもあります。

ただし、市場メカニズムには明示はされていない暗黙の社会合意的な前提があるのであって、その前提を「1」にて明示化した上で、以下論を展開します。

1　市場メカニズムを使う場合の暗黙の社会合意的な前提

経済体制原理として何を選ぶかについて見ると、自由競争経済体制の他に計画経済の選択肢があり、さらには自由競争と計画経済を混合した経済体制も選択できます。それは、車のエンジンに、ガソリンエンジンと電気モーターの選択肢があるとしても、両方を組み合わせたハイブリッドがあって、それがより一層の燃費向上を実現するが如しです。

経済体制原理の話に戻ると、市場メカニズムは自由競争経済体制の本質原理であり、このメカニズムを利用すると、価格をシグナルに資源配分問題を容易に解決することができます。しかし、**市場メカニズムは、社会制度設計に組み**

入れて利用する構成要素でしかありません。金科玉条的にあるいはイデオロギー的に位置付けるものではありません。

　すなわち、社会制度設計の発想は、車の設計における次の発想に譬えられます。すなわち、車に求められることは、人あるいはモノを安全に・快適に・速く・安く目的地に運ぶということです。このときエンジンの選択をどうするかは、車に求められるそれらのことに最大限に貢献するものを選ぶという発想に基づきます。

　そして、再び経済体制原理に戻ると、その社会制度を設計するにあたっては、そのときどきの主流になっている社会的価値観によって左右されるにしても、その社会構成員の**誰１人にとって**、次の２つが侵害されないことが、最低限の制約条件として、絶対的に求められます。

　　ⅰ　人間としての存在尊厳
　　ⅱ　個々人の自由意思の尊重

　このⅰを身近な日常語で言い表すと、「**人間が人間として扱われるべきであって、決してモノや使役動物の牛馬あるいは実験動物のネズミのように、扱われてはならない。**」となります。

　一方ⅱは、**他の人のⅰとⅱを侵さない限りにおいて、**選択肢がある中であれば、１人ひとりが選択することができるということであって、意に反した選択肢を強制されてはならないという意味です。

　社会制度設計においては、この２つを制約条件として必ず取り入れなければなりません。すなわち、市場メカニズムは、社会を構成する各個人の存在尊厳を保ちつつ各個人の自由意思を尊重することに、役に立つ限りで利用すべき道具であると解釈して位置付けるべきであって、金科玉条的にあるいはイデオロギーとして位置付けるものではありません。

　この解釈視点に沿って、原発の対立構造を解決するにあたって、市場メカニズムを利用した方法を以下示します。

2 原発の是非を市場の判断に任せたスウェーデン

「序」の「1」にて「電力供給エネルギー源の選択にかかわるスウェーデンの国家政策」を掲げました。その政策意図は「**自然エネルギーに下駄を履かせながら原子力と競合させた上で、それでも電力会社が原子炉の建設に魅力を感じるならば古い原子炉を更新してよい。**」でした。その意図は、「電力供給エネルギー源選択は、経済合理性に基づく市場の判断に任せることで、原発の是非を非政治問題化することを狙ったもの。」でした。

これは、原子力発電の選択の当否課題の解答を得るにあたって、**極めて深刻な社会を2分する**紛糾を回避するための巧妙かつ現実に採用できる実際的な政策対応と思われます。この紛糾とは、「六」の「10 原子力発電の「安全性の確保」が特別である理由」の「(6) 原子力発電の「安全性の確保」を難しくする背景」の最後で述べた「…原子力発電においてのみ、このような政治領域あるいは社会領域における安全水準設定にかかわる社会的合意紛糾、それも極めて深刻な社会を2分する紛糾が生じるという点」として示したものです。

このように、スウェーデンの民族ルーツはドイツと同じゲルマン民族であるにもかかわらず、スウェーデン政府は、号令一下で原発廃止に舵を切ったドイツとは、また大きく異なった政策対応をしています。もっとも、その政策を産み出したのは、合理主義的な思考体質風土であることは確かです。

このスウェーデン政府の政策対応を日本が参考にするのであれば、ここで絶対忘れてはならないことは、次の3つです。この3つを前提にした上での、「電力供給エネルギー源選択は、経済合理性に基づく市場の判断に任せる。」であることを肝に銘じなければなりません。

ⅰ 老朽化した原子炉の建て替えは認める。しかし、**政府は経済的に一切支援しない**。一方で自然エネルギーには経済的支援を拡大する。

ⅱ 原子力発電所で発生した使用済燃料の地層処分選択

（原子力発電所で発生した使用済燃料を再処理せずに、高レベル放射性廃棄物として地下約500mの深さの**結晶質岩**中に地層処分する。実施主体は、**電力会社**

が共同出資して設立した会社**。その会社は、2009年6月に処分場建設予定地として、エストハンマル自治体のフォルスマルクを選定。その後、2011年3月に処分場の立地・建設の許可申請を行い、計画実行進行中。)

ⅲ　原子力発電所の安全対策の徹底

特に大事なのは、ⅲはもちろん、「政府は経済的に一切支援しない」という点です。「使用済燃料の地層処分の実施主体も、電力会社が共同出資して設立した会社である」ことも、その具体例であると、推測されます。

また、このことにつき、「七」で述べた〈原発をロシアンルーレットと見る〉立場からすれば、**危険な賭け事に税を使うことは罷りならないとする発想**であると読むことは可能です。

3　スウェーデンの政策を日本が導入できるか？

スウェーデンの政策は、要は「原子力発電所の安全対策を徹底的に追求し、かつ核廃棄物の処理・保管費も組み入れた全ての支出を考慮した上で、それでも原子力発電所の採算性が他のエネルギー源に比べて良ければ、採用する。しかし、採算性が悪ければ、採用しない。」という合理主義的であると同時に単純である思考形式に基づいています。

この単純な思考形式を政策決定に採用した背景には、柔軟な自由競争経済体制を指向する従来からの政策方針に加え、その根っ子に次のようなスウェーデンの政治・社会風土の存在があると推測されます。

すなわち、スウェーデンの政治・社会風土は、日本に比べて民度が高いといわれています。**特に社会的な公平を重んじ、行政が特定の地域住民あるいは特定の利権集団を特別扱いすることを嫌う風土が根付いています**。したがって「2」のⅰとⅱはその高い民度があるからこそ可能となったと、推測されます。

したがって、仮に「2」のⅰとⅱを日本において採用したいのであれば、公平を重んじる政治・社会風土の醸成が第一の前提となるでしょう。特定の地域住民あるいは特定の利権集団がその利権を獲得・維持するために政治的影響力

をもっていることに、当該集団を構成する各人が後ろめたい気持ちを抱かない あるいは羞恥心を欠く風土が障害となります。これを、**公平を重んじる政治・社会風土に変える**ことが前提になるでしょう。

　上の「2」のⅰとⅱを日本において採用するに必要な第二の前提は、次のようなものであると、推測されます。すなわち、スウェーデンはバイキングの時代から**熟議**をして共同体の意思決定をなす伝統があります。熟議とは不毛な対立討論とは対極にあるものであって、立場や意見が異なっていても、コミュニケーションを重ねてその相違を埋めてより良い現実適応策を創り上げる態度のことです。**反対意見を札束を使って沈静化する政治手法を容認する社会風土とは対極にあるものです。この札束を使って沈静化する政治手法は、北朝鮮や中国のように専制主義的強権国家対応よりはましであることは確かなのですが、人間存在の尊厳を侵しているとは言えないまでも、明らかに人間存在の尊厳を傷つけています。**

　エストハンマル自治体のフォルスマルクが使用済燃料の地層処分を受け入れつつあるのは、この態度が政治社会風土に存在するからこそ可能となったと、推測されます。

4　特に技術進歩と技術革新を促進する競争環境制度設計が求められる

　電力供給エネルギー源選択を、経済合理性に基づく市場の判断に任せる、すなわち、エネルギー源別かつ地域別に発電企業を設立して競争させるにしても、特に技術進歩と技術革新を促進する競争環境制度設計が求められます。すなわち、技術進歩と技術革新によってエネルギー源のコスト競争力は**長期的には**大きく変動するからです。

　この技術進歩と技術革新によるコスト競争力の変動については、「六」の「4」「5」「6」にて詳しく掲げました。その中で、特に「4」「ⅲ　資源費消調整の可否」と「ⅴ　間歇出力対応の必要の有無」を巡っての「発電出力の操作性

を確保する」ことが、電力のエネルギー源別の優劣を決める重要なことであることを強調しました。これからは特に、この「発電出力の操作性を確保する」ことを目標とした技術進歩と技術革新を促す社会制度設計が求められます。

　例えば現在、幼稚産業保護育成の意図から自然エネルギーにつきエネルギー源別に、買取価格を設定しています。これにつき、「発電出力の操作性確保」を満たす自然エネルギー発電は高い価格で買い取る方向性を採用するのも一法ですが、自然エネルギー別に価格を設定するのではなく、**同一の自然エネルギーであっても、「発電出力の操作性確保」あるいは「発電出力の安定化」を満たす場合は、高い価格を設定する等の工夫があって然るべきです。具体的には、太陽光であっても、蓄電設備によって売電の安定化を可能にしているときは、そうでない場合に比べてより高く売電価格を許す等**です。

　また送配電分離会社政策を採用するときは、「六」の「4　コストに影響を与える留意点」で掲げた「vi　送電線負担の大小（発電場所から電力消費地までの距離が長ければ大。近ければ小）」への考慮が不可欠です。電力消費地から離れた立地を受け入れざるを得ない原発・地熱等は、この送電線負担が大きくなるので、これを明確にコストに反映させるためには、送配電分離会社政策を採用するにしても、電力消費地向けの基幹配電線の設備の当初支出とその後の維持支出については、発電企業が送電線負担を公平に負担する等の設計をする等、様々な工夫をして、**競争環境条件の公平さ**を整備することが、不可欠です。

　但し、基幹配電設備の通電容量に十分な余裕があるときは増設設備投資が不要であるので、新規利用者も既存の利用者と同等の料金で遇するべきでしょう。

5　公平な競争環境条件整備の障害となる難問

(1)　原子力発電に限って特異な2点の事情

　「三」「4」「(4)」において、自由経済体制における競争環境の前提が次のようなものであることを述べました。
　　i　独占企業は認めない

ⅱ　営利私的企業に政府からの支援は一切ない
　ⅲ　経営結果は全てその営利私的企業及び債権者・株主が負うという自己責任原則の貫徹

競争環境条件の公平さの整備を目指すのであれば、この遵守が不可欠です。しかし、原子力発電についてのみ、その技術的特性を起因とする次のⅳとⅴの2つの特異な事情があるので、他のエネルギー源に比べて上のⅱとⅲの順守が不可能であると思われます。

　ⅳ　バックエンドコストを負担する制度設計につき社会的合意ができていない。すなわち、事業収入稼得期間（約40年間）終了後**10万年後**までバックエンドコスト（廃炉処理支出・使用済み核燃料再処理支出・使用済み核燃料保管支出）が発生する。その発生額は巨額であるにもかかわらず、その額を事業収入稼得期間に**限定して**負担させる制度設計につき社会的合意ができていない。
　ⅴ　最悪の過酷事故が起きたときに周辺地域が被る損害の額と深刻さは計り知れない。そのことへの賠償額は天文学的な数字となる。にもかかわらず、その賠償制度設計につき社会的合意ができていない。

(2)　モラルハザード

　上のⅳの問題点については、既に「四」「4」「(2)」をはじめとして各所で、詳しく触れました。要は支出期間を10万年後まで見据えなければならない原発は、支出額に関してリスクと不確実性が見通せない故に、「営利企業である民間会社が取り組むにふさわしい事業ではない。」、すなわち「原子力発電事業は自由経済体制に馴染まない事業である。」であり、さらに深読みすると、次の深刻な懸念を抱かざるを得ないとするものでした。

>　「**営利私的企業としての電力会社は、廃炉処理までは自らが負うも、その後の巨額なバックエンドコストを国あるいは消費者に押し付け、収益獲得というおいしい部分のみを自らが得るという自由経済体制においては決してあってはならないモラルハザードに陥る。**」

(3) 過酷事故被害賠償 保険料 額の計算ができない

「序」の「1」「(2)」で、損害賠償の法的制度整備を前提とした損害保険機能の働きが市場経済では不可決であることを述べました。そして、原発製造企業もその損害保険に入ることが当然の義務であることも述べました。

一方、上の(1)のvについても、既に「四」「4」「(1)」をはじめとして各所で、簡単に触れました。すなわち、原発の採算性判定に通じる「全体最適解判定に役に立つキャッシュフロー額」の計算にあたって、過酷事故対応の保険プレミアムを控除する方法を使用した場合、原発過酷事故が起こった時の損害補償支払に応じるための損害保険料額をどう算定するかの課題を解かなければならないところ、日本国内の交通事故対応損害保険料算定とは異なり、日本国内の原発過酷事故データが幸いなことに1件だけであるので、計算不可能であるということでした。

ということで、採算性判定の視点からすると、原子力発電事業のみは、余りにリスクと不確実性が見通せないので、DCF法を使用するにはふさわしくない埒外の事業であるとの結論でした。

本来であれば、事故というリスクを抱えている企業であっても、次のviあるいはviiの手法を取り入れて自らが取り組んでいる事業の採算性判定をなしてから、競争市場に飛び込んで参加するのですが、過酷事故損害保険料額算定ができないことからして、次の手法はいずれもその本来の任務を果たすことができません。

vi 原発製造会社あるいは電力会社が過酷事故に備えて保険会社と保険契約をなす。保険料支払いという形でコストに入れ込む。

vii 電力会社が会計的に過酷事故被害賠償額対応準備引当金を各年引き当てる。

その結果このままでは、原発は、そもそもリスクの中でも過酷事故という決定的に重要なリスクを反映する採算性判定ができない事業ということになってしまいます。結果、バックエンドコストと同様に、「原発製造会社と電力会社は、**巨額な過酷事故被害賠償額を国あるいは消費者に押し付け、収益獲得というおいしい部分のみを自らが得るという自由経済体制においては決してあって**

はならないモラルハザードに陥る」危険性が大となります。

(4) 採算計算にバックエンドコストと過酷事故保険料額を入れないことがもたらすこと

　原子力発電の採算計算につき組み入れなければならないバックエンドコストの額が、不十分であることは、そのことに詳しい識者の中でしばしば主張されています。また、軽度な事故対応はともかく、過酷事故が引き起こす被害に対する巨額な賠償額に備えた保険契約に原発製造会社と電力会社が加入していないことは、広く知られています。そのことは、福島第一原発の事故後の補償負担を巡る経緯から容易にわかることです。

　上の(2)と(3)において、それらのことがモラルハザードをもたらすことを指摘しましたが、それは社会における倫理的な面から見た危惧です。一方、競争環境条件の公平さの整備の視点から見た場合は、それらのことの位置付けはどうなるでしょうか？

　(3)のvi、vii 2つは採算性計算に本来必ず組み入れなければならないコストです。そのコスト、それも巨額なコストを、バックエンドコストのように部分的にしか組み入れないかったり、巨額な賠償額保険料を極一部しか組み入れないということは、**企業制度会計における粉飾**と同一であって、その粉飾を合法的であるとして見過ごすことは、原発のみ優遇していることであって、競争環境条件の原則である「公平であること」に明らかに反し、**自由競争市場メカニズムを否定する立場を採用する**こととなります。

　したがって、電力発電にかかわるエネルギー源の選択をするにあたって自由競争市場メカニズムを使う社会制度設計の立場に立つのであれば、原発製造会社と電力会社が原発を採用してその自由競争市場に参加するとき、参加資格として上のvi、vii 2つを採算性計算に組み入れることを要求することは、当然であるということになります。

(5) 公平な競争環境条件整備の障害の除去というレベルに留まらない

　しかしながら、ここまでの思考は競争環境条件の公平さの整備するにあたっ

ての障害の除去というレベルに留まっています。原発の是非を検討するには、それに留まらずより深いレベルからの思索が求められます。社会制度設計の最低限の制約条件である「自由意思の尊重」と「人間存在の尊厳」の２点を侵しているか否かの視点からの検討です。

一方、原発過酷事故は発生確率（リスク）が極めて稀な事象発生であるとして扱われています。そのことが上の賠償額保険料計算に大きく影響を与えている事実があります。原発における「自由意思の尊重」の侵犯の存在有無を検討するにしても、このリスクについての分析が不可欠です。そこで以下次の順序で、原発における「自由意思の尊重」の侵犯の存在有無と対応策を検討することとします。

「６」にて、発生確率（＝リスク）という発想の意味を問い、
「７」にて、発電設備の過酷事故の広さと深刻度をエネルギー源別に比較分析し、
「８」にて、市場メカニズムを使って原発における過酷事故被害賠償リスクを予め金額としてつかみ、その額を採算性判定に組み込む手法を説明し、
「９」にて、原発における「自由意思の尊重」の侵犯の存在有無を検討し、
「10」にて今の日本の原発が「自由意思の尊重」を侵しているのであれば、その侵犯を除去することができる理論的な策を練ることとします。

最後に日本の原発において「人間存在の尊厳」の侵犯があるか否を、「11」にて検討することとします。

6　原発過酷事故の発生確率（＝リスク）をどう扱うか

(1)　発生確率発想

発電設備に限らず、人工物がその安全性を確保するにあたって、どのような発想を採用しているかを見るに、その安全を危うくする事象発生につき、正規分布を含む多様な想定発生分布図から特定の発生分布図を選んで、それを前提に発生確率が極めて稀な事象発生を排除し、稀な事象を除く頻度の高い大部分

の事象の発生を想定してその想定幅の中で、その安全性を確保するように作られています。

　そこで発電設備に限ってその発想が使用されているか否かを見るに、原発であれ、火力発電であれ、やはりその発想が貫徹されています。そのことは、特に原子力において顕著であって、最近の冷却機能保全を中心とした安全設備機能の追加は、その大部分の事象発生の想定幅（例えば、津波の高さ）を少しずつ広げて来たことによります。この発生確率発想は、原発過酷事故対策において典型的に見られます。

(2)　**確率論が原発過酷事故の責任逃れの言い訳に使われている？**

　この原発過酷事故の発生確率（＝リスク）をどう扱うかについて、貴重な見解を示しているのが、ドイツの答申書です。「七」の「５　答申書は原子力事故損害に関して２つの相対立するリスク見解を示す」で詳述したように、ドイツの答申書は、原発過酷事故が起こる確率（＝リスク）をどう扱うかについて、「Ａ　相対的な比較衡量可能なリスク」と見る立場と「Ｂ　絶対的で比較衡量できないリスク」と見る立場の２つを示し、その２つのいずれの立場を採用しても、原発は採用すべきではないとしています。これは、確率論が原発過酷事故の責任逃れの言い訳に使われているということを見抜いたからかもしれません。

(3)　**相対的な比較衡量可能なリスク見解に立つ**

　エネルギー源別に過酷事故の危険性を測り、その危険性の測度によって、エネルギー源を選択するとして、上の「Ａ　相対的な比較衡量可能なリスク」と見る見解に立つと、具体的な選択分析は、どのようなものとなるでしょうか？

　データがなく保険数理計算ができないのであれば、代わりに他の手法はないのでしょうか？

　それに答えるのが、次の「７」「８」です。

(4) 絶対的で比較衡量できないリスク見解に立つ

　エネルギー源別に過酷事故の危険性を測り、その危険性の測度によって、エネルギー源を選択するとして、上の「B　絶対的で比較衡量できないリスク」と見る見解に立つと、具体的な選択分析は、どのようなものとなるでしょうか？

　このときは、想定外は想定しないで、すなわち発生確率が極めて稀な事象発生を排除しないで、最悪な過酷事故が、理由の如何を問わず、発生したと仮定して、エネルギー源別の発電設備の危険性を問うことになります。それが次の「9」「10」です。

7　最初に発電設備が真っ2つに崩壊するという最悪な過酷事故を想定

　発電設備が真っ2つに崩壊するという最悪な過酷事故が、理由の如何を問わず（＊）発生したと仮定した場合、発電設備のエネルギー源の相違によって、その発電立地を中心にして被害を避けるための区域（避難退去区域）の面積は大きく異なります。そもそもエネルギー源によっては、避難の必要がないものもあります。大雑把に比較すると、次のようなものです。

　　＊発電設備が真っ2つに崩壊するに至る原因が、地震・津波・戦時下の攻撃等の外部からものであれ、自爆テロ・作業ミス等の内部からのものであれ、なんでも構わないという意味です。

転換形態		エネルギー源	主な設備装置	避難地域の必要性	避難地域の広さ
資源をエネルギーに転換	化石資源転換	石炭火力	蒸気 or ガスタービン＋燃料電池	ほとんどなし	狭小
		石油火力	蒸気 or ガスタービン	ほとんどなし	狭小
		ガス火力	蒸気 or ガスタービン	ほとんどなし	狭小

	放射性物質転換	原子力	蒸気タービン	おおいにあり	極めて広大
自然エネルギーを利用して発電		水力利用	回転発電機	ほとんどなし	狭小
		地熱利用	蒸気タービン使用	ほとんどなし	狭小
		海洋潮流利用	回転発電機	全くなし	
		風力利用	回転発電機	全くなし	
		太陽光利用	太陽電池	全くなし	
			人工光合成装置（水素等を製造）＋燃料電池	ほとんどなし	狭小

　現実問題として原発以外は、発電所が実際に使用している敷地以外に避難退去区域を設ける必要はないと考えられます。しかし、原発については、この避難退去区域をどう想定するかの課題が起こります。これについては、福島第一原発事故ではなく、チェルノヴイリ事故において国家が住民を退避させた地域を参考に設定するのが、正しいと思われます。本当の意味での過酷事故を想定するからです。

　そうすると、半径160kmから250kmの広大な同心円上の面積がその避難退去区域に該当すると思われます。この広大な避難退去区域の土地を全て買い取って原発の敷地にすれば、過酷事故が起こっても、少なくとも直接的な被害者は、ほとんど出ないことになります。もちろん、放射能に汚染されたその地の水が流出しての健康被害等は起こり得る残余リスク問題は残ります。

《参考》
　　瀬尾 健著『原発事故…その時あなたは！』（風媒社刊）は、福島第一原発事故のかなり前である1995年の著作です。その当時の日本の各地の原発ごとに、過酷事故が起こった時の被害内容と被害範囲を、明確な理論とデータ根拠に基づいてシミュレーションした名著です。なお、原発炉心の中の核分裂生成物が原発外にどの程度排出されるかによって被害範囲が大きく左右されるのですが、チェルノヴイリ事故においては、僅か13％から18％の範囲内であるとの専門家見解があります。

8 市場メカニズムを使って過酷事故被害賠償リスクを予め金額としてつかみ、その額を採算性判定に入れ込む

「5」で、保険数理計算では正面切って過酷事故被害賠償リスクを予め採算性判定に組み込むことができないことを説明しました。しかし、次のような市場メカニズムを使う手順を辿ることによって、原発の過酷事故被害賠償リスクを予め金額としてつかみ、その額を採算性判定に入れ込むことができます。この手法はイデオロギー的な市場原理主義の臭いがして、筆者の好みではありません。また、市場は短期的にはときどき大きく間違える、すなわち、価格設定に失敗することがあります。したがって、使うにしてもその点を十分配慮しなければなりません。さらには、現実に制度として確立するためには克服しなければならない困難な点が多々あるので、実現不可能かもしれません。

とはいえ、原発の採算性を測るにしても、過酷事故被害賠償リスクを排除している現状を、**理論レベル**で打破することに貢献することは確かですので、以下紹介します。

(1) この手法の要点

この手法は、原発過酷事故から起こる被害賠償額を「潜在的な状態にある債務」と見ることから出発します。潜在的な状態にある債務であるので、「顕現化した債務」そのものではありません。**発生しないかもしれない**からです。例えば、運送会社が人身事故を起こしたときに負う賠償金は、人身事故を起こすと債務として顕現化しますが、人身事故を起こさない限りは、潜在的な状態にある債務と見ることができます。

この「潜在的な状態にある債務」の評価額をどう見るかについて考えるに、明らかに「顕現化した債務」の額より格段に低くなります。次に、その潜在的な債務を第三者（例えば、保険会社）に引き受けてもらうことを算段します。

当然引き受けてもらうためには、その引受者に何らかの手数料支払いをする

ことが求められます。その手数料支払いの額は、その第三者の収益確保を踏まえた上で、潜在的な債務の評価額を幾らにするかの課題であると想定することができます。

この潜在的な債務引受けの対価として支払う手数料の額を、市場メカニズムを通して求めるのが、この手法の要点です。結果、支払う手数料の額を原発の採算性に組み入れると、過酷事故被害賠償リスクが採算性に反映されることになります。

(2) 手順
1) 契約締結
i 政府が半径160kmから250km位以下の広大な同心円上の地域を**原発過酷事故避難退去地域**として予め指定する（なおこれについては、瀬尾 健著『原発事故 その時あなたは！』（風媒社刊）に記されている原発別の被害範囲が大いに参考になります）。

ii 電力会社は、上の指定原発過酷事故避難退去地域に存在する土地の所有者（個人と法人を問わない）に対して、

「原発の過酷事故が起こり、指定原発過酷事故避難退去地域に存在する所有土地の一部でも一定の数値以上に放射能汚染された場合、電力会社が、その汚染された土地（以下「当該土地」と称する）の所有者から、当該土地をその事故直前の市場価格で買い取る。」

ことを宣言し、上の指定原発過酷事故避難退去地域に存在する土地を所轄する市町村との間で、過酷事故が起こった時、その宣言規定を履行する旨を記載した契約を締結する。なお、事故直前の当該土地の市場価格算出は、次のようにすることを予め取り決めておく。これは、当該土地の相続税評価が、次の「iii」で記した保証証券の発行時点から事故時点までの間で、当該土地の市場価格を反映して変動することを利用したものです。

　次の「iii」で記した保証証券の発行時点における当該土地の市場価格
　× 事故時点での当該土地の相続税評価額

÷ 保証証券の発行時点での当該土地の相続税評価額

上の式中の「次の「ⅲ」で記した保証証券の発行時点における当該土地の市場価格」を算出する式は、次の如し。

次の「ⅲ」で記した保証証券の発行時点における当該土地の相続税評価額÷0.7÷0.8

ここにおいて、当該土地の市場価格算出に、相続税評価額を使う理由は、同評価額は、日本国どこでも算出可能であることによる。そして、上の算出式中で、「…÷0.7÷0.8」を乗じる理由は、公示価格＝相続税評価÷0.7であり、時価＝公示価格÷0.8であることから、逆算したことによる。

(注) **補償対象**
  1 電力会社が負う補償の内訳
     原発の過酷事故が起こった時に電力会社が負う補償の内訳は、多様なものがあります。例えば、個人の生命・健康・生活が現に損なわれたことへの補償からはじまって、将来において晩発性障害によって個人の生命・健康・生活が損なわれる可能性への補償、そして物的資産の価値毀損への補償、移転費補償、収益補償、所得補償、心的損傷への補償と数多くあります。その中で補償対象となる物的資産価値毀損は、不動産の価値毀損のみならず、車両の価値毀損等多岐にわたります。さらに不動産の価値毀損についても、土地の価値毀損のみならず、建物の価値毀損、借地権・借家権の価値毀損と内容が分かれます。
  2 補償対象を財産中の土地の所有のみに限った理由
     上の補償契約の対象を不動産中の土地の所有のみに限った理由は、1つには、土地が原発の過酷事故によって価値毀損される物的資産中で最も価値の額が大きいと推定されるものであることもありますが、それに加えて土地のみが消滅あるいは新たな発生がほとんどないことによります。
     すなわち、借地権・借家権において、解約による権利消滅、新たな契約締結による権利発生は、日常的に起こります。建物についても同様です。このように発生・消滅する可能性のある資産を予め補償対象とすることはできません。すなわち、契約上の権利の内容が物的資産の価値毀損に対して予め補償を受けられることを確保することにある場合、その権利成立は、補償対象となる物的資産が発生・消滅しないことが前提になるので、土地に限ることになります。
  3 所有権移転と契約上の権利の移転
     一方、土地の所有権は、売買・贈与等によって転々と流通します。自らが所有する土地について過酷事故被害を受けたときに電力会社から予め補償を受け

られることを確保した契約を締結した当初の所有権者が、この土地の所有権を**他の者**に移転しようとするときは、その**他の者**（相手）が土地自体の権利と共にこの予め補償を受けられることを確保した契約上の権利の移転をも希望するのであれば、当初の所有権者は相手と、それぞれにつき移転契約を締結することになります。

　　このとき既に、当初の所有権者が、後に述べるように土地の所有権を持ちながら、この契約上の権利のみを他に譲渡あるいは市場に放出していた場合の問題が発生します。そのときは、当初の所有権者が、この契約上の権利を、市場から時価で買い戻して、土地自体の権利とともに売るか、あるいはその土地の購入希望者が、この契約上の権利を、市場から時価で買い戻すかのいずれかとなります。

　4　借地権者・借家権者の補償救済

　　なお、借地権者は、当初の締結する借地契約において、当該土地の所有者が電力会社との間で予め補償を受けられることを確保した契約上の権利を遂行したときに、その金額の借地権割合の額を受け取ることができる条項を設けることによって、過酷事故に遭遇したときの借地権毀損の補償救済がなされます。借家権者においても、当初の締結する借家契約において、土地の時価に対する借家権割合の額を受け取ることができる条項を設けることによって、借家権毀損の補償救済がなされます。

2）個別証券化及び手数料を払っての引き受け取引

iii 　1）における自らが所有する土地について、原発の過酷事故が起こった時に電力会社によって予め補償を受けられることを保証された当初の所有権者は、その保証された権利を証券化し、売り出す選択ができるようにする。そのとき、その証券には、保証された土地についての相続税法施行規則で指定された評価書（所在・地形・正面路線価等が記載されている）を添付する。

iv 　一方、1）における電力会社は、原発の過酷事故が起こった時に市場価格で買い取らなければならないとする1）の契約によって発生する各潜在的債務を、原発から離れる距離ごとに同心円状に区分しかつ原発稼働年次別にてパッケイジ化しパッケイジごとに金融商品とする。電力会社は、それら金融商品につき、第三者（例えば、保険会社）と交渉し値段を決めて、その値段での支払手数料を払って引き受けてもらう。

3）市場の創設と売買

上のⅲとⅳの証券を売買できる市場を創設し、そこで各証券を扱います。

なお上の証券を束ねる（バンドリングする）ことによって新たな証券を作って、それらを売り出すこともできます。実際問題として市場で扱うには、原発からの距離等同質のものをバンドリングして大きな額にすることが、不可欠でしょう。

4）最重要なこと

上の手順中で最重要なのは、2）のⅳです。ここでの取引が成立することが絶対要件であって、ここでの取引が成立しないということは、そもそも原発のリスクは見積ることができないということに通じます。それは原発設営そのものの採算性を見積ることができないという証になります。

(3)　「ⅲ」の証券を扱う市場のメカニズムの態様

ⅲの証券を扱う市場において、証券を供給する者（売却者）と証券を需要する者（購入者）の取引誘因の骨子は次のようなものです。

証券供給者は、当該原発過酷事故の発生確率が低いと想定する者です。

証券需要者は、当該原発過酷事故の発生確率が高いと想定する者です。

具体的には次のようなものです。すなわち、ⅲの証券は、原発の稼働中に過酷事故が起こらなければ、何らの経済価値がありません。当初の保有者が当該原発につき過酷事故が起こらない、あるいは自分のところは過酷事故が起こっても、所定の被害が生じないと想定すれば、ⅲの証券を所有する意味はありません。

しかし、その反対である過酷事故が起こると想定する当初の保有者にとっては、この証券は過酷事故に伴う被害補償を保証することを約する保険証券ということになります。したがって、この保険証券を手放すことは決してありません。

一方、所定の被害が**生じない**と想定する前者は、この所有する証券を、市場で決まる対価を支払って購入してくれる第三者が現れれば、その者に売却する

誘因が働きます。当該原発につき過酷事故が起これば、その購入した第三者はもともと原発過酷事故避難退去地域に何らの権利を持っていないにもかかわらず、その対価の支払いで、多額な補償金額を手に入れることができます。その支払対価が僅かであって、当該原発につき過酷事故が起こって、2）のivでの**取引が成立していたことを受けて電力会社が所定の補償額を払ってくれれば**、ぼろ儲けとなります。反面、想定が外れて売却してしまった当初の証券保有者は、過酷事故が起こっても、何らの補償を貰えないので、悲惨な結果となります。

　結局、iiiの証券を手放すか否か及び買い取るか否かは、当該原発につき過酷事故が起こるか否かの各人の想定に依拠することになります。手放すか否かの判断及び買い取るか否かの判断を左右する要因は多々ありますが、当該原発構造と運転についての科学知識、天災について科学知識だけでなく、日々の原発運転情報や放射線被曝の健康知識等、多様なものがあります。

(4)　証券価格の成立と値動き

　iiiの証券市場の本質は、要は過酷事故の発生についての賭けをする市場ということになります。しかし過酷事故の発生、すなわち原発の危険性が、原発の専門家を**自称する**人たちのみで決められるのではなく、多様な関係者、多様な情報ネットワークを持つ人々そして投資意欲を持つ人々等によって、決められることとなります。それも原発の危険性が、証券価格という形の金額で計られる形で決められることになります。

　この証券価格は、この証券市場に参加している証券の供給者と需要者の思惑がせめぎ合って、決まることになります。供給される証券数が需要される証券数より多くなれば価格（＝値）は下がります。需要される証券数が供給される証券数より多くなれば価格（＝値）は上がります。もっとも、証券流動性の程度によっては、その証券価格（＝値）が日々成立するとは限りません。このとき注目すべきは、次の**比率**です。

　　証券値／その証券が想定しているその時の債務の額

証券値は証券の種類によって異なります。したがって、この比率も証券の種類によって異なります。例えば、当該原発に近い場所にかかわる証券は遠いところにかかわる証券に比べて、この比率が高くなるでしょう。過酷事故の被害が及ぶ危険性の程度が高いからです。

(5) 「(4)」の比率を指標として、引受けの対価を一応算定

一方、最重要な手順である「2）iv」については、金融商品として創り上げるまでは何とかできるものの、市場を創設して売買するのは、難しいものがあります。これは保険会社が保険手数料を得て将来保険事故が起こった時に保険金を支払うのと同様な潜在的な債務の引受取引であるからです。そこで、相対個別交渉で引受けを求める業者を探す他ありません。この引受けを承諾する業者は極めて限られます。

とはいえ、引受業者にとっては、過酷事故が起こらなければ、引受けの対価でもらう手数料額は、丸儲けとなります。しかしながら、過酷事故が起こった時、引受業者は自分の所だけでは支払いができないこともあるので、再保険等によって自分がもつリスクをさらに他の者に分散することを意図します。それを受けて再保険を受ける専門引受業者が立ち現れることになります。

しかし、前述したように過酷事故は日本においては1件だけであり、自動車事故のように統計的なデータの裏打ちを得ることができないので、保険数理的対応はできません。代わりに何か使える指標がないかと探して見るに、役に立つのが、iiiの証券市場での成立値から算定できる「(4)」の比率です。すなわち、ivの潜在的債務を原発から同心円状の距離の相違に応じて区分して、

その区分したivの潜在債務の額×iii証券にかかわる証券(4)の比率

の計算式を使用すれば、ivの潜在的債務を引受業者に引き受けてもらうときに電力会社が対価として支払う手数料の額を、一応算定できることになります。この一応算定したこの引受対価の額は、その時点での原発過酷事故被害の保険料相当であるので、この額を採算判定に入れ込むことによって、過酷事故被害リスクを入れ込んだ原発の採算判定が可能となります。

(6) **市場の厚み＝参加する投資家は多様**

　電力会社がⅲの流通証券価格が低いと見て、その全てを買い上げたらどうなるでしょうか？　その買上証券が内包する潜在的債務は全てなくなることになります。そうしたら、電力会社はそれに対応する専門引受業者に引き受けさせるために支払った対価を戻してもらうことを望むでしょう。それを望むのであれば、当初の引受契約に戻し条項が設けられていることが前提となります。

　また専門引受業者が、ⅲの流通証券価格が低いと見て、その全てを買い上げたらどうなるでしょうか？　その買上証券が内包する潜在的債務の額、すなわち専門引受業者が、過酷事故被害発生時に支払わなければならない潜在的債務の額が、消滅します。このときは、買上証券の額が、買い上げた証券に対応する先に手に入れた電力会社からの手数料より低いことが前提となります。その差額が儲けになるからです。

　さらにこの市場には、当然なことながらこの証券を安く買って高く売る鞘取りを狙う投資家も加わることになります。

　このような多様な思惑を抱いた投資家がこの市場に参加することによって、証券価格が日々決まり、日々値動きすることになります。そして他国で原発の過酷事故が起こればそれを反映して、この証券の価格は急騰することになります。

(7) **採算性への入れ込み方**

　原発の採算判定をDCF方式でなす場合、理論的には「三」「1」「(3)」中で説明したように4タイプがあります。しかし、実務的には、NPV方式かAPV方式を採用することが定着しています。そこで、この両手法によって原発の採算判定をなそうとするとき、「(5)」において算定したこの引受対価の額をどう入れ込むかの課題が起こります。

　これについては、他に入れ込み方があるのですが、原発設営計画段階であれば、設備投資の額と同様に扱うのが実務的には無理がないと思われます。したがって、NPV方式かAPV方式においては、当初支出として扱うこととなります。

もっとも、その計画時点では当該原発にかかわるⅲの証券が市場で流通していないので、先行する他の原発にかかわる流通しているⅲの証券の「(4)」の比率を利用して引受けの対価の額を算定することになります。当該原発にかかわるⅲの証券が市場で流通し始めたら、そこで成立した証券価格をもとに引受けの対価の額を算定し直すことになります。そして、NPV方式あるいはAPV方式による採算判定をやり直すこととなります。

(8) 原発危険情報の公開が義務となり、原発の危険性判断が客観的になされる

　この証券市場の投資家にとって一番大事なことは、何でしょうか？　それは当該原発の危険情報です。そうすると、公設市場であれば、電力会社の有価証券報告書に似た位置付けの原発危険情報報告書を作成報告する義務を、電力会社に負わせることが必須な制度条件となります。

　この制度が金融商品取引に基づく制度であれば、電力会社が、この原発危険情報報告書に、虚偽情報を書いたり、重要情報を掲げなければ、電力会社は罰科金を課され、場合によってはその経営陣は刑事罰を受けることになります。また、重要情報を巡るインサイダー取引があればその行為も刑事罰対象となります。

　これは大変良いことです。原発危険情報を電力会社が秘匿することを大きく牽制することになるのみならず、原発の稼働安全性が密室の中で決まっているとまでは言えないにしても、極限られた専門家によって、議論の開陳が不十分な中で行われる現状を大きく変える可能性があります。

　なぜなら、この市場の投資家が儲かるか損するかは、正確でかつ迅速に当該原発の危険情報を手に入れることができるか否かによって左右されます。そのため、この市場の投資家は正確でかつ迅速に当該原発の危険情報を求めることに必死にならざるを得ません。**原発が危険であればその情報を速めにキャッチして儲かる投資家**も**出てくる仕組み**でもあるからです。この点に着目して、この仕組みが社会倫理に反すると非難する方もおられるかもしれません。

　とはいえ、このような仕組みであるからこそ、原発問題を非政治問題とし

て扱うことを可能とすることになります。本当に危険であれば、最終的に電力会社が潜在的債務引受けに使う専門引受業者に支払わなければならない手数料が跳ね上がり、原発の採算性が悪いことが明瞭になるからです。あるいは最悪の場合、すなわち**専門引受業者との２）のivでの取引が成立しなければ**、原発は危険であるとして淘汰されることになります。これは市場の判断によって原発が発電市場から退出させられることです。

反面、**原発が安全であればその情報を速めにキャッチして儲かる投資家も出てくる仕組みでもあります。この両面は、この市場の投資家は、原発産業との特別な利害関係で結びついているのではなく、中立的である**ことを示しています。すなわち**原発が廃止になれば職を失う原発技術の専門家や原発産業に金を貸しこんでいる金融機関とは異なり、原発が危険であるかどうかにつき第三者的に客観的に判断する立場にある**ということです。

9 社会制度設計の最低限の制約条件である「個々人の自由意思の尊重」を原発が侵す
→ 原発はロシアンルーレットを強要する

原発過酷事故の被害は、「8」の「(2)」「i」で示したように広大な同心円上の面積の中のどこにでも起こり得るものです。そうすると、その場所に居住する人々は、原発が設営されると、原発に賛成する人だけでなく反対する人も、過酷事故の害を被るリスクを負います。これは、原発立地自治体が原発をその議会の多数決によって受け入れた場合に顕著です。この事態は、次の話に譬えることができます。

弾倉の極めて多いロシアンルーレットと同一の発生確率で、当たれば（＝過酷事故が起これば）、賛成した人々（この賭けによって何らかの利益に預かる人々）だけでなく、もともと選択を希望しなかった他の人々（近傍住民・国民）、すなわち、ロシアンルーレットという賭けに参加することを拒否する人々をも、巻き込むこととなる存在が原発。これこそが原発の最大の罪です。

これすなわち、個人の選択が及ばない運命共同体に、それも一定の発生確率で破綻する運命共同体に、望みもしないのに参加させる存在です。しかも大事なことは、**ロシアンルーレットである原発以外に電力エネルギー源の選択が多々ある環境下にあるにもかかわらず、好きこのんで**ロシアンルーレットをわざわざ選ぶという点です。

　一定の発生確率で起こる破綻に伴う被曝後遺症に苦しむのが、そのようなロシアンルーレットの選択を希望する人間**のみ**であって、他の人々を道ずれにしないのであれば、自業自得であって、他の人々にとっては、同情を誘発することはあっても、どうでもよいことです。

　しかし、そのロシアンルーレットは、現実には賭けに参加したくない他の人々を結果的には参加させることになります。これすなわち、社会制度設計の最低限の制約条件である「自由意思の尊重」を原発が侵すということです。

　その上で、ドイツの答申書にかかわる「七」「2」「(2)」で述べた、次の要約を鑑みると、**原発の選択可否は、核兵器の使用と同様に人類の歴史上において、とてつもなく重い倫理的な課題であって、軽々しく扱ってはならない課題である**ことは、確かです。原発の選択可否を議論するときには、このことの自覚が不可欠です。

> **『原子力発電の「安全性」は、価値観を異にする他者と共存する道を選ぶか否かの文明論的な選択に属する課題である。とても専門知で正解を出せる課題ではない。』**

とすると、文明国であれば、なんとかこの「自由意思の尊重」を侵害する事態を解決する策が求められます。

10 「個々人の自由意思の尊重」侵害を防ぐ策

　原発を設営するときに、一蓮托生のロシアンルーレットの一蓮托生の部分を除去できる策、すなわち「個々人の自由意思の尊重」侵害を防ぐ策はあるので

しょうか？

　実際に実行できるか否かは別にして、理屈の上では実現できるとする策が、以下に述べる策です。この策は単に「個々人の自由意思の尊重」侵害を防ぐだけでなく、「8」とは別の形で、過酷事故被害賠償リスクの額の測定を可能として、その額を採算性判定に組み込むことによって、市場メカニズムを活かす策でもあります。

　すなわち、「8」「(2)」「ⅰ」で掲げた避難退去区域中の住人で、過酷事故を避け予めそこから逃れたい意思を持つ人からの申し出に基づき、土地等を買い取る策です。その買取り申し出の取引額から、リスクの額を推定し、その推定額を採算性判定に入れ込む方法です。

　具体的には、その広大な避難退去区域の土地すべてを買い取るのではありません。避難退去区域中の個人・法人に予め原発の危険性の判断をさせて、危険であると判断した個人・法人**のみ**の申し出に応じて、原発を推し進める電力会社が、**予め**市場価格で買い取る等の支出をなし、その支出額を採算性判定に反映する手法です。手順は次の如しです。

　　ⅰ　政府が広大な同心円上の面積土地地域を**原発避難退去地域**として指定する。
　　ⅱ　指定原発避難退去地域に居住する個人で、原発の過酷事故を恐れる者から転居の申し出があれば、電力会社がその者の所有する土地・借地権・借家権を市場価格で買い取る義務と一定期間の所得補償の義務を負う。
　　ⅲ　指定原発避難退去地域に事業所を有する法人で、原発の過酷事故を恐れる者から移転あるいは廃業の申し出があれば、電力会社がその者の所有する土地・借地権・借家権を市場価格で買い取る義務と一定期間の収益補償の義務を負う。

　以上は、**原発設営の是非を過酷事故のリスク市場の参加者に委ねる手法**とも言えます。

　すなわち、専制主義的強権国家であれば、原発を中心に広大な同心円上の面積土地の地域の住民を国家権力の行使によって、強制的に立ち退かせ、土地を収用することができます。しかし、日本国は民主主義的国家であり、かつ発電

業者は民間法人です。そのような対応を一律になすべきではありません。財産権を侵害しないことが第一に肝要であり、第二に社会制度設計において、「個々人の自由意思の尊重」が求められます。その上で営利企業は競争環境条件の中で事業に携わらなければなりません。

大事なことは、この手法を採用することによって**一蓮托生のロシアンルーレットの一蓮托生の部分を除去できる**という点です。これは、「１」で掲げた社会制度設計における最低限の制約条件の２つのうちの１つである「ⅱ　個々人の自由意思の尊重」が守られるということでもあります。もっとも、繰り返しになりますが、上の策はあくまで理屈の上での理想的な策であって、実際に実行できるか否かは別です。

11　ニュークリア・ノマドの存在を許すことは人間としての存在尊厳侵害を認めること

「１」で述べたように、「４」「５」の競争環境条件整備にかかわる社会制度設計においても、次の２つが侵害されないことが、最低限の制約条件として、絶対的に求められます。
　ⅰ　人間としての存在尊厳
　ⅱ　個々人の自由意思の尊重
一方、「十」の「７」と「15」にて命と健康を犠牲にして原発作業で生活の糧を得る他に手段を持たないニュークリア・ノマドと称される人々のことについて述べました。この日本国において、原発の運営にニュークリア・ノマドと称され人々の存在を必要としている事実があるのであれば、その事実を許すことは人間としての存在尊厳を侵害することを認めることになります。そうすると、競争環境条件整備にかかわる社会制度設計において、上のⅰとⅱを最低限の制約条件としない見解の論者であれば格別、そうでなければ、**その１点のみをもって**して、原発は廃止すべきであるという結論に至ります。

十四　結論

この論考は、当初は電力エネルギー源別の採算性判定という経済合理性視点に基づく調査から出発したのですが、書き終わって見ると、技術的視点に基づく分析をも加えたものの、頁数では、次のような社会文脈視点に基づく原発の是非検討が、多くを占める結果となってしまいました。
　　ⅰ　社会リスクを見据えた科学技術政策視点
　　　　典型例：原発過酷事故発生確率の扱い方を、アンディ・スターリングの所説を使って検討した「ハ」の「7」における『「4類型マトリックス」中の不確実性状態にあるとすると、過酷事故の発生確率が小さいことを理由に原発を是とする見解は否定される。』との記述。
　　ⅱ　自由競争を前提にした経済社会制度設計の視点
　　　　典型例：原発の是非判断を検討するときには、原発内の労働環境の安全確保及び原発の外の安全確保の2つに着目するにしても、その際の是非判断をする根本基準は、**人間としての存在尊厳と個々人の自由意思の尊重が確保されることである**とした記述。
　　ⅲ　外交・軍事の視点
　社会文脈視点に基づく記述の頁数が増えた理由は、執筆中に、原子力発電の是非を論ずることは、あるべき文明を論ずると同じ地平にあるのであって、人類にとっての大問題であると気が付いたからです。すなわち、他の電力エネルギー源と異なって、原子力エネルギーだけは、**その使用の是非の課題は、どのような文明を選択するかの課題と裏腹であり、原子力エネルギーの是非検討は、どのような文明を選択するかの価値判断があって初めて結論が出せるのであって、経済合理性視点及び技術的視点の2つの視点だけにこだわっていては、結論が出せない**ということに気が付いたからです。
　その問題意識を**客観的**に表現すると、ギリシャ神話の中のダモクレスの剣の下で人類は文明を築くか否かの選択に直面しているという譬えに要約できます。すなわち原子力発電を選択することは、いつ落ちてくるかわからないダモクレスの剣に脅かされて、その下で人類を含む生命体が生きることを選ぶということであると客観的に表現できます。

一方、その問題意識を関係当事者の**内面**から表現したのが、論考における「原発は**一蓮托生**のロシアンルーレットである。」との譬えです。筆者個人としては、命の遣り取りをするロシアンルーレットは好みではありません。どんなに金を積まれても、絶対に選択したくありません。しかし、ロシアンルーレットを好む人達の存在そのものは許容します。もっとも、それは彼らが他者に迷惑をかけない限りにおいてです。筆者としては、そのような選択をする人々をただ憐れむだけです。

実は原発是非を検討する際に見逃してはならない問題点は、原発の危険性もさることながら、それより深刻なのは、この一蓮托生と言う点にあります。この一蓮托生を強いるのは、多様な電力エネルギー源の中で、原子力エネルギーが、他のエネルギー源と比較して、過酷事故が起こった時の破壊エネルギーが強烈かつ持続的であるということに起因します。

極論すれば、この地球という惑星に住む生命体が、未来永劫、原発を好む人達、すなわち命の遣り取りをするロシアンルーレットを好む人たちだけの100%であれば、原発の是非を検討する必要はありません。

しかしながら、多様な生命体が存在しているというのが、この地球という惑星の現実です。人類に限っても、原発を採用すると、子々孫々が、命の遣り取りをするロシアンルーレットを好む人達の道ずれにされる可能性が常に付きまとう文明を、強制的に選択させられることになります。原発是非の検討は、道ずれにされるのを黙認するか否かということとなります。このとき注意すべきは、原発の是非を政治的に多数決によって決めると、少数派は自ら選択したくないロシアンルーレットに強制的に参加させられてしまうという点です。これは、**原発の是非決定は、多数決によって決めることではない**ということを意味します。

いずれにしても核分裂原理に基づく現行の原発は、**採算性も悪く、かつ人間としての存在尊厳と個々人の自由意思の尊重が侵される**危険性を常に孕む上に、どのような観点から見ても、電力エネルギーとして使うには、人類のみならず生態系全体にとって脅威であるとしか言いようがない存在であるというのが結論です。

なお、この論考中の「人間としての存在尊厳」を身近な日常語で言い表すと、**「人間が人間として扱われるべきであって、決してモノや使役動物の牛馬あるいは実験動物のネズミの如く、扱われてはならない。」**となります。

《付属論稿》

過酷事故対応損害保険料
を考慮した
原発の採算性調査

1 2つの記事

A 『東京新聞』2012年7月4日に、次の記事があります。

> 電力会社が原発で重大事故が起きた場合に備えてかけている民間損害賠償責任保険（責任保険）の2011年の保険金額（支払上限額）は1200億円、年間保険料は平均約5700万円で、重大事故の発生確率は約2100年に一回（1200億円／5700万円＝2105年）とみなしている。

B 一方、『日本経済新聞』2016年11月27日は、その一面で経済産業省が、「福島原発廃炉・賠償費用が**20兆円**になる。」と推定していることを報じています。

C また、2017年5月4日『東京新聞』は、大手企業や自治体が加わる「日本経済研究センター」が、福島第一原発を解体し有害な放射性廃棄物を処分する廃炉に11兆円から32兆3円、事故で放出された放射性物質を含む土などを取り除く除染に30兆円、被害を受けた住民や企業への賠償金が8兆円と、合計49兆円から70兆円と試算を発表したことを報じています。

2 『東京新聞』2012年7月4日の記事への疑問と推測される前提条件

(1) **疑問点**

『東京新聞』の記事の内容については、次のiからiiiまでの疑問が湧きます。

ⅰ この民間損害賠償責任保険（責任保険）が算出した「年間保険料は平均約5700万円」は、どのような考え方に基づいて算出したものであるのか？

ⅱ 「重大事故の発生確率は約2100年に一回」は、過去の重大事故発生例データを基に統計学的に算出されたものであるのか？　そうでなければ、一体どのようなデータを使ったのか？

ⅲ　重大事故の定義が過酷事故の定義と同一であるか否か不明であるが、重大事故に備えた保険金額（支払上限額）を1,200億円とした理由はどのようなものであるのか？

(2) 推測される前提条件

　一方、重大事故の定義が過酷事故の定義と同一であると見た場合、この記事は、次のような２つの前提条件を置いていると推測されます。

〈前提１〉

　　過酷事故の発生時期は全体でみると、偏りがなくランダムに起こる。

〈前提２〉

　　原発の稼働期間との関係で、最初に「過酷事故の発生確率が約2100年に一回」が何を意味するのかを正確に定義しなければなりません。すなわち、原発の稼働期間を、「過酷事故の発生確率が約2100年に一回」との対応でどう位置付けるかの課題を、最初に解かねばなりません。１つの見方として次の様なものがあります。

　　１基の原発の稼働期間が約2100年ということはあり得ません。そこで、稼働期間を40年とした場合、廃炉と同時に新たな原発を稼働すると仮定すると、約2100年／40年＝52.5回更新されることになります。この更新があって初めて、世界の431基の稼働中の原発基数が維持されます。

　　いずれにしても、上の過酷事故の発生時期は、この52.5回更新を含む流れの中でも偏りがなくランダムに起こるとの前提を置かざるを得ません。

3　民間損害賠償責任保険は、発生確率をどう見込んでいるのか？

(1)　発生確率が保険金融商売をするための要

　社会生活上の事故について、その発生確率がわかれば、その事故を対象とす

る保険金融の商売が成り立ちます。自動車事故と異なり、事故を起こすあるいは事故被害を受ける物件の数が極端に少ない場合で、発生件数が数十年に一度であるタイプの事故であっても、この発生確率がわかりさえすれば、その事故を対象とする保険金融の商売が成り立つことには、変わりがありません。そして、保険会社が顧客に対して求める保険料Xは、保険会社が顧客から求められる保険金額が定まっていれば、次のような計算式で求められます。なお、保険会社の経営を成り立たせるためには、この発生確率に余裕をもたせる、すなわち、発生確率を高く見積ることになります。

　　保険料X＝保険金額×発生確率

したがって、発生確率が保険金融商売をするための情報の要であるところ、原発の過酷事故を対象とする保険金融の商売をするにあたって、その発生確率を探って見ると、発生確率を、分子に１の値を置いて、発生間隔年数（何年に一度）を分母にすることによって、表現することができるので、上の式は次のようになります。

　　年間保険料X＝保険金額÷発生間隔年数

(2) **民間損害賠償責任保険が見込んでいる発生確率**

　上の「(1)」の式を踏まえると、保険会社が、発生間隔年数（＝１／発生確率）をどう見込んでいるかは、この式を変形すれば、簡単に計算できます。

　　発生間隔年数＝保険金額÷年間保険料

　そこで、『東京新聞』2012年７月４日の記事中の民間損害賠償責任保険（責任保険）が、発生間隔年数をどう見込んでいるかは、保険金額（支払上限額）は1,200億円、年間保険料は平均約5,700万円ということであるので、次のように算出されます。

　　1,200億円／5,700万円＝2105年　→　約2100年に１回

(3) 〈前提２〉を踏まえて、世界と日本における過酷事故の発生間隔年数を検討する

上の「２」「(2)」の〈前提２〉を踏まえると、横行に2100年、縦列に世界の稼働中の原発431基を位置付ける表を作成できます。この表の中で、縦列の原発ごとに見て、52回更新を含む横行の流れの中で、過酷事故がランダムに偏りなく発生するということになります。そして、その中に、約2100年に１回で過酷事故が起こるという発生確率を入れ込むと、上の表全体でみると、「2100年に１回／431基＝4.8723年に１回」で過酷事故が起こる、すなわち「世界では５年に１回、過酷事故が起きる。」との結論を導くことができます。

当然「**日本全体では2100年に１回／54基＝38.8年に１回の確率で過酷事故が起きる**」との結論を導くことができます。

(4) 過酷事故の実際発生件数から、「世界では５年に１回」との結論を検証する

一方、過酷事故発生の実際確率を見るに、厳密に考えるのであれば、過酷事故の定義が課題となります。これを炉心溶融が起こったことであると定義すると、「1979年スリーマイル島原発事故―（７年後）1986年チェルノブイリ原発事故―（25年後）2011年福島第一原発事故」の３つが該当します。ということで、過酷事故が、32年に３回、すなわち10年に１回起きていることになります。

一方、世界の原発基数を見るに、32年前から徐々に増えてきて、2011年現在の世界の原発基数は431基でした。仮に32年前も、世界の原発基数が431基であったと想定すると、世界の原発431基が、10年に１回過酷事故を起していることとなります。

そうすると、世界の原発基数が10倍の4,310基であれば、「１年に１回」過酷事故を起すことになります。このことは、横列に年数を配置し、縦列に世界の稼働中の原発4,310基を置く表を作成すると、毎年どこかの原発が過酷事故を１件起こすとして、認識できます。

逆に、世界の原発基数が１基だけであれば、4310年に１回過酷事故を起すことになります。このことは、横列に年数4310年を配置し、縦列に世界の稼働中

の原発4,310基を置く表において、ある1つの原発を横列に沿って見て、このある1つの原発が、年数4310年のどこかで、過酷事故を1件起こすと認識できます。あるいは横列に年数4310年を配置し、縦列に世界の稼働中の原発は1基だけである表において、この1基だけの原発が、年数4310年のどこかで、過酷事故を1件起こすと認識できます。

これらのことを踏まえて、過酷事故発生確率を考えるに、次のような趣旨の見解を表明している方がおられます。

> **民間損害賠償責任保険は、商売をしているのであるから、過酷事故発生確率につき、厳しい見方をせざるを得ない。当然安全率を考慮する。この安全率を2倍とすると、世界の稼働中の431基の原発のどれかが、10年に1回過酷事故を起こすという結論が、5年に1回過酷事故を起こすという結論に変わる。**

工学において安全設計を第一にするのであれば、安全率を2倍どころか10倍以上見ることが、しばしば行われています。したがって、安全率をより厳しく4倍ぐらいに見積っても、厳しすぎるということはありません。それと同様に、商売をするにおいても、余裕 → 安全率が求められるのは当然であると思われます。ということで、筆者も、この見解に賛成です。むしろ、安全率を2倍とするのは、控えめであると思われます。

安全率を2倍とすると、1基の原発が4310年に1回過酷事故を起こすとの結論が、4310年÷2＝2155年に1回過酷事故を起すとの結論に変わります。もっとも、32年前の現実の世界の原発基数は、431基より少ないので、本当は安全率が2倍より少ないこととなり、安全率考慮は、より控えめであることは確かです。

いずれにしても、この2155年に1回過酷事故が起こるという結論は、『東京新聞』2012年7月4日の記事中の民間損害賠償責任保険（責任保険）が見込んでいる発生間隔年数である「1200億円／5700万円＝2105年 → 約2100年に一回」に、期せずしてほぼ一致します。

ということで、現実の原発の基数を踏まえた実際の過去の過酷事故発生件数

から見た過酷事故発生確率は、「約2100年に一回」であるという見解は、荒唐無稽なものではないことは確かと思われます。

ということで、「日本全体では2100年に1回／54基＝38.8年に1回の確率で過酷事故が起きる」との結論も、導くことができます。

4　過酷事故対応費用を損害保険料に入れ込んだときの電力のエネルギー源別コスト比較

統計学的に見た場合、上の過酷事故発生確率見解は、過酷事故発生の件数につき、僅か3件という極めて少ないデータのみを使っているという難点があります。また原発の過酷事故**回避**の今後の技術進歩を考慮していないという難点（注）もあります。したがって、純理論的には、この見解を使って算出した過酷事故損害保険料の信頼性は低いこととなります。

とはいえ、マスコミに流布しているありふれた情報だけで過酷事故損害保険料を算出できるという利便性があります。ということで、以下、上の過酷事故発生確率見解に則って、過酷事故対応費用を損害保険料に入れ込んだときの電力のエネルギー源別コスト比較を試みます。

　　（注）原発の過酷事故回避の今後の技術進歩は、一方で、当初の設備投資額の著しい増大を招くという面があります。その増大額が過酷事故損害保険料の減少額より少なくなることが見通せるのであれば、原発の採算性判定に良い影響を与えることになりますが、そうでない限り、今後の技術進歩は考慮外となります。

(1)　無視され排除されている賠償額

次に『日本経済新聞』の記事である「福島原発廃炉・賠償費用が20兆円になる。」を検証したいのですが、20兆円の裏付けとなるデータの開示が全くないので、検証ができません。ただし、次の点の賠償額が全く考慮されていないことは確かなようです。

すなわち、福島第一原発の過酷事故によって被害を受けた人達あるいは事故対応に従事した人達に、広島の被爆後遺症のような晩発性障害が、将来生じる

恐れが極めて強いと想定されます。それらの人たちに支払わなければならない賠償額が、無視され、計上されていないということです。

電力会社が過酷事故の被害者に対して賠償しないことがあることは、あってはならないことですが、残念ながら法的な相当因果関係理論の中で扱う課題となっていて、現段階では、支払いを拒むことができるので、無視され排除されていると思われます。

(2) 保険金額の位置付け

原子力発電所の過酷事故にかかわるコストを、保険料支払いという形で電力コストに入れ込むべきであるという見解手法を採用すると、保険金額をどう位置付けるかの課題に直面します。すなわち、過酷事故がもたらす想定被害額、想定賠償金額、受領保険金額の三者の関係をどう位置付けるかと言う課題です。この三者の関係の態様のうち現実的に起こり得るのは、次の3タイプですが、この3タイプのうちのどれを選択するのかと言う課題です。

　ⅰ　想定被害額＝想定賠償金額＝受領保険金額
　ⅱ　想定被害額＝想定賠償金額＞受領保険金額
　ⅲ　想定被害額＞想定賠償金額＞受領保険金額

ここで大事なことは、当然電力コスト計算を正確になすには、ⅰを使うべきであって、ⅱとⅲは使ってはならないということです。

(3) 原発1基当たりの支払わなければならない年間保険料は100億円

上の「(1)」のことから、福島原発廃炉・賠償費用が20兆円では不足することは明らかなのですが、廃炉・賠償費用としては、20兆円が最低限であるとして、「ⅰ　想定被害額＝想定賠償金額＝受領保険金額」の見解に立って、以下論を展開します。いずれにしても、

　　「年間保険料 X ＝ 保険金額 ÷ 発生間隔年数」　であって、
しかも、上記のことから、

　　保険金額は、最低でも20兆円、
　　日本における原発の過酷事故の発生間隔年数は、38.8年に1回

であるので、日本の原発全体で支払わなければならない年間保険料は、
「年間保険料0.515兆円＝20兆円÷38.8年」　となります。
一方、日本での原発の基数は、54基であるので、1基当たりの年間保険料は、
「1基当たりの年間保険料95.4億円＝0.515兆円÷54基」　となります。

過酷事故が起こった時に支払わなければならない保険金額は、最低でも20兆円であって、実際はその額を超えることが想定されるので、1基当たりの支払わなければならない**年間**保険料は100億円と見ることは控えめな金額であると思われます。

なお、「1」「(1)」のC記事である「日本経済センター」による賠償金額が合計49兆円から70兆円であるを採用すると、**年間損害保険料見積額は、2.5倍から3.5倍の250億円から350億円／1基というとんでもない金額**となります。また、この賠償金額から出発して、「3」「(4)」での安全率をまったく考慮しないとしても、**年間損害保険料見積額は、1.25倍から1.75倍の125億円から175億円となります。**

5　年間保険料を加算した、水力、汽力、内燃力、原発のコスト比較

本論の「五」《筆者の私見》「2」において、北海道電力株式会社・四国電力株式会社・北陸電力株式会社という3つの電力会社の有価証券報告書の数字を使って、水力、汽力、内燃力、原発のコスト比較をしました。その中の原発についてのみ、この控目な金額である年間保険料100億円を加算して、コスト比較して見ます。この加算をするにあたっては、その電力会社の保有原発基数を加味することになりますが、その結果は次頁以降のようなものです。

　　北海道電力株式会社　　3基　　支払わなければならない年間保険料は300億円
　　四国電力株式会社　　　3基　　支払わなければならない年間保険料は300億円
　　北陸電力株式会社　　　2基　　支払わなければならない年間保険料は200億円
なお、有価証券報告書においても、事故対応コストが既に計上されています

が、その金額は僅少であるので、重複部分は、無視します。

これを見る限り、**原発のコストはその３つの電力会社を問わず、期も問わず、コスト競争力において劣位であることは明瞭です**。このことは、発生確率に２倍程度の甘い余裕を持たせたに過ぎないこと、及び想定被害額＝想定賠償金額＝受領保険金額＝20兆円という、これまた甘い金額を前提にしていることを考慮すると、否定することは不可能でしょう。

また、本論で述べたように、データを使った有価証券報告書の２つの会計年度である平成20年４月１日から平成22年３月31日の２年間は、火力の燃料コストを左右する原油相場がそれなりに高い時期であったことをも考慮すると、原発がコスト競争力において、火力に比べて**ひどく劣位**であることは確かです。

さらには、上で述べたように「１」「(1)」のＣ記事である「日本経済研究センター」による賠償金額の合計49兆円から70兆円を根拠にした１基当たりの年間損害保険料見積額である250億円から350億円を使うのであれば、詳しく検討するまでもなく、結論は明らかです。

北海道電力株式会社

(単位：百万円)

	会計年度 (自 平成20年４月１日 至 平成21年３月31日)	会計年度 (自 平成21年４月１日 至 平成22年３月31日)
原子力発電費	73,967	103,899
支払わなければならない年間保険料	30,000	30,000
計	103,967	133,899

		会計年度 (自 平成20年４月１日 至 平成21年３月31日)	会計年度 (自 平成21年４月１日 至 平成22年３月31日)
水力発電	水力発電費（百万円）	17,464	16,883
	水力発電電力量（百万KWH）	2,811	3,757

	水力発電コスト（円／KWH）	6.21	4.49
火力発電	《内燃力発電も火力と解した場合》		
	汽力発電費（百万円）	231,991	132,178
	内燃力発電費（百万円）	3,014	2,565
	計（百万円）	235,005	134,743
	火力発電電力量（百万KWH）	21,176	14,986
	火力発電コスト（円／KWH）	**11.10**	**8.99**
	《内燃力発電を火力と解しない場合》		
	汽力発電費（百万円）	231,991	132,178
	火力発電電力量（百万KWH）	21,176	14,986
	火力発電コスト（円／KWH）	**10.96**	**8.82**
原子力発電（A）	原子力発電費	103,967	133,899
	原子力発電電力量（百万KWH）	6,777	12,381
	原子力発電コスト（円／KWH）	**15.34**	**10.81**

四国電力株式会社

（単位：百万円）

	会計年度 （自　平成20年4月1日 至　平成21年3月31日）	会計年度 （自　平成21年4月1日 至　平成22年3月31日）
原子力発電費	89,810	90,460
支払わなければならない年間保険料	30,000	30,000
計	119,810	120,460

水力発電	水力発電費（百万円）	13,902	14,194
	水力発電電力量（百万KWH）	3,252	2,660
	水力発電コスト（円／KWH）	**4.27**	**5.34**
火力発電	《内燃力発電も火力と解した場合》		

	汽力発電費（百万円）	146,614	97,744
	内燃力発電費（百万円）	206	212
	計（百万円）	146,820	97,956
	火力発電電力量（百万KWH）	19,988	17,355
	火力発電コスト（円／KWH）	7.35	5.64
	《内燃力発電を火力と解しない場合》		
	汽力発電費（百万円）	146,614	97,744
	火力発電電力量（百万KWH）	19,988	17,355
	火力発電コスト（円／KWH）	7.34	5.63
原子力発電 (A)	原子力発電費	119,810	120,460
	原子力発電電力量（百万KWH）	14,970	14,102
	原子力発電コスト（円／KWH）	8.00	8.54

北陸電力株式会社

（単位：百万円）

	会計年度 （自 平成20年4月1日 至 平成21年3月31日）	会計年度 （自 平成21年4月1日 至 平成22年3月31日）
原子力発電費	78,176	85,697
支払わなければならない年間保険料	20,000	20,000
計	98,176	105,697

水力発電	水力発電費（百万円）	19,501	20,922
	水力発電電力量（百万KWH）	5,201	5,556
	水力発電コスト（円／KWH）	3.75	3.77
火力発電	《内燃力発電も火力と解した場合》		
	汽力発電費（百万円）	191,198	123,478
	内燃力発電費（百万円）	70	69

	計（百万円）	191,268	123,547
	火力発電電力量（百万 KWH）	20,566	16,035
	火力発電コスト（円／KWH）	**9.30**	**7.70**
	《内燃力発電を火力と解しない場合》		
	汽力発電費（百万円）	191,198	123,478
	火力発電電力量（百万 KWH）	20,566	16,035
	火力発電コスト（円／KWH）	**9.30**	**7.70**
原子力発電（A）	原子力発電費	98,176	105,697
	原子力発電電力量（百万 KWH）	9,261	9,673
	原子力発電コスト（円／KWH）	**10.60**	**10.93**

《あとがき》

1　素朴な問題意識から出発して、紆余曲折を経て書き上げた理由

　本書の出発点となる問題意識は次のような実に素朴なものであって、原発推進あるいは反対の見解対立とは全く関係ないものでした。

　　電力会社が既に金をはたいて原発と火力の両者の設備を有している二重設備投資状況下にあって、その二重状況下で原発と火力のどちらを選んだ方が、コストがかからないか、あるいは今後の資金負担が少ないのかという問いと、電源別の採算判定の問いとは根本的に異なる。
　　二重状況下での問いへの回答は、その二重状況下では、変動費支出（主に燃料費支出）だけについて部分的に、原発と火力を比較することになるので、原発が優位となる。電力会社が原発を動かしたがる理由は、これである。決して、原発の採算性が良いからではない。
　　電源別の採算判定の問いへの回答は、別途調べなければわからない。ところが、電力会社が原発を動かしたがることだけをもって、原発の採算性が火力より有利であると、単純に信じ込んでいる人が多いのではないか？　そして、そのような単純な信じ込みは、管理会計の初歩的な知識の欠如が、もたらしているのではないか？

　しかし、その出発点から紆余曲折を経て書き上げてみると、その当初の素朴な問題意識からは恐ろしく遠い地点に辿りついてしまったというのが正直な感想です。この紆余曲折の道を辿らせた理由は2つあります
　一番目の理由は、多様な電力源の中で、唯一原発のみが、核兵器製造と同じく、**国家の庇護**がない限り、営利事業として成立しないことに、気が付いたからです。
　二番目の理由は、各電源を独立した1つの事業体と見立てて採算性の比較をするにしても、それに留まることなく、次の見解を踏まえて、その各電源の選択是非を検討してみようと思った次第です。

事業経営、あるいは大きな組織の経営をなす際には、その経営者は、視野狭窄を戒め、部分最適解思考に陥ることなく、常に合理的思考に基づいた全体最適解思考に基づいて、ものごとを考えるべきである。そうでなければ、長い目で見て、当初の目論みを遂げることができず、必ず失敗する。

　この見解は、筆者が経営意思決定助言の中の採算性判定の専門家として、数多くの事業経営に接した経験の中で、特に中堅・中小企業の倒産原因調査等の事業経営失敗の分析から、教訓として得たものです。また、ある工場の生産性改善プロジェクトに参加したときに、招聘したトヨタ生産方式に精通した方から、2年間にわたって同方式の指導を受けたときにも、学んだことでもあります。

2　筆者の専門領域の内と外

　本書は十四章に区分されています。章によって、専門知識に裏付けられたものと、裏付けられていないものとが、あります。専門知識の裏付けの有無によって、書き方を変えています。その書き方の相違がどのようなものであるかは、次に述べるとして、筆者が専門家として過去に経験した課題がいかなるものであったかを最初に述べます。その特色と言えるのは、金融マン的な視点に立った経験が多いということに尽きます。これは、筆者が、政府系金融機関の長期貸付に従事後、公認会計士となったものの、幾つかの金融機関の顧問・嘱託であったことが影響しています。

A 分野　DCF 法等の採算性判定専門知識を使用して対応した実務課題
　　非上場会社の買収・譲渡価額の算定と経営意思決定助言
　　設備投資の是非検討と経営意思決定助言
　　倒産原因分析調査と再建可能性検討
B 分野　管理会計の専門知識を使用して対応した実務課題
　　計数管理システムの概念設計と計数指標の見方の社員教育
　　採用した生産方式に対応する原価計算システムの概念設計と計数指標の見

方の社員教育
C分野　　総合企画実務課題
　　　事業再建計画立案と計画実行指導
　　　事業組織再編成企画と編成指導
　　　資産運用・資金調達の立案と経営意思決定助言

　筆者は、特にA分野については、金融機関の職員、非上場会社投資を専門とするファンドマネージャー、会計士等の第一線の実務家相手の専門書を過去に3冊著しています。そこで、本書を支えている実務専門知識が各章ごとにどうであるかを見るに、次のようになります。

　「一」から「五」までは、上のA分野とB分野の知識と経験に基づいて書き上げました。

　「六」は、上のA分野・B分野に加えC分野の知識と経験に基づいて書き上げました。

　「十三」は、上のC分野の知識と経験に基づいて書き上げました。

　これらは、書き方として、いずれも結論付けをしています。

　一方、残りの「七」から「十二」までの6つの章で掲げた課題は、筆者が持っている専門知識と過去の経験では対応できる分野の課題ではありません。したがって、これからの課題については、問題提起あるいは疑問点の明示に留めておいたり、結論を出すにしても、筆者の専門領域とは異なる他の領域の専門家の見解を掲げてそれをもって結論としている箇所が多くあります。

　筆者の専門分野の課題ではないにもかかわらず、取り上げた理由は、視点の多様性を確保して全体最適解を見つけようとしたことにあります。それに尽きます。読むにあたっては、その辺をご容赦願います。

　以上のことから、「七」から「十二」までの6つの章の課題については、その分野における真の専門家、それも誠実性を備えた良心的な専門家が、何らかの形で見解を取りまとめて、著書を世に問うことを希望します。

3 取り上げなかった視点と課題

下記のⅰ、ⅱとⅲは、できれば取り上げたい視点であったのですが、筆者の力量不足故、取り上げるのを、断念しました。

ⅰ 公益事業理論の視点

電力供給事業は、通信・鉄道と同じく、地域独占企業体が生じやすい事業です。その結果、供給者が価格を操作して、超過利潤を得ることが可能となります。

ところがその反面、電力供給企業体には、**公平な**サービス提供義務、すなわち地域に偏ることなく、需要者を差別することなく、一律のサービス提供義務を、負うことが、求められます。これは、日本国内における経済厚生を均等にするためには、不可欠だからです。

したがって、その価格について、政府による規制が求められることになります。電源の選択・原発の是非判定についても、このことの考慮が不可欠です。

しかし、この考慮をするには、生産者余剰と消費者余剰を概念道具として社会全体の経済厚生を最大化することを求める厚生経済学、及びその理論を基礎にして築き上げた公益事業理論の知識が不可欠です。特に公益事業理論は、イデオロギーと化した市場競争**原理主義**とは対立する考え方であって、本書が採用した「市場競争という考え方は、有用であれば、社会制度設計の中で組み入れるが、有用でなければ、組み入れないという概念道具でしかない。」との考えと共通するものがあります。

そこで、この公益事業理論の視点をも、取り入れたかったのですが、筆者の力量不足故、取り上げるのを、断念しました。

ⅱ 原発特有な利益誘導・業界利権・政治利権問題が採算性に与える影響の視点

原発は過疎地における産業誘致・失業対策という利益誘導の目玉道具となっています。この利益誘導に業界利権と政治利権が絡んでいるという事実があります。これは原発特有な問題ですが、これらのことが、立地選定における安全水準を引き下げ、その後の安全確保への資金投下の削除・軽視をも、もたらし

ていることは、確かです。そこで、原発という大きなシステムの中で、削除・軽視されているのは、どの部分であるかを特定し、削除・軽視しない場合の資金投下額の増額分を見積って、原発の採算性を判定したかったのですが、その部分を特定する技術専門的な知識が、筆者にはないので、断念しました。

ⅲ　乳幼児死亡率という指標の視点

　本書の「九」の「1　低線量内部被曝がもたらすその危害の真実を解説した著作物」において、アーネスト・スターングラス博士とジェイ・M・グールド博士による著作を掲げました。それら著作には、低線量内部被曝が**乳幼児死亡率**への有意な悪影響を与えることを、統計疫学的に証明した事例が多く示されています。

　一方、その事例とは関係ないのですが、家族人類学者で人口動態学者であるエマニエル・トッドは、この同じ乳幼児死亡率を指標にして、その指標がソ連において悪化したことから、ソ連の崩壊を予測して的中しています。そもそも乳幼児死亡率とは、1歳以前に死亡した子供の比率です。戦後の社会では、経済成長と医療行政の改善等で、乳児死亡率は下がっていきます。それに対して、ソ連ではそれまで下がり続けていた乳幼児死亡率が、1970年から再び上がり始めました。これが重要な徴候であるとして、1976年『最後の転落』を著して、「10年から30年でソ連は崩壊する」と予測したわけです。そもそも**乳幼児は、社会の中で一番弱い存在**です。その乳幼児の死亡率が上昇しているということは、ソ連の体制が最も弱い部分から崩れ始めていると、洞察したということです。

　ところで、ソ連時代の1957年から1958年にかけて、ウクライナ共和国のクイシュトウムの核廃棄物貯蔵所でチェルノヴイリ級の核惨事が起こっていたことが、最近になって明るみに出てきましたが、この核惨事が、エマニエル・トッドが着目したソ連の乳幼児死亡率の悪化に影響を与えたか否かは、年代の隔たりを考えると、通常はあり得ないと考えられるのですが、世代を跨ぐ遺伝的な影響を介してと考えられないでもありません。この辺も関心のあるところですが、筆者の力量不足故、取り上げるのを、断念しました。

仮に、ソ連の乳幼児死亡率の悪化が、この事故を遠因とする世代を跨ぐ遺伝的な影響が主因であると結論付けられことになると、低線量内部被曝は亡国の元凶であるということになります。

　なお、乳幼児死亡率から連想するのは、本書の「九」の「１」で掲げた中川保雄氏が著した『放射線被曝の歴史　アメリカ原爆開発から福島原発事故まで』（明石書房）の次の一文です。

　　「人類が築き上げてきた 文明 の度合いとその豊かさの程度は、最も弱い立場にある人たちをどのように遇してきたかによって判断されると私は思う」

　本書においては、この 文明 という用語を、「十四　結論」においてのみならず、それ以外の章でも、数多く使用しました。この一文は、この 文明 という用語に、より深い意味を与えている点で、名言と思われます。

4　番外編：原発政策決定等に関わる者の精神構造・思考回路を探る
(1)　政策決定関与者と所轄部署の責任者の思考パターン

　福島第一原発の過酷事故の後始末における国等における政策対応は、本書の課題ではありません。したがって、この課題を取り上げる意図は当初からありませんでした。しかし、執筆中に、原子炉外に漏洩あるいは排出され広く各地に沈降した放射性物質に対する国の政策への疑問を抱きました。そこで、本書の「六」の「10　原子力発電の「安全性の確保」が特別である理由」の「(2)　保安技術の中核思想」において、国が採用した政策は、科学的合理思考に反し、本来ならば採用してはならない愚策そのもので、放射性物質の拡散に等しいと断じました。

　しかし、政策決定関与者が、どのような理由で、科学的合理思考に反する思考パターンに陥ってしまうのかという新たな疑問に筆者は直面しました。また、連続した水素爆発時に、周辺住民の避難誘導をなしヨウ素剤を飲ませる対応しなければならなかった国と各地方自治体の所轄部署の責任者が、情報封鎖状態にあったとはいえ、一部を除いて、自ら進んで積極的にリスク情報を収集して

対応策を取ることをせず、上からの指示待ち状態にあって、一時的に何らの対応もしなかったとの報道に接し、これも、なぜそうなるのかという疑問を抱くこととなりました。

そのとき、閃いたのが、上の政策決定関与者と所轄部署の責任者が有するこのような思考パターンは、先の大戦中で最悪の無謀な作戦と称されたインパール作戦（注）を産み出した軍上層部の思考パターンと共通するのではないのかというアイデアでした。すなわち、両者に共通する何かがあるではないかという思いです。

これは、厳密な思索を経てのものではありません。したがって、本論で述べることではない番外的なことであるので、この《あとがき》において、以下、簡単に述べます。

> （注）この作戦に関心を抱くことになったきっかけは、筆者の父親が同作戦の従軍者であって、その従軍中の過酷な体験を小学生の時から聴かされたことにあります。なお、インパール作戦は、撤兵ルートが兵士の死屍累々の様を呈したことで知られています。いわゆる白骨街道です。筆者の父親が属していた部隊は、前線中の最前線にありました。一方、現地司令部は、英軍部隊を目前にした途端、怖気づいて、前線に部隊を、残したまま逃亡しています。そのため、父親が属していた部隊は、英軍の精鋭であるブラックキャット部隊に包囲され、四方八方から総攻撃され、その中を敵中突破し、そこから退避が始まっています。生き残った者は、地獄からの奇跡の生還と言えます。

(2) インパール作戦を立案した軍の最上層部が有していた精神構造・思考回路

ところで、同作戦は、兵士が消耗品の如く扱われた典型例ですが、この作戦の立案内容については、次のⅰとⅱの批判が、そして同作戦を立案した現地司令官を含めた軍の最上層部が有していた精神構造あるいは思考回路については、次のⅲとⅳとⅴの批判が後世なされています。

ⅰ　そもそも必要ない作戦であった

ⅱ　弾薬・食料の補給（兵站）無視

ⅲ　不都合な事実を具申する者に対して、狂気に近い精神論で攻撃して、その意見を排除した。その結果不都合な事実を排除した残りの都合の良い事実のみを前提にして、作戦が立案され実行された。

iv　人間関係の主従の中での 忖度思考 をなし、合理的思考を回避し、その場の雰囲気に応じて情緒的な意思決定がなされていた。
　v　体面を重んじたため当初の決定に執着し、途中変更を嫌悪する柔軟性を欠いた情緒に囚われていた

(3) 事故前の原発政策決定関与者の精神構造・思考回路との対比
　上の(2)で掲げたⅱとⅲは、部分最適解思考の現れの典型です。ⅳとⅴは、特定の情緒に支配され、合理的な思考が辿れないという典型例です。事故前の原発政策決定関与者の精神構造・思考回路と対比させると次のようになると思うのですが、どうでしょうか？
　ⅱ　→　避難にかかわる計画と訓練の無視
　ⅲ　→　原発安全信仰
　ⅳ　→　原発安全委員会と電力会社の馴れ合い

(4) 事故後の原発政策決定等の関与者の精神構造・思考回路との対比
　(2)で掲げたⅲに表れている現実を受け止めないという精神構造は、日本人に特有なものであるとの仮説を筆者は抱いているのですが、このことにつき、筆者は親しい友人と話したときに、これは日本人の支配層に特有な精神構造あるいは思考回路なのだろうかと問うたところ、次のように示唆されたことがありました。

　　どこの民族にも上のような精神構造あるいは思考回路を持った人間は一定の割合でいる。反対の合理的思考に基づいた全体最適解思考回路を持った人間も一定の割合でいる。
　　問題なのは、日本においてのみ、国家の政治権力を握る支配者層、あるいはそれら支配者層の影響を受けやすい組織の最上層部に、上のような精神構造あるいは思考回路を持った人間が、取り立てられる人材登用風土があるという点である。

　確かにこの見解は、一理ある気がします。しかし、大戦直後のブラジル日系

人の間で起こった事件、日本が負けたことを信じない勝ち組が、日本が負けたことを単に述べただけの負け組の人達を、多数殺害した事件を見ると、やはり日本人に特有なものであるとの仮説を主張したくなります。

　すなわち、南米のアルゼンチンは、ドイツ系の移民が多かったのですが、大戦敗北後にこの種の事件は起こっていません。また、ここで見過ごしてはいけないことは、殺害の実行犯の勝ち組の人たちは、氷山の一角であるということです。すなわち、殺害にこそ加わらなかったものの、その実行犯の思想に共鳴する底辺の人たちが多数いたであろうという点です。

　そこで、福島原発事故後の原発政策決定等の関与者の精神構造・思考回路において、上のような精神構造あるいは思考回路が活きているかを考えてみました。結論は、次のようなものでした。

- 　原子力規制委員会は、原発事故が起こったときに周囲の住民の避難をどうするかの課題は、同委員会の任務ではないと明言している。これは、上のⅱに該当する。
- 　福島県立医科大学副学長の山下俊一氏による「放射能安全安心キャンペーン」の中での福島第一原発事故後の周囲での健康悪化症状は、精神的ストレスによるものであるという言説は、精神論重視のⅲに該当する。
- 　国が原発発電を止めようとしないのは、ⅴに該当する。

(5) 情緒的精神的価値観の形成の理由分析

　上の(1)から(4)までの見解につき、読者諸氏はいかが思われるでしょうか？賛成にしても反対にしても、事例を多数列挙して議論して欲しいものです。

　しかし、論議はここでとまりません。最後に、上の(2)で掲げたⅰからⅴを産み出したのは、何であるかという疑問が立ち現れるからです。恐らく、産み出したのは、理性的な精神価値観ではなく、情緒的精神的価値観であろうということです。要するに、仮に、上の(2)で掲げたⅰからⅴが、日本人の支配層に特有な精神構造あるいは思考回路の表出事例であるとしたら、それは何らかの情緒的精神的価値観が具現化したのであって、この情緒的精神的価値観がどのようにして、精神構造の中核に居座ることになったのかという論議が必要になる

という点です。

この議論の回答を得るための分析アプローチには、筆者が知る限り、現状次の2つのものがあります。

すなわち、民族あるいは国民に共通な、あるいは主流となる情緒的精神的価値観の形成について論じた著作、それも大衆が抱く政治的色彩を帯びた情緒的精神価値を扱う、学問業績に裏付けられた学者の著作を探すと、次の2人の学者の著作に行きつきます。

A ファシズムの発生理由を解明したエーリヒ・ゼーリヒマン・フロム (Erich Seligmann Fromm) の主著『自由からの逃走』
B ソ連の崩壊とリーマンショックをその著作で予言的中させ、米国の凋落を予言しているエマニエル・トッドというフランスの学者による一連の著作

Aは社会心理学見地からファシズムの発生理由を解明した有名な著作です。この社会心理学は、社会心理病理現象まで扱うほど現在発展しています。Bは「全てのイデオロギーは、その支持者が属していた家族集団の構造原理から培われた単純な情念（＝好き嫌い）の反映に過ぎない。」ことを、多様なデータをもとに実証したものです。

したがって、筆者の思いつきに過ぎない上の(1)から(4)までの仮説を、AとBに精通した専門家が、肯定意見であれ、否定意見であれ、何らかの形で見解を取りまとめて、著書を世に問うことを希望します。

最後になりますが、本書の出版を快諾していただいた株式会社ロギカ書房の橋詰 守社長に、心より御礼申し上げます。同氏の快諾がなければ、本書が世に出ることはありませんでした。

また、本書の出版を強く勧めてくれたのは、学生時代からの古い親友である西垣 通東大名誉教授です。同教授は、文系と理系の学問統合を目指す情報学の権威であって、その情報学の中核となる基礎情報学の創設者です。草稿段階において、その内容に自信が持てなかった筆者にとっては、同教授の勧めは、

まことにありがたいものでした。同教授に深く感謝します。

　平成29年11月10日

　　　　　　　　　　　　　　　　　　　　　　　　著者しるす

著者略歴

茂腹 敏明（もはら　としあき）

昭和47年3月	東京大学教養学部教養学科卒業後、中小企業金融公庫（現日本政策金融公庫）に入社し長期貸付を経験
昭和54年1月	監査法人榮光会計事務所（現新日本有限責任監査法人）勤務にて会計監査とコンサルティングを経験
昭和57年3月	公認会計士登録　税理士登録
昭和60年1月	茂腹敏明公認会計士事務所開設
昭和63年6月	㈱M&A研究所取締役に就任し、金融機関担当者向けの合併買収（M&A）研修講義中の企業評価、営業権評価部分を担当
昭和63年6月	㈱日本興業銀行嘱託に就任し、以後十数年間、同行のアドバイザーとして著名有力企業についての事業承継、M&A及び企業組織再編成のスキーム立案につき多数関与、及び同行貸付先の数多くの非上場企業の株式評価書作成に従事
平成6年4月	中小企業金融公庫顧問就任
平成13年5月	東京中小企業投資育成㈱顧問就任
平成18年6月	東京証券取引所一部上場会社の社外取締役就任

　以上の経歴において、M&A・企業価値評価・事業再建・事業プランニング関連の仕事に加え、計数管理システムの概念設計、計数指標についての社員教育指導、総合企画業務、トヨタ生産方式に基づく生産性向上活動プロジェクトに従事。
平成29年3月末　資格返上にて、公認会計士・税理士業務を廃業

（著書）
『M&A事典』プレジデント社（昭和64年）―初版の企業評価部分担当
『未公開会社の会計ビックバン』清文社（平成13年1月初版）
『未公開会社株式の評価』清文社（平成15年12月初版）
『銀行法務21（別冊）事業再生シリーズ』経済法令研究会―平成16年7月号投稿
『相対取引における＜未相場＞株式・新株予約権の評価と実務マニュアル』清文社（平成18年4月初版）
『非上場株式鑑定ハンドブック』中央経済社（平成21年12月初版）
他、企業価値評価、M&A、計数管理に関する単行本への論文寄稿多数

市場メカニズムと DCF 法で決める
原発選択の是非

発行日　2017年12月25日
著　者　茂腹　敏明
発行者　橋詰　守
発行所　株式会社 ロギカ書房
　　　　〒101-0052
　　　　東京都千代田区神田小川町2丁目8番地
　　　　進盛ビル303号
　　　　Tel 03（5244）5143
　　　　Fax 03（5244）5144
　　　　http：//logicashobo.co.jp
印刷・製本　亜細亜印刷株式会社
Ⓒ2017　toshiaki mohara
Printed in Japan
定価はカバーに表示してあります。
乱丁・落丁のものはお取り替え致します。
無断転載・複製を禁じます。
978-4-909090-09-6　C0036

サイモン・ベニンガの名著(第4版)を**完訳!!**

モンテカルロ法、期間構造モデル、ブラック・リッターマンモデル等、最新の情報を大幅増補!!

新刊

金融機関、企業の財務・事業計画・M&Aの担当者、公認会計士、ファイナンスを学ぶ学生 **必携!**

ファイナンシャルモデリング 第4版

Uses EXCEL(エクセルワークシートはロギカ書房HPよりダウンロードできます)

EXCELを使ってファイナンス・モデルを解析しシミュレートする、画期的な本!!

世界中のファイナンスを学ぶ学生・研究者・実務家がファイナンス・モデルを実行するための「クックブック」として、理論とビジネスを埋める最も実践的な本!!

主要目次
- I コーポレート・ファイナンスとバリュエーション
- II ポートフォリオ・モデル
- III オプションの評価
- IV 債券の評価
- V モンテカルロ法
- VI Excelに関するテクニック
- VII ビジュアル・ベーシック・フォー・アプリケーション (VBA)

サイモン・ベニンガ ●著　中央大学大学院教授 大野 薫 ●監訳

A5判・1152頁・上製
価格：本体 11,000 円＋税